爽拿的時代

一九六〇年代美國民權改革的貽害

克里斯多弗・考德威爾——著
王曉伯——譯

THE AGE OF ENTITLEMENT: AMERICA SINCE THE SIXTIES

BY
CHRISTOPHER CALDWELL

目次 *Content*

第一部　一九六〇年代的革命

第二部　新憲法

第一部

一九六〇年代的革命

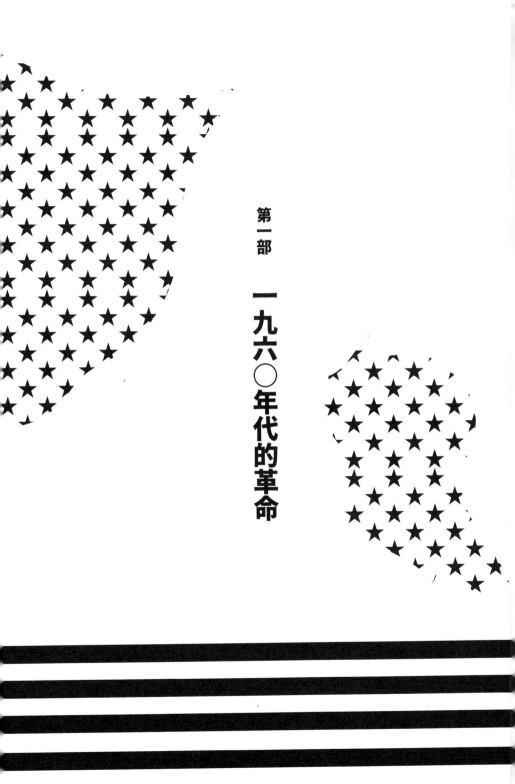

第一章　一九六三

甘迺迪刺殺案

一九六〇年代中期，是一段充滿永世繁榮假象的時期，這個國家活力充沛，胸懷抱負的領袖們大力推動美國的改革，促進正義與人道精神。他們發動多項道德運動，其中以促成一九六四年民權法案（1964 Civil Rights Act）的民權運動是為經典。在此同時，女性開始從事與扮演過去只保留給男性的工作與角色。性愛也自傳統與假道學中解放。過去被美國拒於門外的移民如今則是大受歡迎，甚至是需求若渴。在越戰引發的鬥爭中，對立兩方的思想家與政治人物無不想方設法來動員美國人民的力量。

若問成長於一九六〇年代的美國人民，那個年代是什麼樣子，他們大部分的記憶都是這些運動，與這些運動所激發的道德英雄主義。有整整兩個世代，美國全國的生活型態在各個方面都受到「六〇年代」的影響：黨派政治、公眾禮儀、官方道德，無一不是。

本書談的是一九六〇年代的規範所造成的危機，其所維繫的方式與其形成的改變，到了二〇一六年的總統大選，反被美國大部分的勞動民眾不再視為恩賜，而是壓迫。

甘迺迪刺殺案

我們所認知的六〇年代始於一九六三年總統約翰・甘迺迪（John F. Kennedy）遇刺所引發的震驚之中。美國人民都表示自甘迺迪遇刺之後，所有的事情都不一樣了。只不過幾個月的時間你就可以聽出流行音樂的變化。在甘迺迪遇刺的一年半前，由英國黑管大師阿克・比爾克（Acker Bilk）演奏的一首溫暖雋永的樂曲〈陌生人在岸邊〉（Stranger on the Shore），高居排行榜首位。在刺殺案發生一年半後，來自傑佛森飛船（Jefferson Airplane）、死之華（Grateful Dead）、大哥控股公司樂團（Big Brother and Holding Company）與其他各個不同的吸毒藍調和民謠搖滾樂團的音樂家則是在舊金山首次集體演出。

這並不意謂著是此樁刺殺案造成了這十年間的文化大動盪。在甘迺迪遇刺前的幾個月間，湯瑪斯・孔恩（Thomas Kuhn）的著作《科學革命的結構》（*The Structure of Scientific Revolution*）就已出版（一九六二年八月），挑戰當時常態科學的概念，並且以此提出多項社會與政治上的假設；瑞秋・卡森揭露殺蟲劑濫用的著作《寂靜的春天》（*Silent Spring*）也宣告問世（一九六二年九月）；貝蒂・傅瑞丹（Betty Friedan）更以《女性的奧祕》（*The Feminine Mystique*）一書

（一九六三年二月）直指看來幸福美滿的家庭主婦生活其實枯燥無味。整個態勢已有一番風雨欲來的氣象。

最能定義一九六〇年代美國的兩項衝突——種族融合與越南戰爭——也已浮現世人眼前。一九六二年十月，不斷升溫的騷動迫使最高法院下令實施種族隔離政策的密西西比大學（University of Mississippi）允許該校的首位黑人學生詹姆斯・梅瑞狄斯（James Meredith）註冊入學。甘迺迪生前最後一個夏季則是在史無前例的二十萬民權運動人士華盛頓大遊行下結束。在甘迺迪於達拉斯遇刺身亡的三週前，越南總統吳廷琰因為甘迺迪下令的政變行動而被趕下台，並且慘遭殺害。

甘迺迪之死雖然為一些正在進行中的變革添加了柴薪，但是人們對於政治刺殺事件的反應，往往是宛若集體本能般採行一種死後的報復性行動。他們會將死者視為殉道的領袖，而以相對激進的行動來紀念他的犧牲。對美國人民而言最熟悉的例子是一八六五年亞伯拉罕・林肯（Abraham Lincoln）刺殺案，他的遇刺促使美國通過的憲法改革規模遠超過林肯當初所尋求的——不僅通過了廢除奴隸制的第十三條修正案，同時還有第十四條修正案，創造了更為廣泛且具有高度延伸性的公民權利保障與正當法律程序。

一九六〇年代也出現同樣的情形：聯邦醫療保險（Medicare）與聯邦醫療輔助（Medicaid）使美國成為一個福利國家；政府大量動員年輕人遠赴海外參加越戰；不過，最重要的是公民權與投票權的法案。上述這些成就都是為了紀念一位遭到刺殺的國家領袖，而在一九六四到一九六五年間的短短數月內，由一位承受全國沉重哀悼之情的人倉促完成。甘迺迪的繼任人，林登・詹森（Lyndon B. Johnson）接下了在甘迺迪遇刺幾個月前就已益趨黯淡的民權立法火炬，創造出拒絕妥協的格局，這已遠非甘迺迪所能想像。

尤其是民權思想深植法制體系最令人感到意外，該行動也因此成為政治改革、建立新系統的典範。與此同時，對於公義與人道的定義也更加廣泛。種族融合也升級為包容一切的多元化思想。婦女解放則演變成對女性（最終對男性）意義的省思。移民也引發社會重新思考美國人民的效忠對象是否應是他的國家，或者還有其他更為重要的效忠對象。反共產黨的軍事冒險行動也逐漸退位，隨著共產主義在一九八九年開始崩潰，美國扮演起世界和平維繫者與全球繁榮保證人的角色，同時也成為國際新秩序中道德規範的制定者與執行人，此一新秩序有時又稱為「全球經濟」。

此一改革運動的力量沛然莫之能禦。道德光環與充沛的資源使得美國治理菁英可以毫無顧忌地放手重新架構社會秩序。領袖們不僅可以利用甘迺迪之死引燃的憤怒與決心，同時還擁有眾多力量作為後盾。例如美國在二戰之後已成為軍事與經濟帝國的事實、企業與基金會所發展出來的組織技術知識，以及隨著二十世紀進入尾聲，嬰兒潮世代帶給承平時期美國的充沛人力資源。最後，同時也是最重要的，來自這些力量的自信。

但是，六〇年代的改革，儘管是美國人民最為自豪，同時也是他們國家認同的根據，其成本卻高得驚人——不論在金錢、自由、權利或社會穩定方面，都付出了昂貴的代價。這些成本在各個社會階層與世代之間的分布極不平均，許多美國人民的生活都因這些變革而每況愈下。經濟不平均的情況已惡劣到十九世紀壟斷時代以來僅見。規模龐大的改革行動使得社會菁英的權力擴增，然而我們現在所看到的，他們不僅對改革的障礙置之不理，對於其中造成的憤恨也視而不見。

過去幾十年來，一九六四年一項原本被視為野心勃勃的改革行動如今已變得意義非凡。一九六〇年代以民權為核心的改革，不僅是注入憲法的新元素，它本身就是一套對立的憲法，與原來的憲法格格不入。而且隨著公民權利成為法律，兩者之間的衝突更為惡化。其中的嚴重性造成我們近年來所謂的「兩極化」或是「粗魯不文明」。這兩套矛盾的憲法分別為：一是一七八八年制定的憲法，具備所有傳統形式的法理，同時還有數個世紀以來的美國文化作為後盾；二為一九六四年的新憲法，儘管缺乏傳統法理作為根據，不過受到司法菁英、公民教育者，以及堅信自由理念人士的熱烈擁護。美國人民在這兩套秩序之間取捨的必要性，以及兩者的衝突對美國造成的影響，就是本書討論的主題。

第二章　種族

民權法案；結社自由；白人覺得他們得到什麼？黑人認為他們得到什麼？是人權，不是民權；平權運動與政治正確的起源

在邁入一九六〇年代初，有一部具有學術指標意義的書籍問世。一九六〇年一月，哈佛大學的貝爾克納普出版社（Belknap Press）推出了新版的《弗雷德里克．道格拉斯生平自述》（*Narrative of the Life of Frederick Douglass*，以下簡稱《生平自述》，一八四五年）[1]，該書由馬里蘭州摩根州立大學（Morgan State University）的教授暨歷史學家班傑明．夸勒斯（Benjamin Quarles）所編輯。

今天，道格拉斯的形象已高聳於美國文化殿堂之上，在高中的課堂、博物館的展覽、郵票與電視特別節目中，處處可見他的身影。我們或許認為這部新版《生平自述》的重要性，在於夸勒斯重新詮釋一位經典美國人的自傳。然而我們可能錯了。相較於在一九六〇年時被公認為經典之作，道格拉斯早年奴隸生涯的回憶錄，被束之高閣逾一個世紀，而且自南北戰爭後就幾乎無人提

起。[2]道格拉斯作為倡導廢奴主義的演說家、報紙發行人與外交官的經歷一直受到十九世紀的歷史學家重視，但是他艱苦的奴隸生活顯然與二十世紀中期的美國人民沒有什麼關聯。

奴隸制度在今天美國的官方歷史居於中心地位，種族更是美國自我認同的中心思想。然而在一九六〇年代前並非如此。當時對美國歷史的觀點是，種族紛爭只是在建立共和立憲制國家途中的一段插曲——有些恥辱、有些榮耀。在一九六〇年代之後，共和立憲反而被視為解決種族與人權爭議的工具。

民權法案

如果一九六〇年代是一段革命時期，這場革命的核心就是種族議題。南方州的黑人與國內少數一些具有改革思想的白人聯手，一同挑戰與對抗全國各地自南北戰爭以來設立的種族隔離制度。白人藉由建立與實施這樣的隔離制度攫取當地的經濟果實。第二次世界大戰將美國凝聚成一體，同時也使得東北部與中西部的歐裔族群得以接觸南方人民，從而向全美揭露了南方的問題（不過並非關於其他種族的問題，因為美國軍隊直到一九四八年才全面融合）。一九五〇年代，高速公路興建、電視的流行與企業的擴張，使得全國任何一個地方的祕密都難以隱藏。因為如此，統稱為「吉姆・克勞法」（Jim Crow law）的種族隔離制度的正當性，以及由其衍生而出的強制執行、威嚇與控制逐漸消逝。

一九六四年的民權法案，在詹森主導下於甘迺迪遇刺後沒多久就獲得通過，其目的是對吉姆．克勞法發出致命一擊，結束密西西比州與阿拉巴馬州持續不斷的黑人大遊行與警察鎮壓，這些場景幾乎每週都出現在美國電視觀眾的眼前。該法案禁止投票亭的種族歧視（第一條）；旅館、餐廳與劇院的種族歧視（第二條）；從圖書館、游泳池至公共澡堂等公共設施的種族歧視（第三條）以及公立學校的種族歧視（第四條）。

不過該法案並不僅止於此。它還授權聯邦政府改革與撤除妨礙種族平等的機制與建立新機制：擴大聯邦民權委員會（Civil Rights Commission）的權限（第五條）、將接受政府資金補助的企業與機構納入官方審查的目標範圍（第六條）、對員工在十五人以上的所有企業制定招聘準則；建立獨立機構「公平就業機會委員會」（Equal Employment Opportunity Commission），賦予其提告、調查與強制命令的權力等。藉由這些所有的作為，該法案鼓勵與刺激官僚、律師、知識分子、政治人物，甚至美國大兵，一起成為實施民權的「耳目」。

久而久之，越來越多的國家機制被納入民權法案的審查之下，最終則全部被納入。與此同時，指責某人或某事犯了歧視罪的範圍也逐漸擴大。新的民權相關法案——主要是一九六五年的選舉權法案與一九六八年的公平住房法案（Fair Housing Act）——則為黑人公民帶來更多的權利，並且創造出更多相關的官僚體系。

民權運動不僅改變了美國憲法，同時也造成文化與人口統計上的變化。它以一種始料未及的方式成為空前強大的政策工具。觀諸美國歷史，它可說是有史來最偉大的事業之一。它的存在橫跨半個世紀，投下數兆美元的經費，就其所投資的精力與資源，美國只有西部大移民、建立州際鐵路與高速公路、維持二次戰後長達半世紀的「美國治世」（Pax Americana），或是美國所參與的任何一場海內外戰爭，差可比擬。

除了種族衝突，美國還有兩套全面動員公共資源與民間力量的政策計畫，規模之龐大、動員之徹底，哲學家暨心理學家威廉．詹姆斯（William James）稱之為「道德戰爭」，即一九六〇年代的對貧窮宣戰與一九八〇和九〇年代的毒品戰爭。然而這兩大戰爭都只不過是種族關係鬥爭下的最前線。依循種族問題來重新詮釋美國歷史是其過去五十年來的意識形態遺產。

學者戴瑞克．貝爾（Derrick Bell）認為，最高法院就「布朗訴托彼卡教育局案」（Brown v. Board of Education of Topeka）*做出必須解除隔離政策的判決後的四分之一個世紀，是「本國有史來最偉大的種族意識自覺。」[3]自此之後，這樣的自省就不斷地擴大與深化。種族議題已成為美國學童最為刻苦銘記的一段人類經驗，他們所學習的文學、戰爭與公民教育都是由此而來。

種族問題也被賦予了宗教意義。它成為不容妥協的絕對道德。我們甚至可以說民權運動，不論是在政府還是民間，都已形成一個教義機構，類似前民主時代歐洲隨處可見的教會。不過其中也有一些屬於二十世紀中期的新元素，即是政府尋求形塑整個社會的方式（甚至直入個人私領域最隱密的部分）都圍繞著反種族主義。各位可以從夸勒斯對道格拉斯青年時期的詮釋看到這樣的意識形態：

《生平自述》並沒有直接面對廢除奴隸制度之後衍生的問題。對於這些問題，道格拉斯都認為不值一提。同樣地，《生平自述》除了奴隸之外，沒有再提到其他相關議題。對道格拉斯而言，奴隸解放後的社會調整不是問題；主人的財產權不是問題；國家權利也不是問題。他完全拒絕討論這些議題。就他看來，他的作用就是振聾發聵，鼓舞世人採取行動，而不是找尋騎牆觀望的理由。[4]

事實上在南北戰爭之前的歲月，不只是年輕的道格拉斯，新英格蘭其他倡議廢奴主義的人士有時都是採取這種絕對主義的觀點。但是時至夸勒斯的一九六〇年，這樣的立場已不再受到歡迎。大部分的歷史學家都已了解，道格拉斯與其他人的廢奴主義魯莽地把美國推向血腥的內戰，並且不必要地造成重建工作的複雜。事實上，由於憲法與社會中阻礙廢除奴隸制的力量實在太過強大，迫使他們只能「振聾發聵，鼓舞世人採取行動」，然而這樣的做法卻會帶來危險。當

＊編按：該判決宣告美國「隔離但平等」的政策違憲，廢止黑人與白人不得進入同一所學校就讀的限制。

拉瑟福德·海斯（Rutherford B. Hayes）於一八七七年接掌總統寶座，他立刻結束對南方的軍事占領，以及所有與種族問題相關的改革行動，而這並非因為他個性懦弱或者是一個反動派。在當時，造成六十萬人喪命的南北戰爭結束才不過十年，[5]整個國家，即便是北方，都反對重建行動。由此顯示，解決美國種族問題的成本太過龐大，已超過選民願意支付的程度。

因此，歷史學家范恩·伍德沃德（C. Vann Woodward）稱呼二十世紀的民權運動為「二次重建」（Second Reconstruction），[6]他帶著警告的意味。但後代的歷史學家與議論人士卻對這樣的警告充耳不聞，就像年輕的道格拉斯認為廢除奴隸可能造成難以承受的代價的想法「不值一提」。直到二〇一六年美國總統大選，二次重建才顯現出優於第一次重建的成果。在經過半個世紀之後，它所創立的機制依然屹立不倒。

一九六〇年代改革者的創新之處不在於他們的道德觀或是聰明才智。沒有幾個美國人在反思隔離政策時，不會感到虛偽、醜陋與愧疚，即使是南方支持者也都了解，由政府支持的種族不平等，不但違反了美國憲法原則，同時也與基督教義相牴觸。因此，那些在二十世紀中期站出來反對種族隔離政策的人其實並非有什麼獨到的見解，而且相較於荷馬·普萊西（Homer Plessy）一八九五年登上路易斯安納州只允許白人搭乘的火車，抗議該州新實施的隔離規定，他們也不見得比較勇敢或是更具有人道精神。

現代的民權改革者與十九世紀的前輩有所不同之處，是在於他們對權力的認知與運用的方式。相對於前輩的失敗，他們的改革卻能取得成功，是因為他們敢於訴諸強制的手段，對債留子孫的問題漠不關心，寧願為了確保新自由而將憲法固有的自由原則置之於險境。

他們為什麼不能這麼做？他們承接了一個征服歐亞大陸極權主義的文明，以及一個能夠創造全球四分之一國內生產毛額的經濟體，如今這個國家更是雄心萬丈，要把火箭送上太空。在這樣的光環下，南方尚未開化的民風根本無法為上世紀中期的美國所接受。美國人民是文明的、現代的、紳士的，然而隔離政策是墮落的、中世紀的與下賤的。喬治亞州的富爾頓郡（Fulton County）為了禁止黑人投票，要求他們填寫一份有三十個問題的問卷，[7]包括該州州長與聯邦地區法院所有法官的名字，以及喬治亞州在聯邦選舉委員會擁有的選舉人票數。此一做法之惡毒與虛偽，對其實施目標極盡嘲諷、羞辱，甚至威脅與霸凌，令人感到憤慨，且不限於黑人。

面對這種令人憤慨的情況，改革人士的打擊冷酷無情。民權法案與選舉權法案賦予他們永久性的緊急權力來粉碎南方實施隔離政策下虛假的民主體制。他們的攻勢包含志願者的監視、律師的訴訟與官僚體系的執行命令。這是一個新型態的聯邦政府，改革行動雷厲風行。民權法案全面且多樣，往往能夠繞過分權分立的原則，影響所及，在一九六〇年代之後成為美國多項政策制定的模板，甚至包括一些與種族毫無關係的政策在內。該法案最大特點在於其執行效率，然而此一效率是植基於其對某種價值的主張——要對抗民權，就是與美國政府的道德觀為敵。

結社自由

今天的美國，就各方面而言，都是一個自由的國家，遠非喬治．華盛頓（George Washington）到約翰．甘迺迪時代的美國所能相比。

在「布朗訴托彼卡教育局案」（一九五四年）中，最高法院下令撤銷全國學校的種族隔離措施，是一項具有指標性的判決，然而也是一項奇特的判決。該案判決書看來有些簡短，失之草率，其內容大量省略了註解與參考案例，這兩個部分的長度僅及報紙的專欄，導致此判決看來不像是司法論證下的結果，反倒像是司法命令。

在此案中，大法官們忽略了曾經引發他們激烈辯論的重點：第十四條修正案（在南北戰爭後所確保「受法律平等保護」的權利）的原意，是否在於允許種族隔離學校的存在。反之，他們卻是質疑「隔離但平等」，這個供學校正當地施行隔離政策的原則，是否具備實施的可能性。

後代的讀者可能會有些驚訝，因為大法官們相信此一原則確實有其可行性，而且不僅在經過精心挑選的示範學校，還包括被全國有色人種協進會（National Association for the Advancement of Colored People，NAACP）點名具有爭議的學校皆然。大法官們指出，證據顯示「在建築物、課程、老師資格與待遇，以及其他『實際』條件上，黑人與白人學校都已平等化，或是趨於平等化。」但是儘管如此，他們依然否決在小學施行隔離但平等的原則，理由是有鑑於「無形的考量因素」與「無法客觀衡量的因素」，隔離政策「通常會被理解成表示黑人族群是劣等的（inferiority）。」

即使是最熱衷反對隔離政策的人，也會對該判決中語意籠統的「通常會被理解」成為了修憲的依據深感困擾。哈佛法學院教授赫伯特．韋格斯勒（Herbert Wechsler）在一九五九年底發表的一篇文章中指出，「支持布朗案判決的人士談到此案時也有一些心虛，只不過心虛的程度低於反對該判決的人士。」[8]這可能是質疑該判決最委婉的表達方式。韋格斯勒舉出細節顯示，若忠實地閱讀第十四條修正案中有關平等的定義，布朗案就不會如此判決。同時，他指出布朗案的法官在一開始就聚焦於平等是大錯特錯。

隔離政策的爭議重心不是平等，而是該政策與第一條修正案中的自由結社權的衝突。韋格斯勒指出，這些衝突難以輕鬆解決：

> 如果隔離政策否定了自由結社的精神，就等於是強迫不願或是厭惡一體融合的人進行結社的行為……面對希望結社的人民與一批只想躲避結社的民眾，政府在倡導自由結社權利的同時是否需要一個折衷原則？[9]

韋格斯勒希望能夠找到這樣的原則依據。但是就憲法的層面而言，該項判決專斷且無限上綱。布朗案的判決無異授予政府對於一般公立機構進行是否涉及種族主義的監視。由於為了修補「無形的考量因素」造成的傷害，這樣的監視並沒有明顯的上限。因此，隨著民權法案深入民間，就意謂所有的隔離行為都可初步認定違反平等原則，這樣一來，消除種族隔離政策反而完全否定了舊式的結社自由。這就等於假設兩條平行線有相會之日而徹底推翻了歐基里德幾何原理，拿走了憲法中的結社自由改變了一切。

在布朗案後的十年內，哲學家列奧．史特勞斯（Leo Strauss）發出警告，根除歧視的努力可能反而引火上身。在芝加哥大學希爾勒基金會（Hillel Foundation）一項有關猶太人與其身分的即席演說中，談到少數民族，尤其是猶太人，必須面對種種困難。但是他也警告如果想要做出過多的改變，存在著危險性：

> 一個自由社會的維繫，在於政治（或國家）與社會間的區別，或者是公領域與私領域間的區別。在一個自由的社會中，私領域有必要不受到國家法律的干預……自由社會有必要容忍、允許，甚至促進許多人口中所謂的「歧視」。[10]

史特勞斯進一步警告，儘管改革人士希望連根拔除歧視之風，但是藥方可能會比疾病更糟糕。「禁止所有的『歧視』行為，意謂消除私領域，否定國家與社會間的差異。換句話說，就是摧毀了一個自由社會。」

要對抗知識分子一面倒地支持布朗判決的共識，需要勇氣。芝加哥大學第一條修正案學者哈里・凱爾文二世（Harry Kalven, Jr.）試圖將其對該判決的質疑偽裝成讚美：

> 黑人革命有一大特點，即是透過系統性的訴訟策略來對憲法發動幾乎等同於軍事作戰的攻擊……在這樣的情況下，他們的爭議無需等待一般隨機且神祕的程序就能送進（最高）法院；他們的策略是集中訴訟、選擇訴訟的時機，以及不斷提起訴訟，增加法律系統的負擔。這是善加利用民主法律程序的高招。我是一位老派的人，足以看出其中的端倪，這樣的策略不在於將法院視作政治機構來施加政治壓力，而是藉由民主之名，迫使國家有所回應以維護其民主形象與顏面。[11]

凱爾文以他深奧艱澀的立論，邀請我們把民權革命視為一場潛在的憲法大災難。在一個健康的社會，為什麼會讚美「對憲法發動幾乎等同於軍事作戰的攻擊」？行事正派的政治活動者為何反而利用別人的正直，使其自投羅網？當法庭的案件並非因為社會摩擦「自然」產生，而是來自利益團體的精心調製，是否代表傳統的司法審查已失去其合法性？尤其是這個國家的律師都必須經過昂貴的訓練與嚴格的選拔，難道說這些利益團體才是這個國家的菁英嗎？

事實上，凱爾文某種程度上已接受一個往往由南方人士提出的論點：民權相關的許多訴訟都是惡意的訴訟教唆，[12]藉由創造格式化的訴訟案件來玩弄司法體系。不過，這樣的論點逐漸落伍。今天，社運人士發動的訴訟案件都有一套標準化的策略，然而甚至許多律師直至一九五〇年代都還不知道這樣的發展，只是將其歸咎於司法腐敗，且不只南方人士如此認為。

《耶魯法學雜誌》（*Yale Law Journal*）也曾提出類似的指責：NAACP獲准在各項不同的民權案件中擔任「民間檢察官」[13]的角色。NAACP不僅是行動發起人，同時也是籌劃者。該組織精心挑選同情他們且精明幹練的人來擔任起訴人，代表他們將訴訟帶進法院。

羅莎．帕克斯（Rosa Parks）就是一個例子。幾十年來，黑人歷史月（Black History Month）教導數以百萬計的學童，她是一位「疲勞的裁縫師」，需要在阿拉巴馬州蒙哥馬利的公車白人座位歇歇腿，因而引發了一連串的抗議行動。但是在蒙哥馬利抵制公車事件爆發的五個月前，她曾到田納西州新市場的漢蘭達民俗學校（Highlander Folks School）受訓，該校是由產業工會聯合會（Congress of Industrial Organization）所設立的，旨在培訓社會運動領袖。她是一位幹練的社會運動組織者，是NAACP在蒙哥馬利事件中的一位智識領袖。

美國民眾近年來一直自誇（不同於大部分以傳統文化、歷史與種族結合而形成的國家）不論個人的出身背景為何，都可以在美國找到歸屬感。的確如此，但是大部分國家之所以沒有成為多種族國家，或者即使想成為一個多種族國家卻事與願違，不是沒有原因的。在一個不受認同或是沒有共同文化傳統的國家，就像現代美國，是將國家凝聚力有如雞蛋一樣，全部放在憲法這個籃子中。然而由此也產生一個矛盾：在民權時代萌芽初期，美國憲法（唯一維繫此一多種族國家不致分崩離析的工具）卻是飽受壓力。

問題在於權利不能「單純地」添加在原本的社會契約，並奢望不必更動這份社會契約。要建立新自由，就必須消滅舊自由。此一問題也是早期民權立法引發激烈辯論的緣由。一九六三年的夏天，早在甘迺迪遇刺之前，參議院就有一項有關此一問題的辯論，備受各方矚目。反對民權立法的參議員舉出墨菲夫人（Mrs. Murphy）[14]的例子：這是一位虛構的老寡婦，將她在北部住屋的一個房間出租出去以貼補家用。如果在選擇房客上太過挑剔，她可能會成為聯邦政府監視與執法的目標。支持民權立法的參議員認為此一說法荒謬，在任何一項有關民權的法律中，寄宿住房與旅館都是兩碼事，墨菲夫人當然有權對她「個人」的財產為所欲為。

但是其間的差異性其實並不如支持者所認為的那麼明顯，支持民權立法的議員們只是自以為是而已。在一九六三年大遊行的開場演說中，臥鋪搬運工兄弟會（Brotherhood of Sleeping Car Porters）的領導人，同時也是該組織在這次遊行的召集人菲利浦．倫道夫（A. Philip Randolph），發出警告：「真正的自由需要這個國家的政治與社會哲學，以及相關機制做出改變。其中之一就是我們必須消滅墨菲夫人的財產權——包含可因膚色而羞辱他人之權利。在神聖不可侵犯的人格權面前，私人財產的不可侵犯性只能居於第二位。」[15]一九六四年的民權法案就是在這樣的精神下制定。從此房地產享有的憲法保護和過去的大不相同。

對於結社自由的認知也和傳統的觀念迥異。佛里達州當年支持種族隔離政策的州長法里斯·布萊恩特（C. Farris Bryant）就道出美國所有民眾心中的懷疑：

> 我們都同意一位旅人擁有，而且也應該擁有自由選擇的權利。他可以對一家汽車旅館過門不入，只因為他不喜歡這個小鎮、它的顏色或它的名稱。他也可以走進旅館，在看到旅館老闆後，決定自己不喜歡這人的鬍子、他的口音、他的價格、他的種族，或是其他的客人。他大可以任何理由，或是毫無理由就轉身離開。為什麼不行？他是一位自由人。可是旅館所有人也是自由人，如果這位旅人享有自由選擇的權利，不論他是否因為不喜歡老闆的鬍子、口音、價格、種族與其他任何理由，或是毫無理由，都可以拒絕購買，旅館老闆也應該享有同樣的權利。這就是正義。然而現在竟然連這個都受到質疑。[16]

隔離主義人士大都會有這樣的論點。進步派的政治人物都不敢直接面對白人選民，明白告訴他們，為了民權，他們必須放棄若干他們過去視為理所當然的權利。當然，那時是一個微妙的時代，因為白人公眾對於是否要消除隔離政策，發出的都是模稜兩可的訊息。

白人覺得他們得到什麼？

公眾的心理難以估量。當然，許多白人都希望種族革命能夠成功。在甘迺迪生前最後一個夏季，一項調查顯示儘管未達半數，但是最多數的人（百分之四十九到百分之四十二）都表示他們支持立法「賦予所有的人——黑人與白人——在旅館、餐廳、戲院與其他類似的公共場所與設施享有服務的權利。」[17]甘迺迪的繼任人詹森於一九六四年簽署的民權法案中，此一權利居於核心。不過如我們所見，該法案的範疇進一步擴大，而在送進國會的五個月後，詹森以百分之六十一的得票率贏得總統大選，這是美國史上最高的得票率。

然而鑑於過去二十年來美國在保守派的執政下日趨穩定，詹森的獲勝並不意謂他受到萬民擁戴。在接下來的期中選舉，民主黨在眾議院輸掉四十七個席位，使得該黨在一九六四年總統大選的大勝看來不是對於詹森的肯定，而是對甘迺迪的紀念。詹森本人也是把他推動民權立法的努力視為對甘迺迪的致敬，在甘迺迪死後不久，他都是如此定位大部分要推動的議題。「沒有一場紀念演說或是頌詞，能比讓他長期以來所奮鬥的民權法案儘快獲得通過，更能彰顯甘迺迪總統的榮耀，」他在刺殺案發生的五天後於國會的一場演說中說，「其次，吾人應該繼承甘迺迪總統今年以來一直在努力的工作，推動稅改法案的通過。」[18]蓋洛普民調組織（Gallup Polling Organization）在一九六〇年代初期開始，定期訪問美國人民，他們覺得種族融合的速度

「太快」、「太慢」，還是「適中」。[19]一九六三年的八月，也就是華盛頓大進軍（March on Washington）與馬丁．路德．金恩（Martin Luther King）發表〈我有一個夢〉的那個月，該調查顯示有百分之五十的人認為種族融合腳步「太快」，只有百分之十認為太慢，兩者間的比率達到五比一。到了下一年的一月，國會對民權法案進行辯論期間，此一比率降至二比一（百分之三十對百分之十五）。但是時至十月，總統大選前夕，該比率又回三比一（百分之五十七對百分之十八）。自此之後，就一直維持這樣的比率水準。

白人對於種族議題其實有些糊里糊塗，他們顯然不了解民權法案是攸關憲法的大事。在一九六四年總統大選的三週前，蓋洛普提出這樣的問題：

有人認為保障黑人擁有平等權利的民權法應該嚴厲執行。也有人認為應該採循序漸進的方式。你認為應該採取何種方式？[20]

這算什麼問題！民權法案已經獲得通過，這已是鐵板釘釘的事實。旨在化解長達數個世紀的爭執與血腥衝突的政治行動，經過多月努力後，如今終於圓滿結束。然而蓋洛普現在還在問美國是否應該實施該法案？不過這些民意調查專家的確有理由做此一問，因為只有還不到四分之一的美國民眾希望該法案確實執行。以下是該項調查的結果：

百分之二十三支持嚴格實施、百分之六十二認為應採循序漸進方式、百分之十認為要看情況而定，有百分之六表示不知道。

此一結果並非偶然。在大選之後，輿論研究公司（Opinion Research Corporation）也做了類似問題的調查（在民權方面，您希望政府……積極實施新的民權法，或是希望以漸進式的溫和方式來執行？），所得到的結果幾無二致：[21]

百分之十九認為應確實執行、百分之六十八認為應採漸進式，百分之十三表示無意見。

儘管高舉要消除南方種族隔離政策的大旗，但是白人卻反對每一項可能會造成隔離政策消除的行動，與每一位努力想達成此一目標的行動人士。在一九六一年的一項調查顯示，[22]白人以百分之五十八對百分之二十八的差距，認為黑人學生在北卡羅萊納餐館發動靜坐與「自由乘車者」（Freedom Riders）占領來往於華盛頓特區與紐奧良的種族隔離巴士，這些行動對民權運動的傷害大過助益。在一九六四年，民權法案通過前夕，只有百分之十六的美國民眾認為群眾示威有助推動種族平等，然而卻有百分之七十四的人認為有害無益。[23]有百分之六十的人甚至反對華盛頓大遊行，至少在該行動發動前幾天是如此，贊同的人只有百分之二十三。[24]

大部分的美國人，不論是自由派還是保守派，都視種族問題與自身之間毫無關係。隔離政策不過是在異國南方執行的一條法令。因此，此一問題幾乎就等於是一項對外政策。種族社會學家艾倫．大衛．弗利曼（Alan David Freeman）回想一九五四年他坐在五年級的教室聽到布朗案判決後的反應：「我還記得我那充滿自由主義意識的反應極為幼稚——這條法律現在可以讓那些可惡的南方佬乖一點了。」[25]

在北部與西部各州的白人眼中，種族和諧早就實現。一九六二年八月，在學校開學之際，一項蓋洛普調查顯示有百分之八十三的美國民眾表示在他們社區的黑人「和白人學童一樣擁有接受優良教育的機會。」[26]蓋洛普在一九六〇年代持續進行類似的調查，結果顯示美國白人的看法並沒有多少改變。在一九六七到一九六八學年度結束時，有百分之七十的人告訴蓋洛普，他們社區的黑人「待遇與白人一樣。」只有百分之二十表示黑人待遇惡劣。[27]

在南方之外，白人都覺得消除種族隔離政策是一項簡單的工作。在他們眼中，這個已有三個半世紀歷史且錯綜複雜的種族壓迫制度，能在一夜之間全面消除——只要靠著真心誠意的開放心態就能成功，而且也不會損及任何人的權利。這個國家能夠在不須更動制度的情況下解決制度性種族主義的問題。「我們回想當年的意識形態結構，發現最令人驚訝的是，」金柏莉．克倫肖（Kimberlé Crenshaw）與一群批判性種族理論學者在三十年後寫道，「大家竟然以為『民權革命』不會造成多大的社會變動。」[28]克倫肖的說法沒有錯，這的確是民權革命最令人感到驚訝的事情。美國人民的誤解，解釋了為什麼民權法案一通過就立刻出現一堆問題，同時也解釋了該法案當初為何會順利通過的原因。

就實際的層面來看，聯邦政府強化監管是促進民權的必要條件。在促成一九六四年通過民權法案的國會辯論期間，有人警告此一法案會引發聯邦政府前所未有的侵犯個人權利：不僅是前面所說的墨菲夫人的寄宿住屋，同時還包括強制性種族融合的校車、公共與民間部門的招聘配額以及移民配額。然而這說法卻招致公然的嘲笑與侮蔑。一九六四年春天，佛羅里達州民主黨參議員喬治·史馬瑟斯（George Smathers）擔心學校註冊平等化的規定可能會造成強制性的種族融合校車，他的賓州共和黨同僚休伊·史考特（Hugh Scott）立刻對他嗤之以鼻，「難道參議員不知道此一法案與校車接送學童從此一學區載到另一學區毫無關係？我在該法案中找不到與這個議題相關的任何法條。」[29]然而到了一九七〇年代，不僅僅是在南方，全國各地都出現種族融合校車。當初憲法主義人士與自由主義人士的憂慮，那些曾在參議院遭到取笑與輕視的警告，如今都已成真。由此來看，質疑該法案可能產生的影響者，要比支持該法案者來的明智。

支持民權的白人，即使是最精明的，也都傾向將民權運動當作一種讓南方所有人都能夠接受的概念，避免它成為對美國憲法與文化的攻擊。在他們的想法中，南方的白人，不論是否了解，都能得到一個較好的協議，也就是美國憲法文化下完整的會員資格，同時也難以想像得到許多好處的黑人除了感激之外還會有其他的反應。站在一九七〇年代末期回顧白人與黑人相處融洽的黃金時期，社會學教授內森・格萊澤（Nathan Glazer）指出，「種族之間相親相愛是美國民權運動直到一九六〇年代末期以前的目標。黑人領袖所要的，只是做一個真正的美國人、完全的美國人，享有完全的美國人該有的權利。」[30]但是在格萊澤回顧之際，他同時也看到韋格斯勒之前的預測成真，亦即讓黑人享有「完全的美國人權利」，意謂重新定義這些權利，而且結社自由首當其衝。

美國種族同化模式最為自豪的成就就是多元主義。即使在看上去已經融合與同質化的郊區，仍會有一些獨特的風俗習慣彼此共存，這些習俗大部分都是來自歐洲不同的文化：猶太教、中國餐館、義大利天主教的民間節日、斯洛伐克的共濟會、愛爾蘭的樂團、波蘭的工會，甚至還有盎格魯撒克遜的遊艇俱樂部。民權立法不僅將吉姆・克勞法端上檯面檢視，同時也讓更多美國特殊文化受到重新檢驗與商議。「對美國日常的一個主要族群來說，」格萊澤針對黑人寫道：

> 支持各個不同族群發展的多元主義，其實就是一個笑話。不論我們給予多元主義的具體定義為何，它都是意謂政府權力有限，民間與自主性組織擁有相對較大的自由空間，得以發展屬於他們自己的信仰、教育、社交生活、住宅區，甚至是經濟活動。這一切都是為了提升某一族群的生活，然而從黑人的觀點來看，這些都具有排外性與歧視性。[31]

這些格萊澤所謂的次級社群（subcommunities），往往對外人充滿懷疑與敵意。然而它們也是讓一群看不到前景的人在社會中有一容身之處，同時得以避免受到市場競爭機器無情輾壓的所在。「但是今日的黑人團體所要求的是，」格萊澤寫道，「這些次級社群，由於具有保護特權與製造不平等的特質，因此沒有存在的權利。」[32]如今，政府在「多元化」的大旗下已在著手摧毀這些次級社群，不過那是另一章節的故事。

黑人認為他們得到什麼？

一九六〇年代面對種族問題的主流（白人）觀念，以及對於改革行動規模的設想，大部分都是錯誤的。它最大的錯誤是過於樂觀。白人對黑人所知甚少，遠不及黑人對白人的了解。白人很少設身處地想到與黑人一起生活會是什麼樣子——如果他們確實認為這就是民權立法的結果。

有部分原因在於他們為自身的特權地位所蒙蔽。即使白人反對種族歧視的體制，但是局外人與局內人（或是艾倫．大衛．弗利曼所謂的「受害者」與「加害者」）對同一件事情也會有不同的看法。受害者將種族歧視為腐敗的體制，使得他們「缺乏工作、缺錢、缺乏住屋」，難以翻身。他們認為除非完全清除這些壓力，否則此套體制就不能稱得上是修復。然而從加害者的角度而言，則認為這是由於社會部分領袖的道德敗壞才造成如此情況，因此只要大部分的人行為合乎道德標準，就算盡了社會責任——例如拒絕嚴厲的種族偏見與避免公然進行種族歧視的行為。大部分支持立法反對吉姆．克勞法的北方白人，都視自己這樣的行為既崇高又大度，有如英雄一般。他們要確定憲法中的道德原則能夠透過法律，普遍實施於原本沒有道德標準的地區。可是在黑人與所有種族中最熱衷的民權運動人士眼中，則認為白人這樣的行為是在歷史的法庭認罪，從而拒絕承認他們以立意良善的憲法之名，站在道德高度上進行操弄。

這些其實是觀點不同的問題。我們沒有必要解讀這些在道德上是「對的」還是「錯的」。我們只能說黑人的共識與白人的共識互不相同，其中黑人的觀點與現實較為吻合，在推動種族平等的工作上也較為有效。

大型民調公司直到一九六〇年代晚期才開始對黑人意見進行密集調查——此一情況本身就被視為美國菁英所發動的改革之一。民調公司根據這些調查發現黑人對大部分問題的看法都與白人相反。調查顯示，有百分之六十的黑人都認為民權改革的腳步太慢——與大部分白人認為腳步太快的看法大相逕庭。[33]同時，黑人是以百分之六十九的比率對白人百分之九的比率，認為聯邦反貧窮計畫是一項助益，而非障礙。[34]至於大城市與大學校園爆發的暴動，黑人傾向於認為這些事件有助、而非有害種族融合（分別是百分之四十一對百分之三十，百分之四十對百分之三十二），如前所述，反觀白人則有百分之七十四的比率表示暴動有害種族融合。在許多黑人眼中，民權不僅是改革，同時也是起義。[35]

是人權，不是民權

所以，是白人將權利授與了黑人，還是這些權利是黑人與僵化的政治體制鬥爭才爭取來的？兩者都有。就給予美國黑人一般的公民權而言，民權運動並不完全算是爭取民權的運動。如果只是民權運動，就不需要修法與執行了。當國會在一八六六年通過民權法案時，就已想到民權的資格與條件。最高法院在一八八三年審理民權法相關案件時，也是以此為考量。儘管當時推動民權的努力失敗，但是「（公）民權」此一名詞卻留存下來。一九六〇年代所爭取的，與民權有所不同，它其實是在二十世紀興起的人權概念。

甘地（Gandhi）曾提出此概念，聯合國在一九四八年頒布〈世界人權宣言〉（Universal Declaration of Human Rights）也是基於此。美國自由派則是認為此概念有助改進美國憲政傳統。「美國民主黨如今已到了走出國家權利（state's rights）的陰影，邁向陽光燦爛的人權的時候，」[36]在一九四八年的民主黨全國大會上，明尼亞波里斯（Minneapolis）市長暨參議員候選人休伯特．韓福瑞（Hubert Humphrey）在演說中做出上述宣示，從此展開他全國性的政治事業。他說道：「人們——人類——是二十世紀的重心。」

在二十世紀中期，人權不是虛有其表的道德倫理，而是戰鬥性的教條。黑人穆斯林運動（Black Muslim）的領導人麥爾坎X（Malcolm X）在民權法案通過前的那個春季宣稱，他不在平民權鬥爭是靠選票還是子彈贏得勝利，他在意的是人權的鬥爭。然而他對人權的理念與聯合國的並不相同。

麥爾坎X認為，全球的白人都擔心第三世界的所得增加，會帶來人口成長與權力的擴張，從而引發革命。他在社會主義報紙《好戰分子》（*The Militant*）主辦的一次論壇中，對大部分為白人的觀眾發表演說，指出權利與革命實為一個整體：「革命從來不是請求別人施捨一杯咖啡，」[37]他說道，「革命從來不是甘受欺負。革命也從來不是要愛你的敵人，或是為剝削你的人祈禱。革命也絕不是高唱『我們一定會勝利』（We Shall Overcome）的口號。革命之本在於流血。」不過，這並不一定是種族主義的教條。麥爾坎X呼籲同情黑人的白人將民權的鬥爭轉化為人權的鬥爭，「為我們在非洲與亞洲的兄弟姐妹開啟大門，讓他們以其獨立精神來拯救我們。」[38]

麥爾坎X這篇演講是在與馬丁．路德．金恩會面的一週後發表的。這是他們兩人唯一的會面，他們在參加參議院關於民權法案的辯論時碰面，只交談了一分鐘。眾所皆知，他們是以完全相反的方法來爭取民權。金恩在一九五七年建立民權組織「南方基督教領袖會議」（Southern Christian Leadership Conference），其訓詞是「拯救美國的靈魂」。此一格言可說是總結了金恩在二十一世紀民權抗爭中所扮演的角色，不過他本人很快就超越了該角色。一九六七年，他看到越戰已成為戰略與人道上的大災難，他於是改變策略。他在紐約的河濱教堂（Riverside Church）發表了一篇沉痛又諷刺的演說，以越戰來凸顯美國的種族偽善：

我們徵召在我們社會中備受欺凌的黑人子弟，將他們送到遠在八千英里以外的地方去捍衛東南亞的自由，然而這是他們在喬治亞州東南部與東哈林區都無法看到的東西。因此，當我們不斷在電視上看到黑人與白人子弟並肩，為了一個不容許他們坐在同間學校的國家廝殺與犧牲的畫面時，這是何等殘酷與諷刺。我們看到他們聯手燒毀小村落的茅草屋，然而同時也了解他們絕對不可能住在芝加哥的同一區。[39]

金恩覺得有必要解釋「我為什麼相信自德克斯特大道浸信會教堂（Dexter Avenue Baptist Church）開始的道路——在那所位於阿拉巴馬州蒙哥馬利市的教堂，我展開了牧師生涯——並一直引領我到今日的教堂。」美國「今天已變成全球最大的暴力供應商，」之後他不再提到美國。「我是以世界公民的身分發言，」他說道，「因為這個世界為我們所走的道路感到震驚。」接著他用一段若置於麥爾坎X的演說中也未嘗不可的話語，轉述了他的重點：「如果我們要走在世界革命的正確道路上，我們作為一個國家必須推動一場激烈的價值革命。」儘管美國有許多白人即使到幾十年之後都還不了解箇中含意，但是黑人民權領袖過去的確拒絕了其他的道路。因此，美國的問題不僅是在於排斥黑人，更是一個關乎美國價值的深層問題。

詹森簽署民權法案的兩週後，警察湯瑪斯・吉利根（Thomas Gilligan）在哈林區射殺了十五歲的詹姆斯・包威爾（James Powell）。事件起因有兩種說法，其一是說包威爾企圖持刀攻擊吉利根（警方說法），另一則是說他在參加一項抗議房東反遊蕩政策的和平示威活動中遭到槍殺（包威爾朋友的說法）。此一事件引發該區的暴動，持續六晚。其中一晚有兩百名警察與民眾受傷送醫。暴動結束沒多久，紐約的羅切斯特（Rochester）又發生暴動，接著是費城的澤西城（Jersey City）與伊利諾州的迪克斯摩（Dixmoor）也陸續出現暴動。觀察人士最初並沒有把這些暴動與民權運動掛鉤，而是認為只是巧合而已。「民權運動本身已走入尾聲，」紐約時報記者大衛・哈柏斯坦（David Halberstam）後來寫道，「黑人現在興起的是新的不滿情緒。尤其是北部的城市，整個空氣中充滿了新的憤怒。」[40]他所謂的「新的」，其實是痴心妄想——這些暴動就是民權運動。雖然暴動不完全等於民權運動，但卻是其中重要的元素。

美國在此之後半個世紀的許多暴動，從一九六五年的瓦特（Watts）事件、一九九二年的洛杉磯暴動，到二〇一四年的弗格森（Ferguson）事件與二〇一五年的巴爾的摩暴動，都有一九六四年那場哈林區暴動的影子。根據歷史學家艾瑞克・霍布斯邦（Eric Hobsbawm）在對中世紀起義與地中海強盜[41]所做研究的說法，這些暴動具有半政治的特性。對於國家的某部分而言，這些暴動是種社會運動，旨在抗議有利白人而不利黑人的執法，但是對於國家的其他部分來說，這些暴動就是犯罪：他們的抗爭不過是在攻擊一個法治的社會。在一九六〇年代的中期與晚期，這樣的觀點在南方以外地區的白人之間尤其真實。對於他們許多人來說，這些暴動等於是讓他們重新認識黑人，並且因此改變了他們原先的看法。他們感覺這個國家的白人不知怎地按錯了按鈕，釋出「惡質」的民權運動，而不是他們原先所預期的「優質」民權運動：縱火燒毀商業區的版本取代了在白宮草坪握手的版本。

自一九六〇年代初期開始，美國犯罪率就一路攀高，其中黑人無論是加害者還是被害者，比例都是過高，引發了國家緊急狀態。這樣的緊急狀態是經過多個階段形成的：馬丁．路德．金恩在一九六八年四月四日遇刺前夕的曼菲斯搶劫事件與刺殺案後新一波的流血暴動；一九七一年的阿蒂卡監獄（Attica Prison）暴動，一九七七年的紐約大停電；一九八六年快克古柯鹼的盛行；一九九二年洛杉磯「羅德尼．金」（Rodney King）暴動，與一九九五年辛普森（O. J. Simpson）在其謀殺審判中無罪開釋。[42]自此之後，犯罪率降回到一般水準，但是黑人在犯罪統計中比例過高的情況一直沒有消失。在歐巴馬的第一任總統任期結束時，占美國人口百分之十三的黑人，在因暴力犯罪而被捕的案件中所占比例仍達百分之三十九。[43]

一九六四年大選期間，聖約之子會（B'nai B'rith）進行了一項有關反猶太主義與其他偏見的調查，[44]發現有百分之三十七的白人較一年前較不同情黑人，只有百分之十五的白人更加同情黑人。由此來看，原本立意良善，旨在促進美國文化正常化，以及改善南方有如中世紀偏執狂種族主義形象的民權運動，卻把南方充滿種族矛盾與暴力的情況推向全國。

平權運動與政治正確的起源

一九六〇年中期的立法促使法律平等成為美國人民生活的一部分。但是令這個國家感到驚訝的是，民權領袖與政府都認為光是法律之前人人平等仍不足以完成使命。

儘管表面上的要求都已達到，民權運動並未因此解散，而是繼續成長，成為遊說團體或是政治聯盟，尋求解決弗利曼所謂的「缺少工作、缺錢與缺少住屋」的問題。這是聯邦政府改善黑人生活任務的重中之重，然而其結果卻是幾乎在各方面都令人失望。想當然耳，因為這個國家從沒想過要從事範圍如此廣泛的計畫。

美國人民絕不是有意反對黑人族群的進步，但是他們都獲得政府的保證，法律上的種族主義色彩才是民權運動所要消除的最大阻礙。對於黑人在一九六四年之後的財富成長率，相較於二戰後二十年間的水準日趨減緩，美國人民或許會感到驚訝，然而這並不是美國史上第一次遭遇這樣的挫敗。一九一四年，在〈解放黑奴宣言〉（Emancipation Proclamation）頒布的半個世紀之後，歷史學家查爾斯．比爾德（Charles Beard）不禁哀嘆，「不管是什麼原因，有色人種顯然都無法獲得經濟上的進展，以及他們的友人期望他們在宣言頒布後能夠達到的生活水準。」[45]

現在依然如此。儘管沒有人會認為在種族隔離時代下長大的黑人能夠趕上他們年輕時拒絕他們的機會，但是也預期他們會像之前的移民前輩一樣，受益於美國一般較高的教育水平而蓬勃發展。但是這樣的預期並未實現。艾倫・布魯姆（Allen Bloom）在其一九八七年的暢銷著作《美國心靈的封閉》（*The Closing of the American Mind*）中寫道，黑人「和他們的前輩一樣難以適應大學體系。」[46]

一九六九年，布魯姆在紐約州北部的康乃爾大學擔任教授，在一個週末的夜晚，一批黑人激進分子手持步槍闖進校園，驚醒了布魯姆來過週末的雙親，這些激進分子向校方行政部門提出一堆要求，而校方不顧各學院的反對而完全妥協。布魯姆在第二年離開康乃爾，到多倫多大學任教。布魯姆認為，適應不良與激進主義是一體兩面。「在康乃爾大學，」他寫道，「如今有大批學生明顯不合格也欠缺準備，因此校方無可避免地面臨一個抉擇：要不將他們全都當掉，要不就是不管他們學到什麼，都讓他們通過……有如浪潮般席捲各大學的黑人力量，則是提供了第三個選項。」[47]

面對黑人生活難以改善的挫敗，白人也在找尋藉口。詹森一九六五年六月一個晚上在華盛頓的哈佛大學圖書館前發表的畢業典禮演講，可說是有關民權演說的經典之作：

> 你不能將一個甫從多年禁錮解放的人送上競賽的起跑線，然後告訴他，「你現在可以自由與其他人競爭了。」並且還相信自己這麼做是完全出於公平的精神。只是開啟機會之門並不夠，我們所有的人民都必須具有穿過這些大門的能力。[48]

許多參與反隔離政策抗爭的人都一心期待他們會受到被他們「解放」的人們熱烈歡迎，然而這些民權奠基者現在卻不是這麼肯定了。兩個月後，在詹森簽署選舉權法案的同時，洛杉磯黑人居住的瓦特區爆發種族暴動，造成數十人死亡，一千人受傷，以及數千人被捕。

詹森與南方支持民權的白人總喜歡自我吹噓在照顧黑人上有多大的功勞，有些像是十九世紀南方白人自誇「我們的」黑人比其他人在任何時候照顧得都好。然而現在他們的專業形象，以及經過調整的同情心都遭到嚴重損壞。這個國家的政治領袖也因此跌入至少半個世紀都不曾有過的驚愕之中。

為了尋求此一挫敗的原因，美國政治文化無處不受到影響，所有的角落都被種族化。沒有人能夠坐視社會的變動而不有所回應。每一個美國人都被徵召成為對抗種族主義戰爭的士兵。政府急於想聽取黑人社區「真正的」心聲，然而同時也熱切追求在民權運動中建立波特金式（Potemkin，意指虛有其表）的成就。詹森將其稱作這是「民權運動接下來更為深刻的階段。」[49]

民權法案第七〇六條允許政府強制執行「平權行動」：對於雇主或機構「意圖從事或正故意從事非法行為，」得命令僱用黑人或是「其他任何法院認為適當之公平救濟措施。」但是該條法律卻也開啟了讓美國所有企業面臨關於種族歧視的爭訟，不論其是否有意為之。

企業要避免受到政府的監視，最好是發揮自動自發的精神，先發制人——根據該法案的第七一一八條規定建立符合政府要求的平權行動計畫。[50]詹森在選舉權法案通過的那年夏天頒布第一一二四六號行政命令，要求員工至少有五十一人的企業如果想爭取政府合約就必須設立平權行動計畫。

這套體系完全沒有所謂的種族中立。事實上，法官在解釋時完全明確地否定了種族中立的解決方案。美國的反種族政權[51]就是以此種模式建立，它完全排除以無關種族主義的措施來對抗偏見，例如中立的公共服務、大學錄取與入職測驗等。在格里格斯對杜克電力公司（Griggs v. Duke Power Co.）的訴訟案中（一九七一年），最高法院質問一家在北卡羅萊納州的電力公司是否可以對其員工進行性向測驗。根據民權法案第七篇（第七〇三條）的規定是可以的，但是首席大法官沃倫．伯格（Warren Burger）與法院卻一致決定，如果這樣的測試對黑人不利，就不可以：「善意或是沒有種族歧視的意圖，並不能彌補本身就對少數種族不利的僱用措施或測試機制。」伯格寫道。[52]

如今政府可以中斷或操縱一般公民私人事務間的互動，例如商業人士、地主或大學招生委員會的相關事務。它可以干涉個人自由衡量權。是的，政府這麼做是基於一個特殊的目的——打擊種族主義。但是格里格斯一案的判決卻表明政府有權採取行動反制種族主義，即使沒有種族歧視意圖的證據。此一判決使得政府在推動民權上擁有專斷的權力。然而一旦有了專斷權力，也就不必在意當初為何要授與此一權力的原因了。

這樣的情況令人擔心。但是儘管一般公眾對民權革命的質疑日益加深，意見領袖間卻少有質疑。一九六六年，前B級片演員羅納德・雷根（Ronald Reagan），一位反對民權與選舉權法案的人物，將加州州長艾德蒙特・派特・布朗（Edmund Pat Brown）這位頗孚人望的公職人員與活動家拉下馬來。這讓高級知識分子大感困惑，《評論雜誌》（*Commentary Magazine*）甚至委託出身寒微，在加州土生土長的哈佛政治學家詹姆斯・威爾遜（James Q. Wilson）為其讀者寫了一篇「雷根之國導覽」（Guide to Reagan Country）。「我無意在這裡向雷根表示歉意，」威爾遜在文章一開始寫道，「即使我想這麼做（事實上我不會的），我也絕不會在哈佛同事能夠看到的任何地方寫下這樣的東西。」[53]當時的知識分子很少會如此下筆。威爾遜在其同事之間以具獨創性與堅定的意志著稱，然而他也深深感受到同儕壓力對他所要說的話形成限制。五年後，他在哈佛的同事格萊澤寫道：

白人族群說：「我們工作辛苦，也曾遭到歧視，但是我們挺過來了，他們為什麼不行？」黑人反駁：「你們在我們之後才來這裡，然而自我們同為奴隸開始，你們的條件就優於我們，享有所有的特權。」這不是一個可以輕易提出又不致引發激動情緒的問題，其嚴重性使人不禁懷疑此一議題能夠允許學者深入到何等程度。[54]

真相就在此平權行動體制下的首批受害者之中。「平權行動」最為簡單的意思是拋棄中立的主流觀念，根據種族重新分配教育與就業機會。要將此一概念作為消除種族歧視的解決之道需要雙重思考。「平權行動要求，在運用種族的概念時，將其作為一種在社會上顯而易見的感知與代表類型，」金柏莉．克倫肖指出，「但是主流的民權意識形態（mainstream civil rights ideology）中，最深層的元素卻也確認這樣的種族意識其實本身就是種族主義。」[55]民權革命只不過進行了五年，美國就得到了過去在聯邦層級未曾有過的某種東西，同時這也是大部分美國公民絕不會同意的東西——一套明確的種族優先制度。

民權行動的一體化為這個國家的憲法文化造成改變。一九六〇年代有關民權方面的創新逐步掌控了政府最重要的層級，只要公眾擔心自己會被歸類於種族主義分子，這樣的控制就不會消失。如今不僅是遭到排斥與剝削的南方黑人，而是所有曾受到不平等待遇的少數民族都能憑藉此一新治理模式提出自己的訴求。

民權模式的政府行政命令、法律與法院判決最終帶動與形成了一種新興的公平概念，挑戰昔日的傳統觀點，例如男女性別角色的永續不變、同性戀的道德地位、針對移民的接納態度，以及對身障人士權益的考量等。民權逐漸成為一張執照，允許政府從事憲法之前所不容許的行為。它幾乎是在眨眼間就超脫了吉姆．克勞法的範圍，一次又一次創造民權人士所謂的解放。

這種新的政治型態其實並不適合所有的目標，它主要是用來打破傳統機制，而不是建立新機制。但是它也使一些觀察人士多所期待。牙買加出生的哈佛社會學家奧蘭多．帕特森（Orlando

Patterson）在一九七〇年代熱情洋溢地寫道：

> 儘管此一體制蒼白蕭瑟，但是它同時也提供了驚人的機會……美國黑人可以成為人類歷史上首個突破文化傳統限制與掌控的族群，如此一來，他們也將成為全人類中最為純正的現代人。他們的生活不需要受制於國家、過去或特殊性文化，而是理性，能夠適應生存條件各種情況的變化，即是最高層次的存在……不言可喻，人類下一次的文化躍進將是在於拒絕傳統與特殊主義。[56]

民權就是這樣讓美國人民買單。它是打著修正憲法令人詬病之處的旗號來推動改革。美國人民大都認為民權運動是來自一段令人羞愧的歷史，因此本身也受到歷史的限制。他們不接受其他的看法。帕特森是少數幾位了解民權運動並非僅侷限於消除種族隔離的人士之一。耶魯大學法學教授羅伯特．博克（Robert Bork）儘管就此抱持不同觀點，但也如此認為。移民權利、兒童權利、同性戀權利與老人權利，都不在民權法案之內，但是都能自其中輕易衍生而出。此一新體制不僅推翻了壓迫黑人的舊傳統，同時也成為推翻美國人民生活中所有傳統的樣板，首當其衝的就是男人與女人的角色。

第三章 性

大兵世代與其挫敗；女性的奧祕與男性的性別歧視；花花公子與男性性行為；格洛麗亞・斯泰納姆、資本主義以及階級；羅訴韋德案與最高法院；《我們的身體，我們自己》；平等權利修正案

第二波女性主義始於一九六三年。貝蒂・傅瑞丹在甘迺迪遇刺的幾個月前發表了《女性的奧祕》一書。她的重點不是在十九世紀涵蓋廢奴主義、禁酒主義與婦女參政運動的「第一波」。她並沒有將女性主義人士羅賓・摩根（Robin Morgan）稱為「埋藏了五百年的憤怒」[1]的不平等、不適任與相關的爭執哲理化。傅瑞丹所描述的是一些相對溫和的事情：自她於一九三〇年代末期進入全女校史密斯學院（Smith College）就讀以來，婦女所喪失的地位。

大兵世代與其挫敗

這是一個難以爭論的論點，因為大部分論證基礎都已在二戰中喪失——軍方擁有無上的威望。大部分的人對它在歐洲與亞洲兩塊大陸的勝利都記憶猶新。在軍方的鼓勵下，科學家發明了毀滅性空前強大的武器。其他先進國家的工業設施都被戰火摧殘殆盡，使得美國在戰後不但擁有為全球經濟制定規則的地位，同時也貢獻全球百分之六十的製造與生產。[2]儘管直到戰爭爆發，大蕭條已讓美國民間經濟連續十年萎靡不振，但有件事如今看來相當明確，那就是該指派新的任務給帶領這個國家戰勝的領導者們（與他們那只許成功不許失敗的領導風格），將他們的目標從戰場轉移到董事會、賣場與教授俱樂部。

這就是那時候的情況。時至一九五〇年代中期，國會有半數的席位都屬於退伍軍人（其中有一些還相當年輕）。[3]他們持續掌控國會數十年，在一九七一年達到頂峰，國會中有百分之七十五的席位都是由退伍軍人把持。[4]他們同時也掌控了新聞事業。「在甘迺迪政府執政的一千天期間，新聞界與總統間的關係親密……」[5]《華盛頓郵報》（*Washington Post*）記者羅伯特・凱瑟（Robert G. Kaiser）回憶。「國家完全仰仗一群想法一致的二戰退伍老兵（包含勇赴沙場的士兵與戰地記者），他們對國家的前景具有相同的看法。」

這是一個男人世界依據戰時的記憶與決策原則所編織的社會。退伍軍人主導了當時社會的走向。他們的品味與所著重的事物成為全國的標準。一九四〇與五〇年代彩色雜誌的廣告都是依循美國大兵的夢想，[6]充滿著科技與動物本能。所有的東西都要包裝成火箭科學，奧斯摩比（Oldsmobile）品牌的汽車擁有「二〇二火箭引擎」，龐帝雅克（Pontiac）品牌汽車則是具備「風馳電掣的V八引擎與液壓傳動」。戰後女性的泳衣性感誘人，直追放蕩的一九七〇年代，儘管兩個時代的時尚有所不同（初期是單件式的泳裝，後來則是以細線繫著的兩件式）。隨著一九五〇年代邁步前行，退伍軍人也進入中年。此時期的女性衣著胸線上升、裙擺下降，婦女們各個珠光寶氣。

想當然耳，那些太年輕以致錯過戰爭的男人也把自己裝扮成上過戰場的樣子。拿出一疊一九六三年的托普斯（Topps）職棒球員卡（即使是在一九六九年，棒球也被視為一種保守的運動），幾乎所有的球員都是清一色理著小平頭，一副軍中小伙的模樣。二十四支球隊，六百位年輕人，沒有一人留有鬍子。一九七〇年聖路易紅雀隊（St. Cardinals）的瑞契．艾倫（Richie Allen）與奧克蘭運動家隊（Oakland Athletics）的費利普．阿盧（Felipe Alou）開始蓄鬚，他們是自一九三〇年代以來首兩位這麼做的球員。[7]

就社會風氣來看，這個國家相當保守。一九六〇年代初期的景象與兩個世代前，也就是十八與十九世紀交替之際相似的程度，甚至超過僅有一個世代之隔的下一個世紀。當時抽菸是一件很酷的事情，甘迺迪總統本人抽小烏普曼雪茄（Petit Upmann Cigars），[8]他的妻子則是是新港牌

（Newports）或是塞勒姆牌（Salems）的薄荷菸。[9]你可以和德國人在公立高中相偕同行，但是不能和中國人在一起；詩歌在高中英文課程中占了一大部分。瑪麗（Mary）是美國女孩幾個世代以來最常見的名字，[10]在戰後曾經短暫被琳達（Linda）超前，而在一九六二年則是排在麗莎（Lisa）之後，屈居第二（到了二十一世紀初期，瑪麗之名已完全退出前一百大排行榜）。

每週晚上的電視劇幾乎全都是西部與戰爭連續劇。[11]在一九六二到六三年的播出季，美國廣播公司（ＡＢＣ）在週一黃金時段（晚上七時三十分）播出的是《夏安》（*Cheyenne*），接著在八點半播出《步槍手》（*Rifleman*）。週二的黃金時段播出的是《勇士們》（*Combat!*）、週三是《篷車英雄傳》（*Wagon Train*）、週四是《奧茲與哈利特歷險記》（*The Adventures of Ozzie and Harriet*）、週五是二戰影集《八勇士》（*Gallant Men*）。（奇怪的是奧茲與哈利特歷險記在後來成為美國社會風氣的代表，然而該影集在一九六三年卻是打破雄糾糾、氣昂昂的男子漢形象。）

全國廣播公司（ＮＢＣ）在週二至週四黃金時段播出的影集是《拉勒米》（*Laramie*）、《維吉尼亞人》（*The Virginian*）與《寬廣之國》（*Wide Country*），並在週日晚間九時播出熱門影集《牧野風雲》（*Bonanza*）。哥倫比亞廣播公司（ＣＢＳ）每週在黃金時段播出的西部影集較少，只有週二的《狄倫警長》（*Marshall Dillon*）與週五的《生牛皮》（*Rawhide*），而將主要的西部影集《槍手生涯》（*Have Gun-Will Travel*）與《荒野大鏢客》（*Gunsmoke*）留到週六深夜播放。你可能會想當時的婦女大概根本不看電視。詹森時代初期的電視指南（TV Guide）曾經刊登一篇文章，對電視將播出婦女高爾夫球比賽表示驚訝（婦女占領高爾夫球場球道），並且附有一篇一位外國記者的簡介，「美國廣播公司的女記者：麗莎・霍華德（Lisa Howards）」。[12]

所有參加二戰的國家在戰後都擺脫了曾經嚴格控管他們政治與民間生活的習慣。然而不同於其他國家，屬於戰勝一方的美國卻是欠缺任何理由（例如戰敗的屈辱、贖罪、經濟危機、失去帝國或是外國占領）來重新檢驗其戰時的習慣。美國人民仍是全心全意地相信科學與進步，其所表現的方式更令其他國家，好比說德國，瞠乎其後。雜誌廣告展示各種不同的合成聚合物（尼龍、阿克利綸、奧綸），強調都是穿著上的最新時尚，背後原因就是在於這些都是新發明的產品。

但是美國的進步並不如其預期。西歐已經重建其被戰火摧毀殆盡的工業設施，然而這個被稱作「新世界」的美國卻突然發現自己竟身處西方工業化國家中最落後的一端。美國從東海岸到西海岸，甚至是各大城市，都呈現出維多利亞時代鄉間矯揉造作的氣象。一九六〇與七〇年代，有許多婦女都自己縫製衣服，大部分的母親也都有縫衣機。[13]大部分的高科技產品（例如在一九七二年，銷售量開始超越黑白電視機的彩色電視機）都裝在木頭櫥櫃裡，彷彿是出自伐木場。[14]

除了承諾探索太空之外，一九六〇年代初期的工業革命已不再能產生任何革命性的創新。管理大師彼得・杜拉克（Peter Drucker）指出，全球市場已逐漸統一化，世界科技霸主ＩＢＭ現在每月可以驚人地生產數以千計的電腦，塑膠已成為最新的重大產業。但是除此之外，美國仍是深陷愛迪生（Edison）、貝爾（Bell）與西屋（Westinghouse）的時代。杜拉克警告美國經濟：

現在仍受一戰前的「大企業」所主導。美國經濟的基礎仍在於一九一三年，也就是半個世紀前的創新上。就技術而言，我們過去五十年來所使用的仍是我們維多利亞時代前輩所遺贈下來的……自二戰以來幾乎所有的鋼鐵廠使用的技術都可以回溯至一八六〇年代，而且在五十年前就已被認為是過時了……今天汽車所有的特點，沒有一個不是在一九一三年就已發展出來……根據經濟學家的評判，過去半個世紀是所謂的連續時代（Age of Continuity），亦即是大約三百年來改變最少的時期。[15]

反文化歷史學家希歐多爾・羅扎克（Theodore Roszak）在其著作《荒地的盡頭》（*Where the Wasteland Ends*，一九七二年）中發表他對「後工業」問題的研究。[16]他指出，這些問題其實和十九世紀中期工業都市遭遇的一模一樣：貧民窟、沉悶單調的工廠作業、一成不變、大量生產的貨品與乏味無趣的小鎮生活。

二戰老兵因為他們在海外的成就而受到後人緬懷與推崇為「最偉大的一代」，但是如果視他們為國內政策決策者的一代，他們的表現大部分乏善可陳，在許多方面更是黯淡無光。我們不僅要看他們奮勇衝上奧馬哈海灘（Omaha Beach），也要看他們在國內各地興建的初中校舍，是多麼地粗製濫造，都是使用石棉襯裡的磚塊砌成的低矮房子，然而他們還認為對他們的孩子而言，這樣就足夠了。我們不僅要看他們如何推動馬歇爾計畫（Marshall Plan），提供資源重建被砲火炸成廢墟的鹿特丹與法蘭克福等大都市，也要看他們在一九六二至一九六八年期間是如何充當波士頓城市規劃者的角色，在貝聿銘（I. M. Pei）的主導下，他們拆除了八英畝的老街、公寓、工廠與在斯科利廣場（Scollay Square）四周的商家，只為了建造……什麼都沒有，除了建築公司卡爾曼·麥金內爾暨諾爾斯（Kallmann McKinnell & Knowles）有如荒地的市政廳廣場，[17]中間還有一座散發霉味的水泥紀念碑，以紀念政府粗暴的做法。「動手吧，我覺得就該如此。」杜魯門（Harry S. Truman）總統在一九五二年說道，下令華盛頓特區當局拆除市內有兩萬五千人居住的排屋（居民中包括艾爾·喬遜〔Al Jolson〕與馬文·蓋伊〔Marvin Gaye〕*），以水泥高塔取而代之。[18]

這些失敗中都存在著「雄性因素」。這個國家運作順利，但是都只是以一種處理事務性工作的態度，強硬又盛氣凌人。一致化已成了戰後的風景線，從廣告看板、國宅計畫到企業總部都是如此。密西根大學文學教授約翰·艾爾德里奇（John Aldridge）目睹美國戰後在開發中的郊區，不禁覺得當局把軍事作風與戰區規劃都帶回家園。「整個看來就像是我們才擺脫的軍中世界，」[19]他在一九六〇年代晚期回憶，「推土機把土地變成碎石，斬草除根，將大樹連根拔起，然後鋪上長達數千英里的聯內道路，沿路都是成排成列，有如軍營的住屋。」

＊編按：兩人都是美國著名歌手。

在艾森豪（Dwight D. Eisenhower）總統眼中，一九五六年的公路法（Highway Act）使得美國軍事車輛可以輕鬆穿梭於國內各地來抵抗外來攻擊，至於提供卡車運輸、駕車出遊，造成許多小鎮與市區荒廢，都只是該法案順便附帶的效應。

不過儘管如此，美國二戰勝利的光輝與成為世界領袖的光環仍然耀眼，充斥著美國人民對一九五〇與六〇年代的記憶。根據新聞主播湯姆．布羅考（Tom Brokaw）指出，「美國仍保有戰時的熱誠與紀律，」[20]從而帶動國家蓬勃發展。歷史學家喬治．馬斯登（George Marsden）回憶他在一九五〇年代的童年時期，美國「被扔進世界領袖的地位裡。」[21]「扔進！」就和許多嘗到勝利滋味的人一樣，美國人民也把征服的果實誤認成對美德的獎賞。然而對於杜魯門在一九五〇年把他們強行拉入韓戰的記憶，他們卻是壓抑克制，不願提起。

美國只要願意，還有什麼不能做到的？畢竟，現代人比以前任何一個時代都聰明。蓋洛普民調在進入一九六〇年代的頭一個月問美國人民，「就智慧而言，人類變得比較好，還是比較差？」[22]有百分之七十三認為變得更聰明，只有百分之七持相反的看法。這就是你所期望一個國家要把人類送上月球（或是願意讓數以萬計的年輕人在東南亞叢林犧牲生命）該有的自信。

女性的奧祕與男性的性別歧視

無庸置疑，二次大戰推進了黑人與美國主流學術與工作生活的融合，然而卻是逆轉了女性的融合。隨著戰爭結束，婦女也離開了她們在戰時的工作崗位，讓位給自戰場歸來的英雄們。一九二〇到一九五八年間，[23]婦女進入大學就讀的比率由三分之一降至四分之一。美國軍人權利法案（GI Bill）為數以百萬計的美國退伍軍人打開大學之門，然而同時也成為職業婦女最大的障礙之一。一九五〇年代的經濟繁榮形成性別差異。男人成為工業經濟時代下的巨人，或者至少是站在前線的士兵，然而婦女卻是被束縛在滿是高效能清潔機器的屋子之內。這是她們以前從來沒有的處境。

《女性的奧祕》一書現在讀來像是多篇雜誌文章的合集，既扣人心弦、見解深刻又憤憤不平。整體而言，這是一本耐人尋味的著作。傅瑞丹指出婦女傾向把女性的特質置於人性的前面。她談論「無名的問題」[24]，稱婦女的困境是一個「性」的問題。[25]但是性有多種意義。它可以解釋為婦女因為性別的關係所承受的社會劣勢；在美國家庭結構中的角色，或者是各種關於色情的問題。傅瑞丹的性包含了這三種意義，但是直到十年之後美國社會才開始真正分辨出其中的差異。

何謂解放的女性，美國是靠著摸索才逐漸了解其中含意。美國每一個人，不論其觀點為何，都了解民權的重要性，但是他們對於女性的解放卻是毫無所知。一九六八年，美國菲利浦莫里斯

（Philip Morris）菸草公司推出「維吉尼亞女士」香菸（Virginia Slim），打出的口號就含有解放的意義：「你一路走來辛苦了，寶貝。」為了市場，該品牌經常進行民調以了解婦女心中的渴求與她們聲稱的渴望。一九七一年十月，該品牌詢問婦女，她們是否經常感覺「作為一名女性反而限制了我在生活中所期待的發展。」[26]調查顯示只有百分之七表示「經常」，百分之十二表示「偶爾」，百分之七十九則是表示「幾乎沒有」。至於婦女對於女性主義者的看法，調查結果顯示大家的看法趨於保守。有百分之二十二的受訪者都表示她們尊重記者格洛麗亞．斯泰納姆（Gloria Steinem），只有百分之四持相反的意見，但是有多達百之六十五的人都表示沒有聽過她的大名。[27]此外，有百分之六十三表示沒有聽說過作家吉曼．基爾（Germaine Greer），[28]有百分之六十四沒有聽說過理論家凱特．米利特（Kate Millett）。[29]看來對於大部分的婦女來說，「無名的問題」並不是問題。

在甘迺迪政府時代，調查顯示在已婚婦女與未婚婦女之間，對於任何有關女性重大議題的看法都相差不大：百分之九十的已婚婦女與百分之八十七的未婚婦女都相信她們具有超能力的「女性直覺」。[30]有百分之十六的已婚婦女認為在某些情況下發生婚外情是可以接受的，[31]有百分之十五的未婚婦女也持相同的看法。但是在經過五十年後，已婚與未婚婦女幾乎在所有事情上都持不同的看法。由此顯示，在一九六〇年代，女性解放的條件並未成熟，直到十年之後才開始變得較有利。美國的官僚與司法體系最先是立法懲罰違反民權的行為，接著又依照這樣的模式來修正其他不平等的現象。到了一九七〇年代，婦女開始利用這樣的優勢，不再將自己的快樂寄託在傳統的伴侶與家庭制度上。隨著大學的增加，進入大學就讀的婦女也越來越多，從而形成菁英女性與養育子女絕緣的群聚效應。她們也是起而反抗「性別歧視」的主力。

在傅瑞丹的著作問世時，還沒有「性別歧視」（sexism）這個字眼。它是由作家卡羅琳・伯德（Caroline Bird）在一九六八年創造出來的。[32]她在一九三五年進入瓦薩學院（Vassar）就讀，比傅瑞丹（當時名為貝蒂・古德斯坦〔Bettye Goldstein〕）進入史密斯學院早了三年。「性別歧視，」伯德寫道，「是在與性別無關緊要的地方以性別來評判別人。」這是一個簡單明白的定義，就和一九六四年民權法案出現之前對種族歧視的同義一樣。但是它同時也凸顯出女性主義長期以來所面對的政治困擾，性別往往是最主要的問題。這是種族或階級不會面對的基本問題。男性不用生育。女性主義所要對抗的不僅是存在於社會中的偏見，同時還要面對與自然間的鬥爭。因此，女性主義人士的鬥爭一直都存在矛盾性，直到今日仍造成困擾。女性解放該是強制性的命令或是一種運動？性別真的這麼重要嗎？女性應該與男性鬥爭，或者是在一個以男性為主的文化中，以更自由與開放的態度與男性相處？

男人把女性主義視為直接指控他們對婦女的態度。他們的想法沒錯，伯德所謂的性別歧視無所不在。紐約時報戰地記者大衛・哈柏斯坦一九七二年解釋他和他的同僚之所以能在越南表現卓越，是因為沒有女性來攪亂他們的生活。「因為他們之中只有一人結婚了，」[33]他談到他的同僚，「因此在西貢的社交圈不會有老婆來攪局，大家都能和睦相處，不會出現像在華盛頓勾心鬥角，妨礙記者工作的情況。」

女性也意謂順從與智力平庸。如果你問婦女，她們最欽佩的女性特質是什麼，[34]智慧高居首位，有百分之五十七。如果你問男性，他們會認為女性最好的特質是「溫柔」，比率達到百分之三十八，只有百分之一的男性認為是「智慧」。可想而知，這樣的態度在一個以男性主導的職場中會造成什麼結果。東方航空公司（Eastern Air Lines）一九六七年夏天所推出的電視廣告與行銷計畫就是這樣的例子。該公司打出「介紹淘汰者」的口號，[35]以此來標榜其僱用的標準有多嚴格。在空中小姐的選拔中，二十位只有一位會錄取。然而該公司在廣告中並不是說明其錄取標準，而是讓十幾位婦女魚貫出現在鏡頭前面，供觀眾品頭論足，而且還伴隨有侮辱性的旁白說明：「她太笨拙了……看來沒有親和力……她咬指甲……她戴眼鏡……噢！……哇喔，她結婚了。」有一位太高，另一位太矮，還有一位在嚼口香糖。東方航空公司的標準是徹頭徹尾的性別歧視。

這類對女性的觀感既荒謬又刻薄，而且眼光狹隘。然而也有一些婦女不希望在生活中遭到冷落，因而順從這樣的觀感。「也許真正的妳……是一位金髮碧眼的美女。」[36]這是一九六六年的雜誌廣告，主題是可麗柔（Clairo）的一項產品「生來金髮」（Born Blonde）。「即使是黑髮女子也可以和金髮一樣明豔動人，妳呢？」這樣的選擇無疑是貶低與物化女性。休伯萊恩

（Heublein）一九六八年為其雞尾酒所製作的廣告是七名女子圍繞在一名男子身邊，各個打扮性感：社交名媛穿著貂皮大衣，脖子上戴著珍珠頸鍊；性感的清潔女僕穿著短到不能再短的法國女侍黑白制服；島嶼女郎裸露腰部，男性打扮的女郎則是頭戴南美牛仔帽，腳踏高跟鞋。只要你能供應足夠的休伯萊恩雞尾酒，她們就會陪你滾床單：「在酒瓶內夢想成真，盡情享受美酒的自由奔放。十七種來自休伯萊恩縱情享樂的佳釀——全都味道濃郁。」[37]

你可以看到這些廣告是如何以一種愚不可及、貶抑與利用的方式來接觸異性。在婦女解放運動的初期，男性「物化」女性是最主要的抗爭目標。男性的性慾強勢要求另一半人口的服從，然而自己卻是置身事外。兩者都需要自其中解放。

花花公子與男性性行為

面對難以申訴的委屈，第二波女性主義為自己尋找盟友是再合理不過的事情，就像之前第一波女性主義所做的一樣。而與一心想約束或教化男人性行為的力量結盟是最為適當，尤其是教會。在女性主義興起初期，這些力量還有其功效。直到一九六〇年代中期，美國大學宿舍仍是男女獨立，並且規定嚴格，凡是違反規定就會受到暫時停學或是開除的處罰。但是這樣的情況並沒有維持多久，到了一九六九年，頂尖大學就像威廉斯學院（Williams College）當年T恤上所印的文字一樣，到處都是「男女同居」。[38]

女性主義人士幾乎從來沒有與傳統道德結盟，懷抱解放思想的女性強烈表達對男性性愛的不滿，並且認為自己才是擁有更為自由與「更好」的性愛。不過與此同時，也有大批女性主義者的願望只是單純地想擁有與男人一樣自由的性愛。巴瑞・曼恩（Barry Mann）與辛西婭・威爾（Cynthia Weil）合寫，由「媽媽」卡絲・埃利奧特（Cass Elliot）主唱的單曲《漸入佳境》（*It's Getting Better*）在一九六九年夏天大受歡迎。這首歌的主題即是放棄女性對愛情的浪漫情懷：

> 我曾經相信愛情來到時
> 會伴隨著煙火、鐘聲與詩歌
> 但是在你我之間
> 愛情悄然滋長
> 不論相信與否
> 現在我們擁有的一切都是美妙非凡[39]

在這首歌中，愛與性不再是神祕與非理性的，它們是「自然與正當的」。企圖以傳統習俗與角色來約束性愛，只會阻礙人們領略其中的真與美。如今性愛已直接揭開神祕的面紗，自有其美妙之處。就和輕聲細語反而會比吼叫更能引人注意一樣，客觀現實反而會比物化更能刺激情慾。幸福，一旦接觸，其實就是眾人皆知的常理。

一九六〇年代的情色突破傳統的堤防有許多原因。它們包括二次大戰帶來的男子氣概（與大男人主義）；一九六〇年上市，效用幾乎完美的避孕藥，以及戰後嬰兒潮造成達到性活躍年齡的人口出現前所未有的暫時性大增。

嬰兒潮造成人口大增，同時也改變了兩性之間的平衡關係。平均而言，那個時代的男性會與比自己年輕三歲的女性結婚（在我們的時代或許可稱為結成伴侶）。與此同時，在嬰兒潮出生的人經過約二十年後，現在都已長大成人，形成一個適婚年齡女性多於適婚年齡男性的社會。在這樣的情況下，男性較為吃香。這也意謂在嬰兒潮出生的男性可以獲得比他們「應得的」伴侶更好的配偶，同時也促使該時代的社會在情色與兩性關係上都傾向於「男性」。在女性人口多於男性時，女性為了吸引男性，就必須屈就於男性條件下的性關係與交友。這可能意謂相對較多的濫交與非婚生子女。

反過來的情形也是一樣。當社會人口降低，適婚年齡男性人口就會大於女性。影響所致，社會習俗也會傾向「女性」。詹姆斯．威爾遜（James Q. Wilson）提供了一個在世紀交替有關美國婦女投票權的例子。[40]婦女投票權運動的理論家與領袖都是來自東北部，但是在一戰之前所有賦予婦女投票權的美國各州都是在西部，當地男性與女性之間的比率也是最高（因此男人也較尊重婦女）。

在一九六〇年代，女性人口多於男性的嚴重程度是自南北戰爭以來僅見。[41]調查顯示，一九七〇年時，年齡在二十三至二十七歲的未婚白人男性人口與年齡在二十到二十四歲的未婚白人女性間的比率是二比三。黑人方面則是約一比二。

一九六〇與七〇年代的性別失調，促使一批提倡性愛，具有文化影響力的人士推動所謂的「性革命」。約翰・厄普代克（John Updike）、戈爾・維達爾（Gore Vidal）與諾曼・梅勒（Norman Mailer）等小說家大力宣揚更開放的性關係，為文化、藝術與社會開啟了新機會。休伊・海夫納（Hugh Hefner）就掌握了此一趨勢。一九五三年，他創辦了《花花公子》（*Playboy*）月刊。這份雜誌有許多談論政治與文化的文章，然而它最著名是中間折頁的裸體美女。

海夫納計畫把他設在美國數座城市的花花公子俱樂部（Playboy Club）當作推動新文化的前哨站。他在芝加哥的「花花公子豪宅」（Playboy Mansion）有如影集《星際迷航》（*Star Trek*）與《太空迷航》（*Lost in Space*）內的太空船，是一個沒有空氣、黯淡無光與無味的烏托邦。它有一座地下游泳池與一座水下酒吧，你可以在酒吧內欣賞窗外一絲不掛的泳客。他這樣寫道：

> 這是一個讓你遠離外界塵囂，供你工作與享樂的地方。在這兒，男人可以完全控制他周遭的環境。我可以把夜晚變成白晝；在午夜觀賞影片；在中午用晚餐；在深夜約會與在

下午來一段羅曼蒂克的接觸……儘管我是在一度極度壓抑與墨守成規的環境下長大，我創造了一個屬於我自己的宇宙，我在這兒的自由生活與戀愛，只會出現在絕大多數人們的夢境之中。[42]

在海夫納享樂主義下最重要的地方就是他的睡榻，一張圓形大床。它能夠轉動與顫動，備有一套閉路電視系統與其他許多小機關。倫敦設計師克里斯多福・透納（Christopher Turner）後來把這張床比做航空交通管制塔：「他的床頭板滿布按鈕與把手，他就用這些設備來控制他的環境與帝國。」[43]記者湯姆・沃爾夫（Tom Wolfe）採訪海夫納，海夫納告訴他，他曾經三個半月足不出戶。[44]

婦女權利與男人駕照數目是同步增加。試想你問一位在詹森時代的花花公子讀者，應該如何規劃新的性愛「憲法」來取代舊有的，他們的意見與要求，在婚姻的壓迫感、計畫生育、兩性混交的慾求等諸多方面，其實都會與女性主義的訴求相重疊，儘管在名義上有所不同。維吉尼亞女士香菸在一九七四年的一項調查顯示，婦女支持「女性強化與改變其社會地位的努力」的比率是二比一（百分之五十七對百分之二十六），但是來自男性支持的比率更高，達到三比一（百分之六十四對百分之二十）。[45]

花花公子的讀者與其他的性革命者現在對性的要求就像是消費者期望他的生活能夠多樣化、

高品質與方便性。這樣的期望並沒有錯。英國人亞歷克斯・康福特（Alex Comfort）年輕時是一位受人仰慕的詩人與小說家，他寫了一本書，書名是《性的愉悅：性愛指南》（*The Joy of Sex: A Gourmet Guide to Lovemaking*）（一九七二年），[46]他的概念是性愛的快感就和上館子吃一頓好的一樣。他以菜單的形式來策劃這本書，將其分成四個部分：開胃菜、主菜、醬汁與泡菜、問題。性愛指南其實在編輯上相當草率，早期的版本甚至還留下一個原本有意替換的次標題：「性愛藍帶指南」（A Cordon Bleu Guide to Lovemaking）。不過儘管如此，該書依然大賣，總共賣出一千兩百萬本。[47]

性愛，就如同咖啡與啤酒，走向品味鑑賞的趨勢。比利・喬（Billy Joel）一九七二年的單曲〈義大利餐廳即景〉（Scenes from an Italian Restaurant），是一首感傷的都市民謠，說的是布蘭達（Brenda）與艾迪（Eddie）的故事，「他們是最受羨慕的情侶，是舞會上的國王與皇后，」然而他們愚蠢地在高中畢業後就結婚了，突然之間他們的生活也變得低俗：

> 他們買了一間鋪著厚重地毯的公寓
> 還從西爾斯（Sears）買了幾幅畫
> 買麵包時也買了一張水床
> 他們花掉多年來的積蓄[48]

這是暗指他們在性愛上揮霍無度，將積蓄耗盡，然而他們的父母卻可能用這筆錢來作為購房的頭期款。水床，在當時被商人炒作為能夠大幅增加性快感，讓人欲仙欲死的神奇用品，而且還搭配了兩項品味低俗的商品：粗毛地毯與自百貨公司買的畫，感覺上好像沉溺於性享樂是無產階級的嗜好。隨著品味滲入各個階層，大家也開始公開談論性愛，有些更是粗俗不堪。「特洛伊平然羊皮薄膜保險套」（Trojan Kling-Tite Naturalamb Condoms）[49]在雜誌上的廣告是將其產品放在一只裝滿玫瑰的玻璃酒瓶前面，旁邊還放著一本由伊利波特．泰納（Hippolyte Taine）所著的《英國文學史》（*History of English Literature*）。「優雅的觸感」，廣告上寫道，提醒那些可能無法領略其中要點的讀者。

人們向來是透過選擇，或是使用一種老方式，即排他原則，來建立自己的身分。在一方面，女性主義的訴求是讓婦女在決定命運的選擇上能夠更上層樓，進入由男性主導的層級，例如一家之主、神氣的軍人、主管與政治人物。然而在另一方面，女性主義在兩性之間過度強調此一議題，尤其是在電視行銷的推波助瀾下，反而使其顯得低俗與虛偽。

格洛麗亞．斯泰納姆、資本主義以及階級

記者格洛麗亞．斯泰納姆（史密斯學院，一九五六年）曾在一九六三年的一項採訪任務中假

扮成穿著暴露的花花公子俱樂部「兔女郎」，[50]她認為，婦女的解放運動依循著黑人解放的模式。一九七一年，在她創立《女士》（*Ms.*）雜誌的一年前，她寫道：

> 性別和種族之差異由於顯而易見，很容易被用來將人類區分為優勢與劣勢團體，或是建立使該體系賴以維生的廉價勞工。我們（婦女解放運動的支持者）說的是這個社會，除了已經選擇或是已經得到的角色之外，就沒有其他的角色了。[51]

如果說所得是第二波女性主義的中心，一九七〇年代初期婦女的職場時尚是女性化的男性服飾（裙子套裝、鞋頭帶有飾孔的高跟鞋、像領結一樣的圍巾）也就不足為奇了。在這樣的情況下，婦女是受邀來「加入」男人的世界，就像民權時代的黑人期待「獲邀」加入白人的世界。然而事實證明兩者都是不可能的。一九七〇年代的女性主義變得益趨強勢與咄咄逼人，行動也更加複雜，其中元素已不再僅限於傅瑞丹原先的版本。例如斯泰納姆一方面抨擊資本主義是一套完全依賴「廉價勞動力」的體制，然而同時也推崇它是價值的唯一合法來源（除了那些已經選擇或是已經獲得的角色，就沒有其他的了）。

女性主義從一開始就與科技、管理與市場體制之間有著密切的關係。女性主義的力量是植基於避孕與墮胎等技術的進步，與民權原則自政府機構擴散至企業世界。它的本質是在於創新、創業與管理階級的思想，與技術官僚主義、現代性、進步、財富有密不可分的關係。女性主義者是要夠融入大都會俱樂部（Metropolitan Club），不是麋鹿兄弟會（The Elks）*。斯泰納姆就曾取笑這是「宅在家裡的皇后區與布朗克斯區女族長」。[52]她也抱怨，「最重要的是，儘管其他問題都已解決，僕人與照顧孩子的問題仍難克服。」當時還沒有大量移民湧入，成為美國中、上階層家庭的僕人。

在幾乎所有的男人眼中，美國婦女解放運動不僅是由像斯泰納姆這樣的女性所發起，也是為了她們而進行。它的目標是改善婦女在白領工作的地位；至於藍領工作（耕作、負重、研磨，與其他一些粗重的活）是否適合婦女，根本就未曾受到考慮。這部分是因為女性主義者們的社會背景而對這些工作視若無睹，但是在後來又找到另一個原因：待遇良好的藍領工作機會快速萎縮，形成僧多粥少的情況。勞動與中產階級經濟安全崩潰，是女性主義賴以發展的條件之一。

然而這也是女性主義造成的結果。職場的女性主義反而加劇了職場的不平等。它使得階級內的婚姻大增，從而破壞了「家庭工資」的新政文化——當時美國所有階層都認為，「勞動男人」

＊編按：兩者都是十九世紀末在美國成立的組織，大都會俱樂部為美國紐約的上流階級社交俱樂部，由金融大亨J．P．摩根創立，成員身分為富裕階級，較為排外；麋鹿兄弟會則由表演工作者為規避法規而成立，逐漸演變成強調美國傳統價值的保守組織，任何美國民眾都可加入。

所賺得的工資是用來養活妻子與孩子的。以家庭工資來補償家庭主婦照顧家庭的無薪工作並不完美，妻子是否獲得足夠的補償則是一個屬於家庭內部的問題，也是引發女性主義者不滿的一個潛在因素。不過在女性主義方興未艾之際，此一情況尚未造成不滿。《週六晚郵報》（*Saturday Evening Post*）在甘迺迪政府時代曾經詢問其女性讀者，「妳是否願意妳的丈夫更加努力工作來增加他的收入？」[53]結果有六分之五（百分之八十三）的人都表示不願意。反主流文化的美國年輕人都堅持中產階級的生活不應只是盲目的工作，他們也許自認是在引導美國價值，但是實際上他們只是在表達他們的願望。

女性主義提供企業界一個藉口（政治哲學家南希・弗雷澤〔Nancy Fraser〕將其稱為「合法化」）[54]，讓它們得以不必付給全職員工足以供養家庭的工資。在一九七〇年代經濟衰退的壓力下，女性主義提供了一個對家庭與國家預算再利用的機會。然而這些預算並非用來從事再生產（可以理解為生育與投資），而是進行消費。家庭工資的增加已不再是用來養育子女。家庭已不再擁有獲得工資的權利，母親必須進入職場來賺取所得。但是她們也只是得到其中一小部分，而且她們在職場的競爭反而使得丈夫的工資受到衝擊。

羅訴韋德案與最高法院

傳統上支配戀愛或命運選擇的成本效益分析正在改變。在二十世紀初期，意外懷孕一般意謂女性會與她的初戀對象結婚，而這可能是遲早都會發生的事情。不過到了一九七三年，對於越來越多的人而言，這已不再是必然會發生的事情。一個人可能會因此錯過拓展生活選擇的機會，其中牽涉到教育、旅遊、事業發展、階級提升與性。

尤其是教育。在一九七三年至該世紀結束之間，[55]擁有高等學位的美國民眾的實質所得增加了百分之二十一，然而其他人卻呈下降：大學畢業減少百分之四、高中畢業減少百分之二十六，高中以下減少百分之三十八。現在，因為「意外」被困在一段關係內意謂可能錯過攀上高枝、享受精彩人生的機會，而深陷社會底層的泥沼。

在一九七三年的羅訴韋德一案（Roe v. Wade）中，最高法院以七票對二票將墮胎合法化。法官們一定是假設，此一判決會使未來在生育權利相關的事務上不會再有任何爭議。他們錯了。羅訴韋德案是最高法院一百一十六年來最具政治爭議的判決。在經過半個世紀之後，此一判決的影響依然難以釐清。美國民眾在二十一世紀的第二個十年面臨許多兩極化的爭議，其中大部分是來自經濟與社會的長期發展與變遷，唯有羅訴韋德案是一例外。

此一訴訟案的判決失之草率。它是建立在格里斯沃德訴康乃狄克州（Griswold v. Connecticut）

一案所設立的一項關於「隱私」的暫時性權利上，羅訴韋德案完全是為捍衛墮胎權，才引用此一有關隱私權的判決。在此之後的半個世紀，無數有關隱私權的重大訴訟，從對恐怖分子的網路監視到汽車上的全球定位系統（GPS），從來沒有一樁會引用格里斯沃德與羅訴訟案中有關隱私權的判決。相較之下，布朗訴托彼卡教育局一案，或許並非經典的訴訟案，而且與其他如卡岑巴赫（Katzenbach）、巴基（Bakke）等民權訴案一樣，並不完全符合憲法邏輯，但是其中出於美國對奴隸的歷史責任而形成的政治壓力，足以消除相關的重大疑慮。羅訴韋德案卻是有所不同，它是對一項造成美國社會分裂的長期重大爭議表態。該訴訟案的判決建立在一個極其脆弱的基礎上，為道德、甚至宗教制定了命令。

在羅訴韋德案的時代，美國對墮胎的接受度確實有所升高，但是在道德理念上卻是缺乏一致性。在一九六七年，有三州以保護母親的健康為前提允許墮胎。其中兩州主要支持共和黨：科羅拉多州與加州。當時新上台的加州州長羅納德．雷根簽署了美國有史來影響最深遠的墮胎自由化法案。不過在過去九屆總統大選都投給民主黨候選人的北卡羅來納州也通過相同的法案。一九六八年，一個總統工作小組尋求撤銷墮胎法。州政府與議會都由共和黨掌控的紐約州在一九七〇年將墮胎合法化，兩年後議員投票決議撤銷該法案，遭到共和黨州長尼爾遜．洛克斐勒（Nelson Rockefeller）否決。[56]此外，有多個新近取消種族隔離政策的南方州都通過在若干情況下允許墮胎的新法，它們都是屬於保守的民主黨陣營。在一九六〇年代，從阿拉巴馬到維吉尼亞的南方海岸州都有某種形式的墮胎法，始作俑者是密西西比州立法允許被強暴者有權墮胎。到了羅訴韋德案的時期，在美國至少有某種墮胎權的各州中，有一半都是在梅森－迪克森線（Mason-Dixon Line）*的南邊。[57]

羅訴韋德案與另一個關聯緊密的訴訟案（同一天宣判的多伊訴鮑頓案〔Doe v. Bolton〕）的重點都是在於懷胎九月的任何階段都有無限制的墮胎權。幾十年來（直到一九九〇年代群起抗議所謂的部分生產墮胎）美國和其他主要的工業國家一樣，都沒有墮胎法，只有羅訴韋德案判決下鬆散的授權。不論墮胎權的歷史風向會吹往何方，大部分的美國民眾都反對全面解除墮胎的管制。我們之所以能這麼說，因為調查顯示在懷孕頭幾個月的墮胎問題上，美國民眾正反意見各占一半。[58]根據蓋洛普一九七二年十二月在羅訴韋德案宣判前所做最後一次民調，有百分之四十六的受訪民眾表示同意立法允許在懷孕頭三個月期間墮胎，有百分之四十五表示反對。

在羅訴韋德案宣判後所做的調查則顯示，美國民眾理解墮胎並不好，但是欠缺一套道德框架來讓他們能夠足夠理性並信心十足地思考墮胎的問題。[59]他們關心母親健康可能面臨的危險（在此一考量下，支持與反對墮胎的比率是百分之九十一對百分之八）、強暴（在此一考量下，支持與反對墮胎比率是百分之八十一對百分之十），以及先天缺陷（在此一考量下，支持與反對墮胎

＊編按：為美國南北戰爭期間，北方自由州和南方蓄奴州的界線。

比率是百分之八十二對百分之十五）。由此顯示，他們接受墮胎是因為要避免「風險」。但是他們也了解接受墮胎會輕易破壞求愛原則、男女之間的權力平衡，以及所謂的人情世故。他們在如何處理此事上意見紛歧。如果有一名已婚婦女不想再有孩子卻懷孕了，怎麼辦？只能說是運氣不好，在此一議題上，人們並不支持墮胎（反對墮胎是百分之五十一對上支持墮胎的百分之四十六）。如果一名未婚女性和男友上床，結果中獎了，該怎麼辦？也許能說她的運氣不好。在此一議題上，反對墮胎的有百分之四十九，支持的為百分之四十七。

期待傳統的性倫理能在墮胎的概念興起與遭到汙名化後依然存在，完全只是空想。墮胎為道德帶來改變，因為它已壓迫到某些基本的人類學條件。就歷史的觀點來看，女性紅杏出牆違反道德的嚴重性要超越男性出軌，這並非因為任何非理性的性別歧視，而是在於生存的理性本能。當男人迷失自我，自甘墮落，他的風險是把孩子交給別人的家庭撫養。當婦女誤入歧途，她冒的風險是在心中種下移情別戀的種籽。這種迷失正是許多痛苦與謀殺的來源，也是歐洲傳統小說的最佳題材。但是在避孕技術精進下，這類問題已經明顯減少，墮胎更是徹底解決問題。通姦行為從此永遠都不必再考慮後代的問題。約束性行為的韁繩，尤其是針對女性性行為的，已被切斷了。

由此也意謂形成一個新型態的社會，一個會不斷要求擴大性自由的社會。在美國民眾開始接受傅瑞丹與其追隨者所推動的女性主義（自家務勞動與孤單解放、職場上的平等待遇，以及在其他地方的同等尊重）的時候，女性主義則逐漸顯現在未來半個世紀會進一步發展的跡象（性別研究、酷兒理論，以及對所有關於性的法則提出質疑）。在羅訴韋德案的啟示下，《今日基督教》（*Christianity Today*）雜誌在社論中寫道：

> 基督徒應該嘗試適應美國不再就任何意義上支持神的法則，並且在心靈上準備面對未來也許有一天，國家將會出面正式否定這些法則，甚至反對根據這些法則生活的人。60

很快地，一年就會出現數以萬計的墮胎行為。許多美國民眾會滿足於他們所造成的法律空白環境，但並非所有人皆如此。這意謂著現在人人都有一個危險的憲政問題要面對。

羅訴韋德案的判決所缺乏的，是一個如同當年保護民權立法不受挑戰的權威性機制。它只是一項法律意見，其基礎不夠堅固，當中充滿著爭議，讓它難以抵擋覆議或是推翻的挑戰。那些痛恨墮胎立法的人自然也反對羅訴韋德案的判決，但是那些相信墮胎立法於現代自由中必不可少的人，也對該項判決不滿，他們認為該項判決應該獲得更多的保護，而不是單單一個七對二的多數表決，因為此一差距最終會無可避免地縮小。現在要保護羅訴韋德案的判決，只有靠著在最高法院內塞滿支持墮胎的人士，以嚇阻有人發起挑戰，進而營造出好像已經立法的樣子。面對此一爭議，美國的政治人物已該開始選邊站，一邊是支持墮胎權利的陣營，一邊則是反對的陣營。然而與一九六〇年的情況正好相反，如今民主黨反而支持墮胎，共和黨卻成為反對墮胎的政黨。

這樣的反轉乃是源自於民權法案發揮了一項機能，也就是它本身能作為一種新憲法的可能性。民主黨支持法院新興的各種形式授權，此一習慣傳入兩黨（傳入民主黨的時間要早於共和黨）中，以大力推崇法官為甚。不過此舉並非出於法官的公正性，而是在於他們的政治可靠性，包括最高法院的「農場系統」——聯邦上訴法庭。翻閱美國歷史，不時會發現最高法院被利用成為黨派政治的武器——例如一八五〇年代逾越本分的決定與一九三〇年代的法院填塞計畫*。但是這些壓力都只是一時的，法庭因為羅訴韋德案所面臨的壓力卻非如此。在未來十幾年間，此一看來不大的問題將會侵蝕最高法院本身的合憲性，並在下一世紀變得益趨嚴重。

《我們的身體，我們自己》

女性主義是一潛在的豐富知性思潮。它接近自盧梭以來西方哲學中有關思索「自然」之於人類的關係，以及文明賦予了（或強加給）人類什麼的部分。十九世紀的第一波女性主義是植基於聖經與美國憲法第十四條修正案上。第二波女性主義則是在於追求進步的道德工作。慶幸的是它並不尊重迷信，但是略有遺憾的是，女性主義把任何不能用一句話證明自己的傳統都視作迷信。受此影響，二十世紀中期許多被當作性常理（sexual common sense）的傳統現今已所剩不多。

有如百科全書的健康指南《我們的身體，我們自己》（*Our Bodies, Ourselves*）是一部了不起的鉅著，最初是由一批受過大學教育的白人女性主義者一九六九年在波士頓合著集資付印的，她們當時正值所謂的育齡期。一九七一年該書正式上市。《我們的身體，我們自己》是一部科學性的自助書籍，不過其中也有意識形態上的論證。女性「已自她們的身體異化」，[61]該書的作者群指出。她們的主張想必是對的，因為《我們的身體，我們自己》一出版後立刻成為備受信賴的參考工具。到了二十一世紀，該書已翻譯成三十種語言，銷售超逾四百萬本。

波士頓婦女健康書籍集團（Boston Women's Health Book Collective）認為包括婦科在內的醫生一再以一種類似神話的故事來描述婦女的性行為，這樣的做法與其說是滿足婦女在醫學上的需求，還不如說是迎合社會道德的要求。例如性病，「我們的文化，」編輯群寫道，「為了遏阻婚外的性行為，尤其是年輕人或婦女的濫交，因此將『性病』描述成可怕的禁忌。隨著生育控制的概念與技術廣為散布，從而消除了懷孕的後顧之憂，對性病的恐懼就成為唯一有效嚇阻所謂『性執照』（Sexual license）的工具。」[62]

編輯群在性病與性執照等名詞上加上引號，是因為他們不相信這樣的事情。他們反對這種將性行為道德化的做法。在《我們的身體，我們自己》一書中，凡是醫生試圖隱瞞的，該書一定會

＊編按：一九三七年，羅斯福總統為避免其推動的新政遭最高法院判決違憲，因此修法擴增總統權力，增加法官人選，影響最高法院的判決。

提供真相。例如一位婦女若是擔心感染性病，可以使用以下的方法：

「短臂」檢查法。這是妓女與軍方都熟悉的一項技術，即是在陰莖尚未勃起前對其進行檢查……如果他未割去包皮，你就將包皮拉緊，然後類似手淫一樣擠捏陰莖……如果有漏下幾滴液體，就表示他已感染性病。[63]

有夠噁！可是從來沒有人告訴婦女有這樣的方法。有些資訊可以在泌尿科醫生的手冊上找到，可是直接告訴婦女（而且還是以完全務實的態度予以說明，彷彿他們是從妓女身上學來的一樣）卻是前所未聞。

編輯群發出嚴厲的批評，指控由男人主導的醫學界有嚴重偏見，缺乏同理心，使得婦女只好向她們沒有醫師執照的同伴尋求醫療建議。這也是四分之一個世紀後促成網際網路興起的精神。在該書一九七一年版問市時，墮胎在美國大部分的州都是非法的，[64]但是該書敘述了墮胎過程、時程與價格（在西雅圖，如果你距離上次月經不到十週，價格是八十美元，但是在加州的私人診所是兩百五十美元）。編輯群描述得十分仔細（甚至還包括一些庸醫手法，例如會造成感染的導管插入術、灌洗與將空氣打入子宮），因為他們真的是為可能會求助於非法墮胎的婦女所寫的。該書有一段傷感的敘述：

在法律途徑令她大失望，而她又無法返回紐約的絕境下，這名意外懷孕的婦女驚慌失措，歇斯底里地向朋友的朋友、護士與計程車司機四處打聽。如果她運氣好，她會躺在醫生的手術檯上；若運氣差，她可能就會落入蒙古大夫的手裡。她若是絕望至極，甚至可能用自己的雙手來設法解決，最後引發嚴重的併發症，送進醫院的急診室。[65]

這本書無話不談，沒有資訊氾濫的問題。鑑於婦女往往不清楚分娩的過程，這本書有一系列包括嬰兒哭啼、出生過程、胎盤與嬰兒出生後臍帶掛在體外的特寫照片。它也談到了女同性戀、肛交與強暴等議題（如果有人從前面抓住你，最有效的反應方式是迅猛地用膝蓋來攻擊惡徒的陰部）。[66]簡單說，這是一本去神祕化的啟蒙書籍。

《我們的身體，我們自己》本身隱含有道德主義：「性是人們無盡歡愉的潛在來源，但是食古不化、暴躁頑固的老一輩人，卻是企圖隱瞞此一真相。」我們必須與這些老傢伙鬥爭，戳破他們編造的神話，要他們信用掃地。該書有關墮胎的章節置於生育的前面，彷彿是在顯示前者才是常理，後者只是例外。傳宗接代只是追求性快感的一個面向，並非目的。該書質疑傳統上認為母性是性愛最高層次的表現，並且坦白建議應以享樂主義取代。

但是一個人對抗神話有其極限。性愛，人類生命的泉源，是變化無常，神祕且因人而異的。它並不總是由意志控制，委婉地說，它有時就像天氣一樣。將性道德化的神話或許可以保護一些微弱的火苗。這些火苗無以名狀，但是一個欣欣向榮、富饒且具有創造力的社會，大都在性方面傾向保守，不是沒有原因的。

將人際關係理性化的現代衝動，破壞了舊有的保守主義，也把性關係的基本規範置於崩塌的險地。早在一九二〇年代，英國哲學家伯特蘭．羅素（Bertrand Russell）就警告福利國的建立可能會導致經濟與所有的事物天翻地覆，因為國家會取代父親扮演保護者與供養者的角色。打破傳統家庭結構也許看來合理與現代化。但是，羅素寫道：

> 如果發生這樣的情況，我們一定要預想傳統道德可能會就此崩塌，因為已沒有理由要求一位母親確認與子女間的親子關係……男人所受到的影響是好是壞，我無法確定。它會消除他們生命中唯一與性愛同等重要的情緒。它會使得性愛變得微不足道。它會使得男人變得消沉，可能提早退出工作。它會消除他們對歷史的興趣與對歷史傳統的傳承感。[67]

羅素儘管是一位追求性自由的狂熱分子，但是也願意為傳統道德挺身而出。他引證羅馬帝國與他當時上層社會中父系的興衰，警告對家庭組成持不迷信的態度最終可能會使得西方國家面臨除性化（de-sexualization）的問題：

我的想法，雖然我在提出時還有一些猶豫，是將親子關係從已確認的社會關係中除名，會導致男人的感情生活變得淡薄與微不足道，益趨枯燥沉悶，最終使他們陷入絕望，繁衍的需求也逐漸消逝，讓人類的繁殖置於舊有的習俗與傳統之下。[68]

在羅素所處的飛來波女郎*時代（Flapper Era），甚至是在《我們的身體，我們自己》初版問世的時代，此一科學現代化導致除性化的概念聽來十分可笑。當時的大眾媒體都是有關當代女性空前性感的證據。一九六二年的晚春，《週六晚郵報》做了一項調查，問婦女認為最適合結婚的年齡為何。[69]她們的回答集中在二十一歲左右，雖然還有五分之一認為應該更年輕一些。令人驚訝的是受訪婦女有百分之九十九的年紀都在二十七歲以下。調查顯示，沒有人認為婦女可以不結婚。

羅素說得對，你可以說性道德是由一批大驚小怪的老古板編造出來的神話，但是他們同樣也具有刺激情色的功能。失去了性道德的外在來源，人們就必須自己設法製造相關的約束。他必須去男性化，她必須去女性化。這樣的情形就如奇想樂團（Kinks）的雷．戴維斯（Ray Davies）一

＊編按：指美國一九二〇年代的新女性形象，她們身著及膝裙、梳鮑伯頭與聆聽爵士樂，表達對當時傳統女性形象與約束的蔑視。

九七〇年所寫的歌曲〈美妙的生活〉（The Good Life），誇耀一位搖滾明星的生活肉慾橫流，充滿荒謬的感官快感：「我有太多女孩投懷送抱，多得我都希望我不是男人。」[70]這是一個令人憂心的想法——高度性化可能是去性化偽裝的面具。性刺激、快感與功能，可能被打包成性的「複合體」，主張性自由的狂熱十字軍與其他改革者都堅決除之而後快。

平等權利修正案

在一九六〇年代的反文化時期，沒有一套意識形態或思想體系，能夠讓世人預測在反文化時期之前的性道德，有哪些會在未來幾十年間益趨興旺，又有哪些會逐漸消逝。當時的趨勢是人們接受賣淫（基於選擇自由與創業家的精神），而鄙視色情。一九七六年的冬天，美國律師協會在一項會議上以兩票之差為賣淫合法化背書，然而同時也把色情活動限制在聲名狼藉的紅燈區。[71]一九七八年在男性雜誌上出售的限制級錄影帶，一部要賣一百美元左右，可看出當時淫穢的春宮電影是多麼地物以稀為貴。[72]

但是這樣的風俗習慣突然轉向。一九七〇年代末期，在經過幾次實驗性的行動之後，內華達州開始為妓院發放許可執照，此舉使得賣淫的名聲遭到自十九世紀以來的最大打擊，各大報紙紛紛以聳動的標題指責這是「白奴交易」（White Slave Trade，等同於二十一世紀的人口販賣）。

與此同時，春宮影片卻是透過網際網路深入美國與世界的經濟生活。馬丁・艾米斯（Martin Amis）所著的小說《卑鄙小人》（*Yellow Dog*，二〇〇三年），有一個人物是一位對春宮影片上癮的小報記者克林特・斯默克（Clint Smoker），他熱烈追求線上虛幻的榮耀，最終丟了性命。「他知道他與女人世界間的距離是越來越遠。每天，他進入博爾赫斯大都會電子色情網站，看著無盡無涯的性愛，克林特覺得自己開始貼近女人，然而同時也遠離她們。」[73]這是第一本出現這種角色的小說。到了二〇一五年，哈佛大學畢業班的男性同學，有百分之四十五每週都會看春宮影片好幾次。[74]

「物化」女性曾經是推動女性主義興起的主要原動力，然而此一情況從未停止。千真萬確，隨著邁入一九七〇年代，廣告開始把女性描繪成性機器。「你希望一切完美的夜晚。」這是電子音響（Electrophonic Stereos）一九七四年的雜誌廣告。[75]廣告顯示一名美女站在白色長絨毯上，身後是有如太空時代的音響設備，她的頭部激情地仰起，好似被人從身後環抱。「你也會讓他知道，你已深深陷入今天的音樂之中。」有一款洗髮精名叫「哇，你的頭髮聞起來真棒」試圖引起女性的共鳴，廣告中是一名年輕女性，頭上有一個想法氣泡，寫著「中獎了！」[76]放克時尚（Funky Fashion）的情婦系列則是建議熟女「至少要擁有一雙剪裁得宜的比基尼內褲。」[77]廠商向女性出售性感衣著，為的只是迎合幼稚的男性。

美國人要自性法則解放，但是他們無法真正自由，除非他們確信沒有人會對此嗤之以鼻，就像以前對舊法則一樣。這需要新的法則。女士（Ms.）此一取代小姐（Miss）或太太（Mrs.），對婚姻狀況毫無所指的稱謂，隨著格洛麗亞．斯泰納姆在一九七一年創辦女士雜誌，被引進美國社交圈。女士的原始來源是馬克思主義的出版品《新聞與信件》（*News & Letters*），以此來稱呼其訂戶。斯泰納姆一九六九年首次聽到一位民權人士在紐約WBAI廣播電台提到此一稱謂。[78]然而此一稱謂從未獲得熱烈的認可，即使在女性主義人士之間也是如此。[79]在一九七四年的春天，一項調查顯示有百分之十四的婦女與百分之十二的男性表示喜歡這一稱謂。但是到了一九七〇年代末，也只有百分之十六的婦女與百分之十五的男性表示接受此一稱謂。不過女士的稱謂就和其他許多事物一樣，在一九六〇年代後開始廣為散布，儘管社會大眾對其熱忱不高。這樣的情形是因為其中隱含著道德正當性，就像傳教團體，儘管布道受到阻礙，但是其權威性依然使其教義遠播，即便無法確定其權威從何而來。女士此一稱謂就是如此，久而久之自然傳播開來。

野心最大的企圖是修改憲法本身。當時提出的〈平等權利修正案〉（Equal Rights Amendment，ERA）意思相當直白：「美國或各州不得因性別拒絕或剝奪法律賦予的平等權利。」在一九七二到一九七七年間，三十八州中共有三十五州通過有修憲的必要。同時，民調也顯示美國民眾支持ERA，但是他們的支持卻是虛無縹緲，若隱若現，廣泛但不深入。當州議會對於此一修正案磨磨蹭蹭，甚至有五州還撤銷了它們的同意，也似乎沒有人在意。最終儘管國會將此一修正案通過期限延長（從一九七九年三月展延至一九八二年三月），該修正案依然胎死腹中。

ＥＲＡ突然失去美國民眾的支持，令相關行動人士大感震驚。自民權時代以來，憲法的舊思維就被視為過時的老古董，任何人只要以改革之名提出意見，都會獲得接受。然而現在美國民眾卻突然認為憲法不需修改了。這是因為他們找到了反對的理由。ＥＲＡ承諾會將若干公共空間女性化，就像民權法案要求去除隔離政策一樣，但美國民眾卻不願意接受這樣的改變。一九七五年春季，在反對ＥＲＡ的人士中最常見的理由是「女性平權最終會毀滅婚姻的機制與家庭生活。」[80]到了一九七〇年代末，美國民眾大部分又開始擔心女性若是獲得平等權利，「企業主就必須僱用已經出櫃的同性戀者。」當時的民調顯示，有百分之十九的人甚至認為「不應將公共廁所分為男廁與女廁。」[81]然而，同時全國有四分之三的人都認為此一主意是異想天開。

一年之後，共和黨在國會期中選舉大勝，但是全國對女性的看法依舊保守。當時羅普耳組織（Roper Organization）針對全國成年人進行調查，問他們會選誰為「年度婦女」，結果是安妮塔・布萊恩（Anita Bryant）高票當選，得票率達百分之十九。[82]布萊恩是一九五八年的奧克拉荷馬小姐，一九六〇年則成為一位流行歌手（樂團名為「紙玫瑰」〔Paper Roses〕），以及佛羅里達州柑橘產業的代言人。在此期間，她也是「救救我們的孩子（Save Our Children）行動的領導人之一，[83]該行動旨在扭轉邁阿密地區一項禁止歧視同性戀者的新法令。調查顯示，沒有其他婦女的得票率能與布萊恩相比，另外兩位得票率達到兩位數者，分別是當時的總統夫人羅莎琳・卡特（Rosalynn Carter），得票率百分之十三，與新聞廣播記者芭芭拉・華特斯（Barbara

Walters），得票率為百分之十。就在同一個月，華盛頓郵報的一項調查則顯示，只有百分之三十九的美國民眾認為「我們的社會歧視女性」，但是卻有百分之五十八的人同意給予她們更多的權利。[84]由此也反映出女性主義的推動模式——自民調中尋找問題的解答。

總統理察．尼克森（Richard Nixon）透過一項龐大的內部調查，獲得若干頗為實用的結論：美國民眾只愛對各類實驗動嘴皮子，但是卻不願實際接觸。就政治意識而言，女權運動就像民權運動一樣，只要你想將虛幻的抽象概念具體化，就會有人開始起疑。儘管女權運動人士苦口婆心地表示要幫助遭遇不幸的婦女，但是仍有三分之二的美國民眾不滿「領取社會福利金的婦女以私生子女來增加她的福利金。」[85]他們雖然表示支持ＥＲＡ，但是同時卻又鄙視推動ＥＲＡ的人士。一九七七年春天，針對下列說法：「平等權利修正案的倡導者，主要由訴求全面改變婦女傳統角色的婦女解放運動人士構成，而這是錯誤的」，[86]支持與反對此一說法的人一樣多（各為百分之四十二）。美國民眾已將這批尋求修憲的人士視為一個階級——一個在抗議越南戰爭浪潮中興起的新菁英階層。

第四章　戰爭

越戰是一不斷擴大的事業；美國虛弱的大後方；越戰世代與階級；反文化；嬰兒潮力量的來源；復興或腐朽？

越南戰爭來自總統高明的政治手腕。在一九六四年總統大選進入高潮時，詹森唬弄全國陷入此一衝突之中，成功爭取到國會同意轟炸越南以報復美國海軍在東京灣（Gulf of Tonkin）遭到北越艦艇攻擊的行為。然而在數年後國會發現此一事件是由美軍與南越艦艇先行挑釁才造成的。轟炸行動原本是為了取代地面攻擊行動，但是隨著大選結束，反而成為派遣地面部隊的必要條件，因為要保護供轟炸機起飛的南越空軍基地外圍。但是這些部隊開始受到攻擊，所謂的外圍也大到南越的大部分地區，在後續的十年間，這兒也成為兩百七十萬名美國年輕人的暫時家園，他們大部分沒有受過大學教育。[1]

一九五四年胡志明意外擊敗法軍，促使聯合國將這個國家劃分成由共產黨統治的北越與支持美國的南越。但是越南從來沒有像表面如此分割開來。如果美國同意根據和平協議舉行全國大選，胡志明領導的共產黨很有可能會獲勝。在接受蘇聯提供武器（尤其是米格戰鬥機與防空系統）與中國人員的支援（包括一九六五年後派遣部隊前來支援）的同時，胡志明也吸收民族主義人士與反殖民的民氣。反觀南越政府，若沒有美國的支持就會崩潰倒塌。南越的軍隊畏戰，在人數與裝備上也不如越共游擊隊，同時也不得人心。在越戰期間，美軍在越南共投下五百萬到六百萬噸的炸彈，其中大約百分之八十都是落在南越，不是北越。事實上，在此一戰爭中，美國對其盟友投擲的炸彈數量甚至超過整個二戰期間對敵人轟炸的數量。與此同時，越戰也對美國文化造成迄今仍難磨滅的衝擊——美國輸了這場戰爭。

越戰是一不斷擴大的事業

美國的高階經理人與「頂尖專家」都是站在戰爭的這一邊。訴諸戰爭的權力已在他們手中，而且是基於可以理解的原因。過去二十年來，美國的官僚體系與企業界通過了從二次大戰同時對抗德國與日本，到興建州際高速公路等種種挑戰。詹森高舉甘迺迪遺留下來的民權運動大旗，將其變成憲法改革行動，現在，詹森又繼承甘迺迪要把東南亞某地建立為反共基地的計畫（寮國是甘迺迪此一構想的第一站），並將其發展為目標明確的軍事行動。

甘迺迪總統徵召福特汽車公司總裁勞勃・麥克納馬拉（Robert McNamara）來擔任國防部

長。麥克納馬拉以其在企業界的成就，贏得國家領袖與如今已經擁有核武的軍方高層人員的尊重。麥克納馬拉並非威廉・特庫姆塞・薛曼（William Tecumseh Sherman）＊，不是一位殘酷無情的軍事家，而是「系統管理」的信徒，就像今日的馬克・祖克柏（Mark Zuckerberg）。他將一些企業管理的技術應用在軍事方面。一九六七年，在越南戰事方酣之際，麥克納馬拉在密西西比州傑克遜的米爾薩普斯學院（Millsaps College）一項大型會議上表示，合理化管理，是帶動人類變化唯一最合適的方法。「管理，總而言之，是所有藝術中最具創意的，」他說道，「因為它的媒介就是人類本身。追根究底，管理最基本的工作是什麼？就是處理變化。」[2]

麥克納馬拉認為戰爭就和工程一樣，無法計算的就不必計算在內。美國當局顯然也相信這一套。他們使用統計學來說服自己正在打贏這場戰爭。他們宣稱越共游擊隊所控制的南越人口比率已由百分之六十降至百分之四十。[3]確實如此，不過這也是因為美國大規模轟炸與「搜索並殲滅」的行動使得鄉間人口大減所致。以此觀之，贏得民心與將他們變成難民其實並無差異。歷史學家羅札克（Theodore Roszak）在其一九六九年的著作《反文化的形成》（*The Making of a Counter Culture*）中以矛盾修辭法來描述這樣的思維，例如「瘋狂的理性」[4]與「精神錯亂的現實主義」。[5]越南並沒有把這種非理性引入美國，它只是揭露了美國非理性的一面。正如社會評

＊編按：美國南北戰爭時期的北方將領，以殘酷的焦土戰略著名。

論家洛倫・巴里茲（Loren Baritz）所言：「我們就是越南的錯誤。」[6]

詹森經常表示他擔心國會會以越南作為藉口來削減他的「偉大社會」（Great Society）計畫的預算。不過他本人卻是把這兩場戰爭視作相輔相成而非相互競爭，由於他以相同的方式來處理這兩個棘手的問題，因此解決其中一個也就代表另一個也能成功。詹森喜歡把這場戰爭描述成有如新政（New Deal）的建設計畫，甚至設立一個湄公河再發展委員會（Mekong River Redevelopment Commission），計畫將西貢以南進入南中國海的水道工業化。「我要在越南留下美國的足跡，」[7]他說，「我要他們說：『當美國人來這裡的時候，這是他們遺留下來的——是學校，不是長雪茄。』我們要將湄公河建設成田納西河谷（Tennessee Valley）。」白宮顧問克拉克・克里福德（Clark Clifford）指出，「總統想要提供給東南亞人民一個可以開始享受的生活模式……他現在要先建立一個模範區。」[8]社會學家與詹森的顧問丹尼爾・派屈克・莫尼漢（Daniel Patrick Moynihan）則熱衷於以軍隊徵兵的方式來作為動員黑人與窮人的引擎。[9]

時至一九六六年的夏天，事態顯示詹森發動的這兩場戰爭（對抗貧窮與越戰）導致赤字缺口大開，通貨膨脹已勢不可擋。詹森在其內閣的幫助下，借助各種會計技巧與造假來為自己爭取時間。一年後，麥克納馬拉私下與《紐約時報》的湯姆・威克（Tom Wicker）的談話顯示他仍頑固不化。「你真的以為，」麥克納馬拉問道，「如果我對戰爭成本的估算完全正確，國會就會批准更多學校與住屋的經費嗎？」[10]此一態度說明了越戰與其他議題間的關係。因此，與民權法案、偉大社會並肩而行的姐妹運動，並非越戰引發的反戰浪潮，其實就是越戰本身。

美國虛弱的大後方

武元甲將軍（General Vo Nguyen Giap）是一位律師、歷史學家與天才戰術家，他在一九五四年擊潰法軍，並在一九七三年打敗美軍的戰爭中扮演重要角色。他相當欣賞現代科技，但也不曾為這些科技唬住。「強大的大後方，」[11]他寫道，「向來是革命戰爭取得勝利的關鍵。」他所謂的大後方，指的就是美國的家園防線。有很長一段時間，越戰在美國民意調查中並非最不受歡迎的。二十世紀有兩場戰爭受到美國人民的痛恨，[12]其一是第一次世界大戰，美國最高有百分之六十四的民意反對這場戰爭，另一個是韓戰，最高有百分之六十二的人反對。然而直到越戰最後幾年，美國民眾反對的比率才接近上述水準。[13]不過儘管如此，越戰自一開始就引來社會大眾的反對聲音。打從詹森將他的國家拖入東南亞的戰爭，胡志明與武元甲就引君入甕，要讓他打一場後方虛弱的革命戰爭。

美國人民儘管相信他們的領袖，但也擔心越戰會成為另一場韓戰。一九五〇年，哈瑞・杜魯門（Harry S. Truman）利用聯合國的決議案作為宣戰藉口，在北韓共軍入侵之後，決心由美國來保護以北緯三十八度線劃分的南韓區域，此一決定使得他賠掉了連任總統的機會。道格拉斯・麥克阿瑟（Douglas MacArthur）將軍以出奇致勝的戰略很快就從北韓手中收復了整個朝鮮半島。但是當他把北韓趕到與中國接壤的鴨綠江畔時，中國成千上萬的軍隊加入這場戰局。中國與北韓合力又將美國軍隊趕回到朝鮮半島的另一端，造成數以萬計的人喪失生命。這場戰爭最後以僵局收場，雙方重回三十八度線的非軍事區對峙。這是美國英勇對抗共產主義的一場戰爭，但是也需要長篇大論來解釋美國人民當初為何要加入這場戰爭與犧牲生命。

越南就和韓國一樣遙遠。西貢位於東經一〇六點六二五度。如果你想知道該地所對應的地球另一邊是哪裡，那是西經七三點三七五度，是康乃狄克州索加塔克河口（Saugatuck River）西摩點（Seymour Point）、擁有六家遊艇俱樂部與多座高爾夫球場的諾華克（Norwalk）以及西港（Westport）一帶。越南也是一個與中國接壤的半島型亞洲國家，美國希望在此設立海外基地（就像日本之於韓國，菲律賓之於越南），建立具有防禦功能的南方飛地。然而這也是一項在當時可能會觸怒中國將該地變成浴血墳場的計畫。

美國民眾從沒想過越南是一個能夠輕鬆解決的問題。一九六五年五月，一直幾乎持續到詹森下台前的轟炸行動「滾雷行動」（Operation Rolling Thunder），才開始執行兩個月，越共已對美國支持的南越政府軍展開一連串大規模的偷襲行動。華盛頓郵報對美國民眾提出一個既定觀點的問題，詢問他們是否願意「甘冒造成紅色中國參戰的風險，派兵進入北越發動地面作戰。」只有百分之二十二表示願意。然而由於此一戰爭已攸關美國的尊嚴，故只有百分之三十一表示願意退出這場衝突，同時卻有近一半的受訪者（百分之四十七）表示要「堅守陣地。」[14]這樣的回應聽來相當理性，然而卻是羅札克所謂的瘋狂理性。美國軍隊既不進攻也不撤退，只是固守陣地，這樣的做法在敵境之內並非明智之舉。武元甲與越南其他的將領已決心不惜代價趕走美軍，然而在整個戰爭期間，美國卻是一直維持這樣紛歧的民意。一九六七年八月，華盛頓郵報再度進行相同的民調，結果幾乎沒變，想要繼續作戰的比率微幅增加到百分之二十四，希望撤出越南的則有百分之三十四。美國民意陷入僵局之中。[15]

雖然美國官方隨時表現出對越戰發展抱持樂觀的看法，然而美國民眾早就意識到信心鬆動的跡象，官方極力避免使用直接關係到國家尊嚴的字眼（例如投降、受挫與撤退）就可看出其中的悲觀成分。一九六六年二月，在戰事爆發的兩個月前，蓋洛普問選民是否支持「由聯合國來解決衝突」，[16]贊成與反對的比率是百分之七十八對百分之七。三月時的調查則顯示有百分之六十七的選民表示他們「更傾向」支持能夠「提出和平協定」的國會候選人，表示反對的只有百分之十六。[17]

由衷擔心無法贏得這場戰爭，然而又不敢承認，使得美國人民陷入一種奇怪的心態。在整個戰爭期間，對於暴力升高的情況，不論是否與戰爭直接相關，他們都抱持容忍的態度。當一九六九年末報導揭露美軍在宋美村（Songmy）與美萊村（My Lai）屠殺婦孺的暴行時，[18]只有百分之二十四的美國人民表示這些軍人應該受到懲罰，卻有百分之四十八表示他們不應受罰。民調也顯示有百分之五十九的人都支持一九七二年春天在越南港口設置水雷的行動。[19]另外，該年耶誕節對北越城市進行全面性轟炸的行動也以些微差距獲得美國人民多數的支持。[20]一九六八年八月底，在民主黨全國代表大會期間，芝加哥警方粗暴對待發動反戰抗議的學生，獲得美國人民百分之五十六的支持，只有百分之三十一表示反對。[21]

所有參與一九六八年總統大選的候選人都面臨一個難題。美國民眾急於脫離這場已經輸掉的戰爭，但是必須讓他們在不承認已輸的情況下離開越南。尼克森透過修辭學找到了祕方，打出「光榮和平」（Peace with Honor）的響亮口號。此一口號往往是代表勝利，但是這一回卻不是如此。尼克森透過政治騙局來為社會大眾提供類似和平與光榮的感覺。他自己在一九六八年總統大選前委託輿論研究公司所做的內部民調所透露的卻全都是壞消息。胡志明的北越軍隊與越共在該年稍早對南方城市發動了造成重大傷亡的新春攻勢（Tet Offensive）是一轉捩點，雖然美軍與南越政府軍在該波攻勢中擊退了共軍，但是所造成的代價之高，已超過美國本土民眾所願接受的程度。民調顯示，有三分之二的民眾（百分之六十四）現在都願意停止轟炸北越，「只要北越有任何跡象顯示有降低戰鬥的意願。」[22]

一切跡象都表示，這場戰爭已潰敗。回想之前的情況，在與種族隔離政策鬥爭的時期，評估民眾真實觀點的一個最佳方法是問他們民權運動的推行是否「太快」，還是「太慢」。尼克森自上任的第一天開始自越南撤軍，到了一九六九年六月，則是以每月兩萬五千人的速度撤軍。民調最初顯示認為撤軍速度「太快」的民眾比率是個位數，而且之後更是很快地降至百分之一到百分之三左右。[23]

美國政府堅稱其撤軍行動並非拋棄越南，而是為了「越南化」，即是將作戰的責任交付給當地的軍隊。民調顯示美國至少有百分之六十的民眾都支持越南化，[24]然而他們也心知肚明，所謂越南化根本就是假的。大部分人都認為南越軍隊（South Vietnamese Army，ARVN）不可能「堅守陣地」，事實也證明的確如此。[25]反共的南越無力也不願進行這場戰爭，正是詹森當初決定讓美國介入東南亞的原因。

現在唯一讓美國遲疑的是如何保護這個國家的戰士。一九七二年十二月，在簽署巴黎和平協議的前夕，尼克森的內部民調顯示美國民眾（百分之六十六）都堅持該國戰俘必須返國。這樣的憂慮頗不尋常，因為歸還戰俘通常是和約中的主要部分，但是美國民眾卻是擔心有些同胞會被遺忘，留在敵後，這樣的憂慮成為美國政治幾十年來揮之不去的陰影。與此同時，美國民眾似乎已完全忘記十年前驅使美國進入越南的崇高理想。[26]民調顯示，美國民眾只有百分之七堅持必須將北越軍隊趕出南越，只有百分之五堅稱南越必須舉行自由選舉。總而言之，美國的一切舉措都在在顯示她投降了。

鑑於美國人口與美國政治間的機緣巧合，這次投降也開啟了一個新時代。如我們之前所述，美國軍方一直是民間生活秩序賴以依據的模板。然而現今對美國軍方的信心崩盤，連帶也導致許多事情跟著崩塌：所有那些以從軍參戰為榮的國會議員、所有那些由戰時創新轉變為民間使用的科技、小平頭、那些美化牛仔與槍手的電視劇、交通、制式化的郊區與磚造的初中校舍……這些所有在二十世紀被視為朝氣蓬勃與無所不能的美國生活方式如今看來卻是平庸沉悶、腐朽不堪。

重塑美國機制的權力已快速移轉到在二戰後出生的一代。他們已經成年（生於一九四〇年代末期），而且出身顯赫（接受常春藤盟校或相等水準的教育），現在將承擔重建國家政治與後代子孫生活的重責大任。他們將主導美國未來半個世紀的焦點。

越戰世代與階級

越戰世代並不是由裝病者、未知論者與憤世嫉俗的人所組成。他們在戰場上表現英勇。一九六五年，第七騎兵團的一個營被直升機載到雨林遇伏，展開了四日德浪河谷戰役（Ia Drang）；一九六八年新春攻勢之後持續多週的溪山戰役（Khe Sanh），上述這些戰事，無一不能媲美美國史冊上的任何一場戰役。然而在公眾想像中，他們的英勇事蹟卻還不如「某位士兵（以手榴彈等殺傷性武器）殺害長官」[27]或是其他一些違反紀律的行為更引人注意。在此一環境下，他們所面臨的打擊可能更糟。美國大兵被派往越南時，當局告訴他們這是為了維護越南人民的自由，他們以為會受到當地人民的愛戴與擁護，實際不然。一位陸軍中尉有長達一年的時間每天走訪越南村莊，他回憶道，「我從來沒有遇到一位越南人會對我說：『別走那條小徑，那裡有地雷。』」這種背叛的感覺實在難以言喻。[28]

但是年輕一代愛國心所受到的打擊遠比後人所以為的輕微，而且更具有選擇性與緩慢。根據《告示牌雜誌》（*Billboard Magazine*）一九六六年的暢銷單曲排行榜，[29]第一名不是至上女聲組合（Supremes）的〈愛不能急〉（You Can't Hurry Love，排名第八），也不是穴居人樂團（Troggs）的〈野東西〉（Wild Thing，排名二十四）與海灘男孩（Beach Boys）的〈美好共振〉（Good Vibrations，排名三十三），或者是賽門與葛芬柯（Simon and Garfunkel）、滾石（Rolling Stones）、披頭四樂團（Beatles）與巴布・狄倫（Bob Dylan）的歌曲，而是貝瑞・桑德勒（Barry Sadler）的愛國歌曲〈綠扁帽之歌〉（Ballad of the Green Berets）。[30]該年十一月麥克納馬拉參訪哈佛大學，他的座車被數百名「爭取民主社會學生聯盟」（Students for a Democratic Society，SDS）的成員所包圍，一位院長為此特別寫了一封公開信：「我們對您昨天在哈佛所遭遇的無禮與粗魯的行為深表歉意。」[31]與此同時，一封聯署的道歉信很快就在哈佛大學生之間流傳開來，在四十八小時之內，有超過一半的學生（兩千七百名學生）都在上面簽下自己的名字。[32]一九六八年底，在新春攻勢與芝加哥民主黨全國代表大會暴動之後，年紀在五十歲以上的美國民眾大部分都反對越戰，但是年輕人大都表態支持。[33]

但是在一九六〇年代末期崛起的領導階級卻與自二戰興起的領導階級大不相同。這是一個高度非典型的現象，對美國接下來半個世紀的政治與社會造成扭曲。其中一項就是這批領導階級都是選擇拒絕入伍，甚至反戰的人士。在越戰時期，上戰場打仗的大部分都是勞工與貧窮階級，大部分接受大學教育的菁英則在後方受到保護。進入大學就讀使得後者得以享有自動延後徵召入伍的權利，只要他們能夠繼續負擔學費就行。此一豁免權利後來遭到詹森政府的限制。一九六八年，一位氣急敗壞的編輯在哈佛校刊上抨擊此一政策轉變是「欠缺考慮的行動，對於明年要進入研究所深造的學生明顯不公。」[34]

他們在高聲抗議的同時也無所不用其極地設法逃避兵役。在一九六六年的日記中，當時的哈佛大學生史蒂芬・凱爾曼（Steven Kelman）記錄了他一位朋友的憂慮，這人說道：

> 我想我是反對這場戰爭，而且我也不想參加任何一場戰爭……我哥哥有一位朋友為了在體檢拿到四F，連吃了兩天糖，並且在體檢前停止小便，好讓他們以為他有糖尿病。他如願得到四F，但是在當天下午他就陷入糖尿病昏迷，丟掉性命……我可以試試發瘋這個法子——你知道，就是搞一些吸大麻或是同性戀的招式。但是他們也會將這些記入你的紀錄裡，成為你一輩子的陰影。[35]

幾年後，凱爾曼在哈佛的同學詹姆斯・法羅斯（James Fallows）回憶他與一批被徵召入伍的同學搭乘巴士到波士頓海軍造船廠（Boston Navy Yard）。這批哈佛學生將他們的尿液樣本扔到勤務兵臉上，希望「這種惡劣的性格特徵」能讓他們免服兵役。法羅斯自己則是在節食減重到一百二十磅下獲得醫療豁免。當他們離開時，另一輛巴士抵達造船廠，法羅斯描述這批被徵召入伍的「都是來自切爾西（Chelsea），身體粗壯的黑髮小夥子，是波士頓的白種無產階級。他們大部分都比我們年輕，都剛自高中畢業，根本想不到還可以用一些法子來避免徵召。」[36]

一九六八年，一百三十五位隸屬於SDS的學生占領哈佛大學的禮堂，該校愛爾蘭文學教授，出身於麻州勞倫斯（Lawrence）愛爾蘭勞工階級家庭的約翰·凱萊赫（John Kelleher）稱這些學生是「被寵壞的小鬼，毫無歷史觀，只想到自己。」[37]此一占領行動被附近城市的警察所驅散，這些警察有許多人的兒子或兄弟都在越南作戰。這樣的景象在全國到處都是。在哥倫比亞大學，SDS的學生發動示威，抗議在哈林區附近建造一座體育館，結果演變成反對越戰與種族不平等的大規模抗議行動，遭到警方的強力鎮壓。「其中部分粗暴的行為，」歷史學家托德·吉特林（Todd Gitlin）寫道，「……反映的是SDS未曾看出的階級戰爭：勞工階級的警察憎恨享有特權的年輕人。」[38]

民權運動因為地域的不同而分裂成英勇爭取平等的陣營，與逆來順受、接受道德教育的一批人，越戰也使得美國因為階級的差異而分裂。和平與正義的捍衛者集中在富人的大學裡，他們與軍方保持距離的態度與之後在非軍事年代成長的人相通。反觀勞工階級卻成為流行文化下軍人形象的受害者，被描繪成殺燒擄掠的散兵游勇。有誰會僱用他們管理公司部門？又有誰會選這樣的人來擔任國會議員？

法羅斯口中的「波士頓的白種無產階級」在接下來的十年間成為美國聯邦法律打壓最為沉重的目標，法院命令自一九七四年開始，波士頓地區的公立學校必須取消「種族隔離政策」。以引號來強調種族隔離政策是因為當地大部分的學校都是在白人社區（大部分是愛爾蘭裔與義大利裔），根本就沒有黑人予以隔離。然而法院同時也命令該地區的公立學校進行雙向的混合就讀接送計畫，即是將白人學生送至波士頓貧窮與高危險地區上學，以及將當地黑人學生送到白人學校。

此一命令引發波士頓南區與查爾斯頓（Charlestown）的白人群起抗議，政府當局以軍事占領的方式予以鎮壓。在一千六百名警力、一百名聯邦警長、五十名聯邦調查局幹員與六百名國民警衛隊（National Guards）的占領下，波士頓南區實施宵禁，並且禁止公開集會。在學生混合就讀接送計畫實施之前，當地公立學校體系的學生有百分之六十是白人，然而在該計畫於十年後結束時，只有百分之二十是白人。[39]

阿瑟・加里蒂（W. Arthur Garrity）法官住在居民百分之百都為白人的威爾斯利（Wellesley）富人社區，學生混合就讀接送計畫就是由他下令的。他委派了一批「備受尊重的專家學者」[40]成立委員會來檢視此一命令的爭議性，擔任麻州參院議長長達十七年的威廉・巴爾傑（William

Bulger）對此大加嘲弄，「他們確實是備受尊重，只不過他們沒有一人的小孩是在學生混合就讀接送計畫之內。」

相對於他們的同胞，享有特權的美國人士以他們自有的道德權威來詮釋越戰年代，這樣的道德權威不僅沒有受到打壓，反而奇妙地更形壯大。影響所及，也建立了推翻富蘭克林·羅斯福（Franklin D. Roosevelt）平等主義的道德基礎。不論褒貶，新政自由主義（New Deal Liberalism）的本質是一體適用——統一性。反對越戰的抗議，即是此一自上世紀中期以來的規律開始出現鬆動的跡象。小說家（後來成為參議員）詹姆斯·韋伯（James Webb）在越戰結束不久之後寫道，美國深怕「要求哈佛人與哈林人並肩而站，穿著同樣的制服、承擔同樣的義務，愛的是同一個國家。」[41]現在的年輕人在小學時唸到內戰時期北方有錢人會花錢僱人來代替他們上戰場，都會感到驚訝，然而如今他們自己卻是在這個所謂的普通人的世紀中尋求這樣的優勢，這個只有菁英才配擁有的利基。「我相信在一百五十年後寫到這幾十年間的歷史時，」專欄作家與評論家歐文·克里斯托（Irving Kristol）在一九七九年寫道，「會有一個章節稱作『貴族衝動』」[42]

一九六九年四月，一位屬於哈佛校內毛派反戰團體進步勞工黨（Progressive Labor）的成員針對SDS寫了一篇自我反省的文章，一方面指責SDS逐漸向菁英主義漂移，但是在另一方面也解釋這樣的漂移其實也是所有學生的心之所欲：

在一方面，我們為戰爭、種族主義，以及我們周遭所發生無數邪惡的事情感到憤怒。但是在另一方面，我們也視美國為一幅員廣大的荒原，一個巨大、醜陋、機械化與具備空調的沙漠，一個沒有根與感情的地方。我們看到其中最主要的問題，就是來自人們——他們思考與相互對待的方式。我們試想美國是一浩瀚的沙漠，住著數以百萬計的人口，他們都很類似：愚蠢、牛飲啤酒、住在完全相同且平淡乏味的郊區。這些想像中「在豬圈的電視迷」與現實生活有什麼關聯？我們身為「中產階級」的學生都知道，他們就是勞工階級——「種族歧視、麻木不仁的一批人。」[43]

由此可知，在越戰期間，美國社會就已出現美國特權人士認為這個國家的問題是出在「一般」民眾身上的傾向。

反文化

對多數美國年輕人而言，越戰之所以痛苦難忘，不是因為它違反了他們的文化與觀念，而是因為恰恰符合了他們的文化。因為如此，也就自然產生了「反文化」。羅札克在闡述此一名詞時指出，技術管理的思維習慣創造出所謂「客觀意識神話」的機制，貶低並且造成人際關係的麻木不仁。此一闡述不但解釋了越戰的影響，同時也說明了其他許多事情，包括郊區的相同性到單調乏味的電視劇。美國民眾的生活中遺失了很重要的一個區塊，也就是宗教或是心靈方面的東西。這也許是因為美國民眾不再深思他們在宇宙間的地位，或者也許是因為他們愛得不夠。

姑且不論一九六〇與七〇世代後來瘋狂追求靈性自我實現的行為有多可笑（哈瑞・奎師納〔Hare Krishna〕、埃薩倫〔Esalen〕、維爾納・艾哈德的ｅｓｔ基金會〔Werner Erhard's est〕），這些年輕人確實相信他們的文化迷失了方向。一些清醒冷靜的機構也發現了這個問題，在一九六二到一九六五年間的梵蒂岡第二屆大公會議（Second Vatican Council）上，天主教教會熱烈討論教徒在多元的現代社會中所應扮演的角色。哈佛神學家哈維・考克斯（Harvey Cox）就指出世俗化並不代表就須貶低宗教的價值。[44]幾十年來藉由亞洲的精神主義來振興西方宗教與哲學一直是西方學者最熱衷的項目：包括阿道斯・赫胥黎（Aldous Huxley）、阿倫・沃茲（Alan Watts）、諾斯洛普（F.S.C. Northrop），以及「垮掉的一代」的作家與詩人。

一九六〇與一九七〇世代在一定程度上篤信宗教，儘管一九七五年公開宣稱為教徒與定期到教堂做禮拜的人有所減少，不過自此之後教徒人數又告激增，而且維持二十年不墜。哈佛社會學家羅伯特・普特南（Robert Putnam）將此一時期定義為美國史上一連串的「大覺醒」之一。[45]自一九七六年喬治亞州長吉米・卡特（Jimmy Carter）當選美國總統之後，基督教的原教旨主義與福音主義就成為形塑美國政治的主力。卡特本人就是一位「重生」的基督教徒。因此，當年宗教的復興完全是由年輕人所帶動，並非由一些碩果僅存的老頭子帶領。

始於一九六三年的一段時間，也就是在提莫西・利里（Timothy Leary）因為「示範」迷幻藥而被哈佛開除的時候，迷幻藥品是那一世代抗議者用來尋求心靈解脫最普遍的方式。正如法國詩人阿蒂爾・韓波（Arthur Rimbaud）所言，「透過攪亂所有的意識來抵達未知的境界。」[46]迷幻藥物與「要作愛，不要作戰」是一體兩面的概念。人們熱情擁抱迷幻藥物的情形只維持了二十年的光景，到了一九八五年，政府開始掃毒，年輕人也開始覺得吸食迷幻藥品不是一個值得捍衛的自由。自此之後的多年間，「迷幻頭」與「斯通納」（Stoner）*也逐漸自一九六〇年代的故事淡出。這些嗑藥者的形象，有如哥德小說中一些在故事初期頗為活躍的惡棍，在後期卻遭作者遺忘。

也許迷幻藥品最大的問題在於，它褻瀆了反文化思維（不論是否為宗教）之中最重要的一個元素，也就是純潔的信念：在美國的某些地方仍有「真正」的美國人，他們沒有被寵壞、也沒有受到電視與購物的影響，更沒有受到政客的操弄。六〇與七〇年代的美國民眾心中所要尋找是那些沒有受到二十世紀國家之手荼毒的地方。明尼蘇達大學教授羅伯・波西格（Robert Pirsig）在其所著《禪與摩托車維修藝術》（*Zen and the Art of Motorcycle Maintenance*，一九七三年）一書中討論六〇年代的追求，這是透過一名流浪漢與他兒子的機車長途之旅，結合患有精神疾病的回憶與探討西方哲學的著作。對波西格而言，離開聯邦高速公路系統進入小路，就是進入另一個世界：

> 這些道路與主幹道完全不同，路邊居民的生活節奏與他們的個性也都有所不同。他們哪兒也不去。他們不會花時間在一些繁文縟節上，他們只知道當下的事物。這都是那些早年移居城市的人與他們迷失的後代已完全忘記的東西。[47]

當年興起一波文化環保主義，是一種對鄉村生活的渴望，不同於現今牽涉到科學、道德與政治的環保主義，那時候的環保主義完全是由「生態」衍生而出。正如威廉·華茲渥斯（William Wordsworth）所體認的，這是一種浪漫的生活方式（自然從來不會背叛喜愛她的心）。它是來自西洋文化底蘊中的簡單與真實，是你即使在駕著卡車或摩托車都能感受到的。這樣的生活方式意謂天然成分（作家暨營養師尤爾·吉本斯〔Euell Gibbons〕）、家常菜（廚師愛麗絲·沃特斯〔Alice Waters〕）、老一輩的家庭價值（不僅是《歡樂時光》〔*Happy Days*〕與一九五〇年代其他的懷舊電視劇，還有一九七〇年代的大型電視劇《華頓家族》〔*The Waltons*〕，是關於大蕭條時期一個住在阿帕拉契（Appalachia）的家族故事，在接下來的幾十年間幾乎未曾重播）、民謠與鄉村歌曲、各式各樣的手工藝品（手工編織、手工鉤織地毯、貴格家具）、愛德華·阿爾比（Edward Abbey）的小說、背包旅行與《全球目錄》（*The Whole Earth Catalog*）。

＊編按：兩者都是形容嗑藥後神智不清的人。

嬰兒潮世代的搖滾樂評論家格雷爾・馬庫斯（Greil Marcus）曾經說樂隊合唱團（The Bands）與其同名的第二張專輯（一九六九年發行）是「重返美國的護照」。[48]他此一言論並非批評而是讚美。讓時光倒流是當時社會的渴望，例如紐約大學一位心理系畢業生參加奧勒岡的公社，認為沒有高速公路前的美國要比現在好。他隨著喬治亞土著遷移到亞歷桑納，並且加入大型教會，心想美國在婦女都待在家裡的時代是多麼地美好。這樣的渴望與政治無關，但是政治終究會摻雜其中。當人們不相信現代的社會，認為是某種腐敗的化身，他們所憎恨的不只是企業世界的超級市場、情境喜劇與宣稱可去除頭皮屑的洗髮精。華盛頓的水壩、高速公路、法規與官僚體系，也成為他們憎恨的目標。久而久之，詹森旨在將美國建設為前所未有的福利國的「偉大社會」計畫也受到民眾的厭惡。

在某種程度上，一九六〇年代的反文化似乎是打著進步旗號的反動運動。例如波西格，他反戰、反商、親迷幻藥品，有濃厚的學者氣息，然而他並非「自由的心靈」。他心中喜歡的美國小鎮是類似「一、兩百年前」，同時他也為政治反動派辯護，以便重拾「個人價值」。登山專家蓋伊・瓦特曼（Guy Waterman）[49]曾是總統艾森豪、尼克森與福特的演說撰稿人，更不必提奇異（General Electric）了，他退休後住在佛蒙特（Vermont）一棟沒有電力的小木屋內寫有關大自然的文章。伊利諾州出生、曾擔任雷根助理的約翰・麥克勞里（John McClaughry）[50]在雷根政府時代就一直自他在加拿大邊境的佛蒙特小木屋呼籲恢復小鎮政府。簡而言之，一九六〇年代激進主義重要的一環（個人主義）完全融入一九八〇年代的保守主義。

嬰兒潮力量的來源

美國在越戰後有超過一個世代的主流文化都是由在越戰期間讀完大學的人所主導，這些人就是所謂嬰兒潮世代中的菁英族群，他們出生於二戰到甘迺迪遇刺之間的時期，人數異常大量，而且都是政治過動兒。

嬰兒潮是第一個成長於美國對種族、性別與世界霸權地位採取實驗性全新態度的世代。他們並非打從一九六〇年代開始就與傳統憲法思維碰撞的新憲法制定者。自一九六〇年代初期，美式生活中幾乎所有的觀念都已經過改革，並開始散播。在年紀最長的嬰兒潮世代於一九六三年進入大學時，越南已有一萬六千名美軍，華盛頓大進軍也已結束。在馬丁·路德·金恩與羅伯·甘迺迪（Robert Kennedy）於一九六八年夏天遭到刺殺時，嬰兒潮世代還沒有一人在總統大選中投過票。在胡士托（Woodstock）舉行反文化音樂節時（一九六九年），最年輕的嬰兒潮世代還不到上幼稚園的年紀。

嬰兒潮世代的力量並非來自能力的發揮或是概念的創新，完全只是因為他們在人口數量上的優勢。此一世代成長於越戰與民權法案頒布實施期間，人數之多是美國有史來最高紀錄。該世代的人口優勢使得每一世代都會面臨的議題（繼承、實驗、叛逆、交配、謀生）受到扭曲，再也不是原先的樣子。

美國在二戰於一九四五年結束時的人口不到一億四千萬人，[51]不過在一九六四年之前增加逾七千萬名新生兒。[52]在美國歷史上，於戰爭結束時一年有三百萬名新生兒的情形只出現過一次。在一九五〇年代初期，美國一年的新生兒數量超過四百萬人，而且在六〇年代持續上升。

美國的生育率並未如眾人所想像的那樣大幅躍升。當時性愛尚未受到壓抑。事實上，在戰爭期間，自一九三三年以來，生育率就一直呈穩定上揚。[53]不過隨著時間的推移，高生育率使得在戰後出生的人大增。在二十一世紀的頭幾年間，美國嬰兒潮世代共有約八千萬人。[54]就一個世代而言，他們大約是投票人口的百分之三十七到百分之三十八。[55]相較之下，在一九三〇到一九四五年出生的人口僅占投票人口的百分之十八，這樣的比率無法選出他們鍾意的總統。嬰兒潮世代挾其人口優勢自他們前輩手中奪走了控制、實行與主導社會改革的權力。

在一個自由市場的民主國家中，人口意謂直接透過選舉享有政治權力。它也意謂間接透過市場占有而擁有經濟權力。同時，它最終也將掌控文化的權力，因為廣告商（還有藝術家）都傾向於挑逗與逢迎廣大群眾。事實上，打從一開始，就沒有一個世代比嬰兒潮世代更受到關注與迎合。

「我了解美國年輕人，」尼克森一九六九年在其第一任總統就職演說上說道，「我相信他們。我們為他們感到驕傲，他們所受的教育、責任心、接受良心的指引，是我們歷史上任何一個世代都無法企及的。」一九七〇年，製造汽車煞車、化油器與啟動器的班迪克斯公司（Bendix Corporation）[56]製作了一則廣告，廣告中一名身著商務西裝的企業主管警覺地看著一名自行車騎士，他滿臉大鬍子，穿著一件有流蘇的仿印地安人外套。該公司在廣告中宣稱，相較於當時社會熱衷討論的「代溝」，他們更擔心貧窮、犯罪、偏見、不公與汙染：「無庸置疑，我們對今天的年輕人深具信心，」班迪克斯莊重緩慢地吟詠著，「相較於史上任何一個世代，他們更加關心社會與真誠。」《生活雜誌》（*Life Magazine*）在當年也試圖打入年輕一代的成人圈，而對年輕人大拍馬屁：

> 我們不覺得大學生說出心中感想有任何可笑之處。我們認真看待他們所說的……關於戰爭、關於我們的城市、關於我們的國家……並且將它們印刷發行。因為他們都說得有理。[57]

嬰兒潮世代的經驗與他們之前和之後的世代完全不同。我們可以比較在嬰兒潮之前的一九四三年出生的人，與在一九四六年出生的嬰兒潮第一代，看出兩者差異。前者包括越戰英雄（後來的反戰人士）與二〇〇四年的總統候選人（後來成為國務卿）約翰．凱瑞（John Kerry），後者則有當過一任德州州長的喬治．W．布希（George W. Bush），他後來在二〇〇四年總統大選中擊敗凱瑞。（美國共出現三位在一九四六年出生的總統，是有史來僅見，事實上他們都是在該年夏季出生的，然而這可能並非僅是巧合而已。）一九六六年，當二十二歲的凱瑞走出耶魯校門時，越戰才剛開打，當時並沒有富人與特權人士拒絕當兵的情況，凱瑞於是加入海軍。但是在兩年後當美國三位未來的總統自大學畢業時，越戰已打得如火如荼，愛之夏（Summer of Love）也開始興起，家境較好的美國民眾無所不用其極地想盡辦法來逃避兵役。儘管後來布希在美國德州空軍國民警衛隊（Texas Air National Guard）服役，但是沒有幾人去過越南。

嬰兒潮是美國最後一個接受學校教育「美國從來沒有在戰爭中輸過」的世代。其實，在大部分的事情上，他們與父母相似之處遠多過他們與子女之間。他們是在前電腦時代接受教育的。他們聽的是民謠搖滾與曖昧的英倫搖滾混合體，這類音樂後來被他們孩子的饒舌音樂所取代。所有的嬰兒潮世代都是出生於民權興起前的美國，他們是生長於所謂政治正確陰影外的最後一個世代。

嬰兒潮世代按時間順序分為前段班與後段班，就像學校的分班一樣。在一九四〇年代末與一九五〇年代初期之間出生的嬰兒是屬於前段班，在傳統美國之下接受教育。不論他們是否支持當時的社會實驗，他們在文化中扮演著「年輕一代」的角色。因此，我們現在所認為的嬰兒潮文化其實就是承接上一代的文化。

在一九五五年到一九六〇年代中期出生的嬰兒潮後段班就不必扮演這樣的角色。他們都太年輕，既不必參加越戰，也不到反戰的年齡。當他們終於長大，足以代表更年輕一代時（一九七〇與八〇年代），之前的年輕一代都已步入老年。當時的社會機制已根據這些「年輕一代」的需求改造，然而這些需求都是基於詹森政府時代的思維：模組化教室、非傳統課程、政治自由主義與寬鬆的婚前性行為相關規範。

在整整四分之三個世紀裡，其他世代的人都被迫分享在一九四〇年代末與一九五〇年初期出生者的思維。這個國家眼中只有這些嬰兒潮世代。一九六〇與一九七〇年代，美國的社會處於狂歡作樂與追求性愛之中，到了一九八〇與一九九〇年代，則是強調「家庭價值」與財富的追求。在進入新世紀的第一個十年，美國社會著眼的是保護過去幾十年間靠著自己制定的規則而致富的人的利益與財產，以及他們所建立的機制與企業。

蓬勃發展的教育官僚體系使得嬰兒潮世代相對於其他世代的競爭優勢大增，利用這些優勢的能力也有所增加。歷史學家艾瑞克．霍布斯邦把二戰後西方大學教育興盛的重要性，與人口增加、西方農業沒落並列。他針對歐洲指出，「大部分一般國家的學生都呈三倍到四倍成長，不過也有一些國家是呈四倍到五倍成長，例如德國、愛爾蘭與希臘；芬蘭、冰島、瑞典與義大利則是五到七倍成長，西班牙與挪威更是呈七到九倍成長。」[58]雖然美國的基準線高於其他國家，但是其大學生人數也呈四倍以上成長，自一九四〇年的一百七十萬人在一九六〇年代末期達到七百五十萬人。[59]在嬰兒潮之前的世代總是好奇這些書呆子能夠找到什麼不需靠體力的工作，如今在教育水準普遍提高下，他們又會問還有誰來從事那些粗重的活。

嬰兒潮是美國歷史上文化最為穩定（我們今天或許會說這是「最不具變化」）的世代。根據一九七〇年首次涵蓋所有嬰兒潮世代的人口普查，出現美國建國以來僅有一次外國出生人口比率不及百分之五的情況。普查結果顯示，當時的移民大部分都來自歐洲，其中三大來源是義大利（一百萬零九千人）、德國（八十三萬三千人）與加拿大（八十一萬兩千人）。對於向來習慣於更高數字的二十一世紀讀者，我們必須提醒，這些數字都是總人口數，並非每年增加的人數。當時在美國的墨西哥人只有七十六萬人，略高於來自英國、波蘭或蘇聯的移民。墨西哥與古巴是唯二名列前十大移民國的非歐洲國家。然而到了二〇一〇年，沒有一個歐洲國家名列前十大移民國中，這十大移民國是：墨西哥、中國、印度、菲律賓、越南、薩爾瓦多、古巴、韓國、多明尼加與瓜地馬拉。[60]

復興或腐朽？

移民在異鄉扎根的第一個生意通常都是開餐館，然而在二戰後的幾十年間，美國有許多州都還沒有墨西哥餐館。新罕布夏直到一九七〇年代才有墨西哥餐館，[61]那是阿塞維多（Acevedo）家族自厄爾巴索（El Paso）遷至曼徹斯特（Manchester），在當地榆樹街（Elm Street）開了一家叫「小墨西哥」（Little Mexico）的餐館。一直到一九七〇年代，美國人民還像以前一樣，自認是一個被迫西遷的歐洲國家。就嬰兒潮世代的財富、文化同質性、相對平等的社會地位與所得而言，相較於他們後一代與兩代的美國民眾，必須面對美國有史來規模最大的移民潮，他們顯然是比較容易管理。但是針對移民占人口比率僅有百分之四的一個省級、辛勤工作的國家所做的改革，未必就能適合移民所占人口比率達百分之十五，崇尚享樂主義的國際化國家。一九六〇年代的美國在進行各項社會實驗上都顯得遊刃有餘，但是這樣的餘裕已不復見。

與政府一樣，藝術也是如此。大約自一九六八至一九七一年這段期間，如前所述，美國人口是有史以來最不具變化的，同時也是美國後二戰時代文化的高峰期，尤其是其流行音樂。死之華搖滾樂團在一九七〇年四個半月期間所陸續推出的專輯《工人之死》（*Workingman's Death*，六月）、《美國美女》（*American Beauty*，十一月），以及其他十幾首歌曲都成為世代流傳的經典之作。

當時是一段興旺但是短暫的過渡期。一九六〇年代的搖滾樂手（包括部分一九七〇年代的）都是接受舊文化薰陶的。他們都精通樂器，如果僅是在父母家中的客廳為賓客演奏鋼琴，或是週日在教堂彈奏風琴，或許能夠成為真正的音樂家。但是隨著搖滾樂的興起，一心想成為搖滾明星的人都將自己塑造成搖滾樂手，即使是非音樂人也沒有關係。龐克搖滾樂團先驅「性手槍」（Sex Pistols）的鼓手保羅．庫克（Paul Cook）回憶在一九七六年後出版的早期龐克音樂期刊，[62]「其中有一本，」他寫道，「甚至有一幅圖片教你如何彈奏三和弦（C、D與A）而且還附有詳細的說明，『學會了和弦，你現在可以去組樂團了。』」洛．史都華（Rod Stewart）與巴克曼．透納，誇大的「開車兜風樂團」（Bachman Turner Overdrive）也曾發表過類似的說法。

在一九六〇年代之後延續一、二十年的「反文化的文化」可以視為對舊價值的漸進式改造，自其中尋求新的可能性，或者也可視為對舊文化的掠奪，是一種頹廢與虛無。理論上，它兼具兩者。但是到了一九七〇年代，美國民眾逐漸不再認為這個國家是在復興之路上，轉而開始憂慮正走向沒落。這不僅僅是因為對經濟的反應。當一個經濟體面臨強勢工會、新環保法規、原油與汽油價格上漲等因素衝擊時，自然難以創造工作機會。光是在一九七四年十二月，美國就有六十萬人失業，但是美國民眾對於文化的憂慮更甚於經濟。

美國汽車曾是這個國家為全球最強經濟體的象徵。然而現在美國製汽車的粗劣品質令人汗顏，與此同時汽車工人卻還在要求其待遇「必須符合全球最佳勞工的水準。」一九七七年，克萊斯勒汽車公司（Chrysler）旗下的普利茅斯（Plymouth）部門推出新款「T-Bar 轎跑車」（T-Bar coupe），稱作「飛翔」（Volare）。「獻給新一代的美國人，他們不曾體會到駕車飛馳，頭髮隨風飄揚的快感，」[63]普利茅斯在廣告中說道。「我們驕傲地送上 T-Bar 飛翔轎跑車。」這是克萊斯勒避免承認已無力製造中價位敞篷車的一種說法。通用汽車（General Motors）自一九七八年開始生產旅行車[64]——例如別克的世紀（Buick Century）與奧斯摩比的彎刀巡航（Oldsmobile Cutlass Cruiser）——這類車款的後車窗都無法搖下來。福特（Ford）與凱迪拉克（Cadillac）的雜誌廣告則是將他們的新車款置於歷代車款灰暗的背景前面，[65]彷彿是自我安慰，如果他們生產的是三流的汽車，至少他們以前曾經製造過好車子。

政府的前景更糟。這不僅只於尼克森因為一樁醜聞案下台，美國在前幾個世代的三大功業（民權法案、婦女解放，以軍事行動將自由秩序加諸於世界）也都遭到公眾的否定。在後民權法案時代，低收入社區暴力犯罪與毒品氾濫成災。在後女士雜誌時代，議員又撤銷了最近才通過的平等權利法案。在後越戰時代，蘇聯軍隊入侵阿富汗，革命政府取得尼加拉瓜與伊朗政權。

懷念昔日盛況不再與沮喪的氣氛籠罩美國朝野，美國公眾開始視一九六〇年代的政治改革為危險的烏托邦。他們於是推舉加州州長羅納德·雷根出來結束這一切。然而，讓大家始料未及的是，雷根以其支持者與反對者都不甚了解的獨特方式拯救了美國。

第二部

新憲法

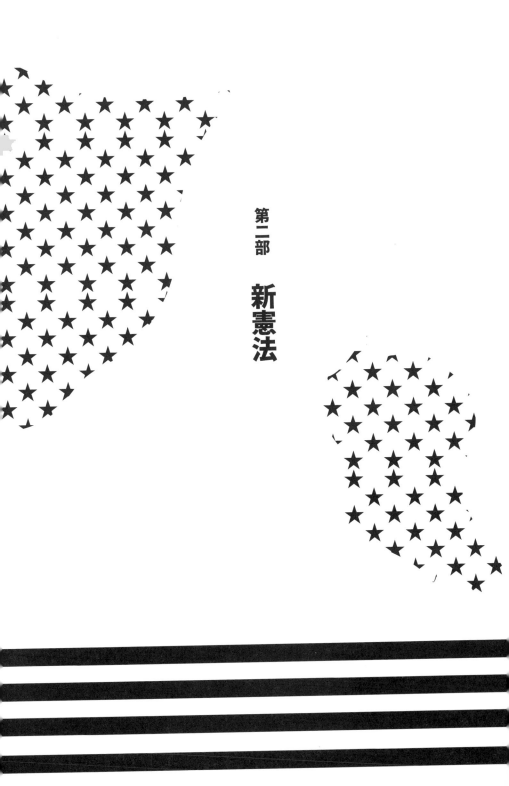

第五章　債務

步入中年的反文化；雷根主義：世代休兵；雷根經濟學：政治策略；舉債買了什麼？移民、不公與債務；移民與民主的挫敗；民權精神的改變；「有色人種」與「非裔美人」；移民與不均；尋求新菁英

羅納德．雷根贏得一九八〇年的總統大選，不是反映老一代的美國民眾對嬰兒潮世代的反撲。相反地，它將幾乎整個嬰兒潮世代納入了選舉體系。這是一九四〇與五〇年代出生的成年人首次參與的重大政治活動。它部分是嬰兒潮中非菁英族群對同輩熱情洋溢的改革的回應，部分則是反映嬰兒潮中最年長的菁英族群隨著步入中年改變了他們所追求目標的優先次序。「文化與雷根革命，」[1]歷史學家馬克．里拉（Mark Lilla）後來寫道，「證明是相輔相成的，並非對立的。」作家庫特．安德森（Kurt Andersen）在兩個世代間的關係上也有同感。「『我行我素』，」他寫道，「與『人不為己，天誅地滅』並沒有什麼差別。」[2]一九八〇年代其實就是一九六〇年代的延伸。

步入中年的反文化

對於雷根主義的高峰為何，歷史學家看法各異。愛許蘭大學（Ashland University）的歷史學家史蒂文·海沃德（Steven F. Hayward）[3]著有一部厚重的書籍，名為《雷根時代》（*The Era of Reagan*）。該書自詹森執政時代談起，涵蓋了大約十年來的對偉大社會政策的反對行動，並寫到雷根一九八〇年成功入主白宮。海沃德認為，雷根主義是美國中產階級對過度膨脹的政府發動起義的力量。

之前曾有一項這類的反對行動遭到挫敗，其過程也是錯綜複雜。在一九六八年總統大選險勝的尼克森，將一九七二年的角逐連任變成對偉大社會計畫的公民投票。他的副總統，前馬里蘭州長斯皮羅·安格紐（Spiro Agnew）是一位口若懸河，擅長以頭韻法的演說來製造爭議的專家。他的演說撰稿團隊包括後來成為政治評論家的派屈克·布坎南（Patrick J. Buchanan）與威廉·薩菲爾（William Safire）。他們將二戰世代的傳統作風與一九六〇年代新價值間的鬥爭變成一場善惡之間的對決。一九七一年一月，安格紐在休士頓對一批美式足球教練發表演說，紀念文森·倫巴第（Vince Lombardi）。他表示這位已故的「綠灣包裝工人隊」（Green Bay Packers）教練是「美國早期道德倫理」的代表，然而如今左派人士卻要以新秩序取而代之。在大兵世代的認知中，這關係到美國的生存：

我懷疑我們今晚在場的許多人是否還能被允許「做我們自己的事情」。我記得在《新左派》（*New Left*）雜誌每週的人民公敵排行榜中，美式足球教練都在排名前十之內，僅低於美國參謀長聯席會議、通用汽車、中央情報局、聯邦調查局、約翰・韋恩（John Wayne）與敝人在下我。[4]

姑且不論安格紐所謂「新左派每週人民公敵排行榜」所指為何，大部分的美國民眾其實都站在他這一邊。尼克森以一千八百萬票的差距在一九七二的總統大選贏得壓倒性的勝利，這是在此之前差距最大的美國總統選舉結果。但是此一大勝並未保住他的總統寶座。不論尼克森事先是否知情在競選期間有共和黨選舉人員闖入位於水門綜合大廈的民主黨競選辦公室，此一醜聞有如滾雪球般擴大，提供他的競爭敵手毀滅他的機會。尼克森是第一位被趕出白宮的總統。

普林斯頓大學的歷史學家西恩・威倫茨（Sean Wilentz）[5]也寫了一部《雷根時代》，自海沃德結束的地方開始（即是起自雷根一九七〇年代的總統之旅），一直寫到二〇〇八年巴拉克・歐巴馬（Barack Obama）出馬競選總統。就威倫茨的觀點，雷根主義是植基於他本人陽光的中西部個性決策風格，在進入二十一世紀的同時保護富人與限縮政治的範圍。

雷根的追隨者大都同意對手稱他的行事作風「保守」的評論。但是現在回顧，可看出這樣的說法是錯誤的。雷根主義也包含了反文化的一些目標。事實上，嬉皮運動綱要（The Hippie agenda），就如它能言善道的辯護者所述，是相當保守的。它對抗進步，捍衛傳統。二戰後所建立的企業與軍工業主流文化一心追求「無情地切斷過去，」[6]布蘭戴斯大學（Brandeis University）的古典學者菲利普．斯萊特（Philip Slater）在其著作《追求孤獨》（*The Pursuit of Loneliness*，一九七〇年）中寫道。新文化所追求的則是整體性與連續性。「沒有老人與小孩、白領與藍領、特立獨行與傳統並存的社區，根本就不是社區，」斯萊特寫道，「然而現在大部分人所住的就是這種掐頭去尾的變形怪物。」

你可以從雷根總統推動小政府，削減政府權力的努力中聽到這種六十年代的言論。「事實擺在眼前，」[7]他在上任後的頭幾個月說道，「我們讓政府從我們這兒拿走許多東西，這些都是我們以前認為應出於心中善意、對社區的自豪與敦親睦鄰，自動自發所做的事情。」

雷根欲將權力返還社區的承諾一直沒有實現。相反地，原本被各界認為在他任內應趨於保守的世界反而卻是益發放縱於「切斷過去」的反保守衝動，只是這些動作都是來自企業人士無意間的行為，不是官僚體系的有意為之。其實，面對美國保守主義，雷根只是想淺嚐即止，並不想在施政上具體實現。他只會在演說中談論保守主義，並不會將其帶入憲法之中。然而無法在憲法上有所體現的保守主義在幾十年後終於演變成一場危機，造成強硬的「茶黨」民粹主義興起。

戰後知識分子對美國保守知識分子的生活前景都不屑一顧。文學評論家萊昂內爾．特里林（Lionel Trilling）在其著作《自由的想像》（*The Liberal Imagination*，一九五〇年）的序言中寫道：

> 自由主義不僅是當代美國的主流，而且也是唯一的知識傳統。這是因為現今社會已不復有保守與反動的思想流傳。當然，這並不表示保守主義與反動思想的衝動已不存在。這樣的衝動仍然十分強烈，甚至超過我們大部分的認知。但是這些保守與反動的衝動，除了少數一些個案與和基督教有關的特例之外，並不足以構成一股思潮，只是一些企圖偽裝成思潮的行為或是令人生厭的手勢。[8]

在此同時，特里林的年輕對手歐文・豪（Irving Howe）批評保守思維不僅在文學上，在政治上也是一種詐騙與不現實。他取笑作家彼得・雅維克（Peter Viereck）與其同伴擁抱保守主義是「令人不解的滑稽」。[9]他也指責已故參議員羅伯特・塔夫脫（Robert Taft）的保守主義只有自由經濟與飽經風霜的懷舊情懷，缺乏知識內容，而且更重要的是，當其上位時，也只不過是繼續其之前所攻擊的「國家主義」政策，了無新意。

在雷根支持者中自稱保守派的人對這樣的嘲諷嗤之以鼻，但是時間證明特里林與豪都是對的。和塔夫脫一樣，雷根有一段時間也改變了美國的政治氣氛，不過並沒觸及其結構。然而雷根一旦卸任之後，他的對手與其他妖魔鬼怪就重振旗鼓，恢復他們之前各項野心勃勃的計畫。所謂人走茶涼，雷根的支持者只能靠著他當政時代的言論相互取暖。整個情勢看來，感覺上彷彿一九七〇年代末期與一九八〇年代初期的保守政治風潮根本就未曾發生。事實上，雷根的當政提出了一個永久性的問題，亦即在一個把「追求快樂」寫入建國文件中的政治氣氛下，保守主義到底是否合宜。

雷根是在社會動盪與激進民主主義的喧鬧聲中坐上總統寶座，而且喧鬧聲還不僅是來自那些碩果僅存的嬉皮人士。美國在一九七〇年代中期掀起一波民用波段無線電台（Citizen Band Radio，簡稱CB電台）熱潮，這是讓長途運輸卡車司機能夠相互通信，告知州警設下的超速陷阱所在，躲避因為一九七三年阿拉伯石油禁運所設的時速五十五英里限速規定。該年一位叫做「翻江鼠」愛德華（J.W. River Rat Edwards）[10]的卡車司機透過CB電台在賓州的拉馬爾（La Mar）發動全國卡車大罷工，抗議飛漲的汽油價格與高速公路限速規定。卡車司機在此一抗爭行動中用來掩飾身分的密語（因為他們的行為確實違法），藉由電影《追追追》（*Smokey and the Bandit*），以及足足可以合輯成一張黑膠唱片專輯的相關歌曲，成為某種浪漫的象徵。

卡車司機大為風行的密語讓人聯想到十九與二十世紀英國小說將考克尼（Cockney）*竊賊間使用的江湖黑話賦予浪漫情懷的情況，即使是從沒見過考克尼匪徒的生意人也會在他們相互間的對話中加上幾句這類黑話。一九七五年，「克萊德斯・麥加德與公民樂團」（Cledus Maggard & Citizen's Band）推出熱門歌曲〈白騎士〉（*White Knight*），就包含了許多大部分美國民眾都能聽懂的卡車司機密語：

> 當牆對牆的時候，我收到信息
> 是我前門大熊捕獸人發的。
> 他說，一九線路，我的好哥們，
> 我逮到一頭穿著純白浴袍的史莫基（Smokey）。[11]

歌詞大意是拜無線電台之賜，一名卡車司機在CB電台十九號頻道收到另一位卡車司機的警告，表示前方有州警，而且駕著是沒有任何標示的汽車。

在英國與法國，卡車司機由於是工會罷工主力，因此往往被民眾視為英雄人物，但是這樣的情況在美國卻是十分罕見。一九七五年耶誕節前夕，麥考爾（C.W. McCall）插科打諢的鄉村歌曲〈護航隊〉（Convoy）躍升為全國最暢銷單曲，它的主題就是歌頌一批卡車司機勇闖紐澤西一座收費站。

總統傑拉德・福特（Gerald Ford）在那一年簽署了公制轉換法案（Metric Conversion Act），[12]

＊編按：指出生於東倫敦地區的人，或是倫敦的工人或中下階級，他們有著獨特的口音。

宣示聯邦政府將傾力推動美國度量衡系統由英制轉換為更為合理的公制，例如公尺、公升與公克。英國本身使用公制已有十年之久，其間只有少量的抱怨。但是美國人民卻是對此一轉換政策嗤之以鼻，視而未見。此一政策很快就遭到放棄。

但是到了雷根政府中期，這種對抗法律與威權的浪漫情懷已經消逝。一九八三年波士頓發動一項計畫，呼籲民眾舉報任何看來可疑的鄰居，因為他們可能就是毒販。「花一毛錢，阻止犯罪」看板上這樣寫道。[13] 一毛錢是民眾以公用電話報警所需的費用。

雷根主義：世代休兵

雷根主義，和大部分的政治運動一樣，是高調理論與低級戰術的混合體。它將新政經濟去蕪存菁，引導美國各機構開始使用電腦、垃圾債券、非工會勞工，以及委外生產，由此來為經濟建立各個不同的基礎，確保美國又一個世代的民眾能夠享有使用美元作為全球儲備貨幣，與為國際商務制定規範的特權，[14] 然而這一切在雷根剛上位時都還不是那麼確定。雷根主義幫助結束冷戰，但是它同時也展開一個進程，到了下個世紀的初期，那將會導致美國社會出現難以想像的不均，甚至形成寡頭政治。

雷根時代是美國的黨派政治發展，與圍繞著俄羅斯流亡人士艾茵・蘭德（Ayn Rand）思想所興起的次文化，兩者相重疊的時期。蘭德的商業鼓勵主義老是被美國人誤認為是一門哲學。一九四〇與五〇年代，蘭德以其《源頭》（*Fountainhead*）、《阿特拉斯聳聳肩》（*Atlas Shrugged*）等著作，還有其他一些枯燥又膚淺的小說來宣揚她的自由意志主義世界觀。她筆下的主角都是盛氣凌人、任性的大企業繼承人，個個基因優良，尤其好唱高調，甚至在談論香菸的時候也是如此：「我常常想到男士手中的火焰。火，一種危險的力量，卻被他玩弄於股掌之間。」[15]他們都喜歡性愛，某些情況下的亢奮情慾有如企業管理：「他的手在她雙乳間游移，彷彿在學習業主與她身體間的親密關係。」[16]

蘭德最大的興趣是在社會主義，這也是她唯一保守之處。在很大程度上，她熱烈主張放寬對商業的管制規範與減稅，其實是向一項大型計畫擷取其中的思想與理論：「解放」人民的歷史思維、傳統機制、言語參考架構、對道德責任的簡單思維與尊重習俗。

但是在一九七〇年代，反動勢力壟斷所有的權勢，蘭德出於反社會主義對權威的謾罵與指責，反而大大提升了若干保守派的士氣。在其指責下，當局的所作所為，從吉姆．克勞法到道路限速、從古拉格群島（Gulag）到美國國稅局（ＩＲＳ），都是「大政府」的掠奪行為。在此偏狹的蘭德思想下，一名三十二歲、痛罵所繳的稅賦太高的證券經紀人，與他參加阿拉巴馬的民權大遊行或是在胡士托吸食大麻的同學一樣，都是一名敢於站出來對抗體制的英雄。

蘭德的思想至少贏得美國兩個世代的美國保守派與知識分子的忠心。政論雜誌《國家評論》

（*National Review*）的創辦人與總編輯小威廉・巴克利（William F. Buckley, Jr.）十分佩服蘭德，但是他同時也批評後來擔任財長的艾倫・葛林斯潘（Alan Greenspan）在一九五〇年代初參加過蘭德位於紐約城東三十六街三十六號的沙龍之後，完全被蘭德「魅惑」了。[17]幾十年後，未來的眾院議長，共和黨的保羅・萊恩（Paul Ryan）在威斯康辛讀高中時就成為蘭德的粉絲。「我把《阿特拉斯聳聳肩》當作耶誕禮物，要我所有的實習生都必須讀一遍，」[18]他後來表示。一九九一年，每月之書俱樂部（Book of the Month Club）與國會圖書館（Library of Congress）請讀者提出對其一生最具影響力的書籍，結果《阿特拉斯聳聳肩》排名第二，僅次於聖經。

雷根自稱是蘭德的「仰慕者」，[19]然而他的表白並沒有得到回報。蘭德在她生前的最後幾年遊走於各大學的校園之間，譴責雷根以花言巧語來拉攏基督教與反對墮胎的基督教右派選民。一九八一年十一月，她在紐奧良對貨幣改革委員會（National Committee for Monetary Refrom）發表的演說就是以此為主題。「他的政府最令人不堪的恥辱是他與所謂道德多數派（Moral Majority）以及其他各式各樣以電視傳教的宗教人士間的關係，」[20]她說道，停頓一下，等待掌聲，「這些人顯然得到他的同意，一心想藉由違憲的宗教與政治把我們拉回中世紀。」

在那個時代，一則同時包含自由放任的資本主義（被視為保守派）與自由放任的性愛（被視為自由派）的信條看來自我矛盾；然而卻非如此，它合理且強勢，在一個世代之後演變成無堅不摧的信念。

但是蘭德對雷根的敵意卻顯得有些短視。儘管雷根在一九七〇年代對性方面的相關發言趨於保守，甚至在一九八三年還發表了一篇反對墮胎的爆炸性演說，但是不應就此否定他在推動性解放的功績。他在一九六七年擔任加州州長時就曾簽署一項在美國史上影響最深遠的墮胎自由化法案。[21]一九六九年，雷根又以家事法（Family Law Act）推動適用全州的無過錯離婚（no-fault divorce）。到了一九八〇年雷根競選總統時，若說他在建立後女性主義性解放機制上的成就是其他政治人物是難以匹敵的，這並不為過。

雷根強調「家庭價值」，他在上任之初與任期尾聲時曾兩次提到此一奇怪的名詞，[22]並以此來偽裝他已接受現代生活方式的事實。他視這些價值為一項機制，然而實際上並非如此。一對同性戀伴侶、一位單親母親、一對未婚同居的情侶，儘管為家庭機制帶來挑戰，卻不會威脅到任何人的價值。當新機制與舊機制引發衝突時，談論價值可以假裝其中沒有任何紛歧與利益值得爭執。

雷根的自由主義願景不僅包含了艾茵・蘭德的資本主義，同時也有馬丁・路德・金恩〈我有一個夢〉的成分。它的思想陽光而且進取。它假設如果沒有一些老古板或悲觀主義者的從中作梗，未來就會是一副自由繁榮的景色。懷疑主義（skepticism）其實就等同壓迫，而報憂不報喜的人往往就是人民的公敵。雷根的願景並不是針對所有人，但是顯然引起大家的共鳴。這就是雷根在一九八四年競選連任時，除了明尼蘇達州之外，在其他各州都獲得勝利的原因。

「美國夢」（American Dream）其來有自，[23]但其間也是有起有落。此一名詞是歷史學家詹姆斯・特拉斯洛・亞當斯（James Truslow Adams）在一九三一年才發明出來的，在之後的十年頗為風行，但在邁入一九四〇年代後開始式微。之後它在兩個時期蔚為風潮，成為無所不在的政治辭令。一個是自一九六三年（當年金恩發表〈我有一個夢〉的演說，第一批嬰兒潮世代在該年進入高中就讀）至一九七〇年，這七年間，美國夢的引用量增加一倍，另一個則是自一九八六年（最後一批嬰兒潮世代在該年自大學畢業）到一九九三年（在經過十二年的雷根主義之後，該年比爾・柯林頓〔Bill Clinton〕成為美國首位嬰兒潮世代總統），這七年間，美國夢的引用量增加近百分之五十。[24]

美國人民生活在築夢之中。不願屈服於現實的限制已成為社會各階層的基本認知、政治辭令與企業行銷策略，甚至是國家文化的一環。柯夢波丹雜誌（Cosmopolitan）總編輯海倫・格里・布朗（Helen Gurley Brown）曾在雷根擔任總統的第二年發表一篇宣言，標題為〈擁有一切：愛、成功、性、錢財，即使你是白手起家也是一樣〉。主張減稅的國會議員傑克・肯普（Jack Kemp）嘲笑傳統的減稅概念是「根管治療經濟學」，因為為了達成預算平衡，減稅必須伴隨著削減支出。柯林頓入主白宮時，就對必須削減現行計畫支出以支付他所推出新計畫的說法嗤之以鼻，批評這是「假選擇」。耐吉（Nike）承諾買該公司運動鞋的人「不設限」（No Limits），而在一個世代之後，隨著資訊時代的到來，幾乎所有的新創企業都做出相同的承諾。二〇〇八年，阿拉斯加州長莎拉・裴琳（Sarah Palin）出馬競選副總統，她提出「全方位能源政策」（all-of-the-above energy strategy）。後來的歐巴馬政府也採用了此一政策（至少在名義上是如此），以示對她的肯定。[25]

雷根一生所取得最偉大的成就也是在於突破極限。他設法促成二戰世代與嬰兒潮世代間的休兵，這兩者間的利益在他出馬之前一直難以調和。人口學專家威廉・史特勞斯（William Strauss）與尼爾・郝伊（Neil Howe）指出，「在這項協議中，大兵世代達成經濟獨立（幾乎完全享受到後越戰財政上的和平紅利），在此同時，嬰兒潮世代則是得到社會獨立。」[26]

在二十世紀末期的一段時日裡，此一協議為社會帶來了和諧與恬適。這時的美國結合了來自這兩個世代最美好的東西：一九六〇年代打破傳統的菁英貴族階層，與一九四〇年代辛勤工作與穩定的勞工階層。在一九七〇年代末期雷根出馬競選總統時，美國社會機制看來形將瓦解，是他一手將此一危機延後了整整四分之一個世紀。

然而問題出在他是如何做到的。在社會生活層面上質疑限制，意味不向任何事情低頭。在經濟上質疑限制，則意味對什麼東西都不要付錢。在剛開始的時候，美國嬰兒潮世代看來似乎能夠輕鬆應付前輩需要辛苦經營的工作。但這只是假象。嬰兒潮世代所做的是利用投票權掠奪後代的勞動力，以換取即時使用其他國家與人民的勞動力。也就是說，雷根主義代表雷根經濟學，雷根經濟學則意味負債。

雷根經濟學：政治策略

「國債在雷根治下增長三倍」[27]，一部對雷根友善的傳記如此寫道，然而要了解這句話，就等於了解美國過去半個世紀的政治。自羅斯福的新政以來，美國政府的經濟政策一直依循「凱恩斯」（Keynesian）主義的架構，然而現今此一概念卻遭到雷根經濟顧問群的攻擊。在之前的經濟政策下，華府是以在道路、水壩，以及其他基礎建設上的支出來對抗失業，這樣的政策最終幫助美國脫離大衰退，至少大家認為如此。詹森自認他在一九六〇年代推出的福利計畫就是延續羅斯福築壩修路的精神。他也將資金投入經濟，以刺激成長。

但是詹森的想法錯了。到了一九七〇年代中期，失業率與通膨率連袂揚升，擾亂了大家原本熟悉的經濟模式。影響所及，如約翰．肯尼斯．加爾布雷斯（John Kenneth Galbraith）等支持詹森福利社會實驗的經濟學家，不再受到華府的重視，如米爾頓．傅利曼（Milton Friedman）等經濟學家則成為新寵。

第一波減稅與削減支出的行動是民主黨總統卡特主政下的第九十五屆國會所通過的，當時民主黨掌控了眾議院三分之二以上的席位。與此同時，自一九七九年十月開始，由卡特所任命的聯邦準備理事會（Federal Reserve）主席保羅．伏克爾（Paul Volcker）決心以毫不留情的貨幣緊縮政策來將通膨趕出經濟。

事實上難以確定所謂的雷根經濟學與這些發展有何關係。雷根經濟學唯一的特質就是多年來一直狂熱地主張減稅。那時候的觀念已有所改變。之前往往假設只要確定稅收，就會自動達成預算平衡。「要解決政府過度龐大的問題，就是停止餵養它。」[28]一九八一年春天，雷根對國會如此說道。如果有人同意他認為政府過度龐大的看法，那麼也會認為減稅在任何時間、任何情況下都是值得稱道的方法。

不過此一主張還有一個更為堅實的立場。這是植基於一個頗合乎邏輯的論調，即稅率如果過高，反而會造成生產力的減緩；資本家也會失去利潤動機，轉而壓抑他們的投資與可替代的創意。結果是造成菁英階層本身發動罷工，就像是艾茵·蘭德在其所著的《阿特拉斯聳聳肩》最後所說的，他們這些富有普羅米修斯反抗精神的實業家，輪流對已經奄奄一息的世界長篇大論地說教與嘲諷。

凱恩斯學派的經濟學家認為高稅賦不僅能讓經濟更為公平，而且也更為有效。富人往往傾向把錢財存起來，而一個有為的政府可透過稅賦將這些資金釋出投資於各項建設下，並且由此來刺激需求。但是隨著羅斯福政府的基礎建設國概念為詹森政府的福利國概念所取代，這樣的主張就益發難以維持。「供給面」經濟學家的主張反而更具說服力，他們認為如果政府對「富人」課稅過重，就會損及投資資本的潛在生產力，從而造成對社會福利的挹注變得微不足道，除了立即消費之外毫無用處。

一九七四年秋天的一個晚上，當時所得稅最高稅率已達百分之七十八，南加州大學的商業經濟學家阿瑟．拉弗（Arthur Laffer）以簽字筆在雞尾酒餐巾上畫了一幅圖。當時他正在白宮對面的雙大陸餐廳（Two Continents）與華爾街日報評論員裘德．萬尼斯基（Jude Wanniski），以及福特總統的兩位助理理查德．錢尼（Richard Cheney）和唐納．倫斯斐（Donald Rumsfeld）共進晚餐。拉弗表示，由於造成了效益低落問題，高稅率反而會導致政府稅收減少。

「拉弗曲線」（Laffer Curve）[29]的立論並不嚴謹，這可以由它的出處是餐館，而非教室得到證明，儘管那條餐巾已成為美國國家歷史博物館（National Museum of American History）的收藏。它顯示獨立變數（稅率）位於Y軸，而非X軸，這在學術的經濟學中屬於正常範圍，但是只要減稅有一絲可能釋出「自己買單」（pay for themselves）的經濟活動，拉弗就等於是在政治上找到意義非凡的神燈。

萬尼斯基可謂供給面經濟學最偉大的銷售員與經理人。他在供給面經濟學正式成為一派學說的兩年前，就鼓動共和黨政治人物將其用來作為政治策略。口才辨給的他在一九七六年指出，共和黨之所以在選舉中連連落敗，是因為民主黨迫使他們「扮演吝嗇鬼的角色」，而民主黨自己則是扮演耶誕老人的角色。「要在政治上成功的首要守則，」他寫道，「就是千萬別射殺耶誕老人。」[30]民主黨一直將自己裝扮成一個慷慨提供福利的政黨，而將提高稅賦以平衡預算的責任留給共和黨。萬尼斯基提醒支持雷根革命的共和黨其實也可以如法炮製。他們大可宣布減稅，然後讓民主黨緊緊張張地去宣布要裁撤哪些服務。他的文章在國會廣為流傳。[31]

一九七八年，萬尼斯基的著作《世界運行之道》（*The Way the World Works*）問世。他在這本書中一心一意地強調邊際稅率與創業精神。該書指出重稅導致羅馬滅亡；[32]總統華倫・哈定（Warren Harding）的「回歸常態」（Return to Normalcy），[33]其實重心就是在於稅收節制，而日本戰後復興就是靠著減稅。[34]這本書充滿格言與警句，但是沒有一頁不讓讀者懷疑，萬尼斯基是否真的了解他在寫什麼東西。他在書中指出蘇聯集體農場「准許勞工保有他們生產價值的百分之十，[35]因此邊際稅率就是百分之九十。」但是企業與政府是從什麼時候開始以工資來支付全部的生產價值？沒有支付的百分比難道就是「稅率」？若是如此，又怎會是「邊際」稅率？

萬尼斯基的論點與大部分的經濟學家，不論是自由派的還是保守派的，還有歷史學家，都相互衝突。雖說經濟的繁榮與穩定，歷來都不必然只需靠著最有錢的人快速累積財富來促進，但是萬尼斯基的觀點與當時「擁有一切」（have-it-all）的文化相符。與此同時，他也贏得傑克・肯普（Jack Kemp）的支持。肯普是美國美式足球聯盟水牛城比爾隊（Buffalo Bills）的明星四分衛，頗受水牛城鄉親們的愛戴。他在一九七六年贏得國會席位，靠的就是他自球隊退休後自修學習的供給面經濟學。有鑑於肯普在角逐總統大位時可能會以減稅作為其主要訴求，雷根於是也大力支持減稅。[36]

雷根顯然接受了萬尼斯基在政治上扮演耶誕老人的建議，但是無法確定他是否也接受了萬尼斯基的經濟論調。作為總統，他一再強調要削減赤字就必須痛下殺手。他在一九八一年秋季的一項有關經濟的演說中表示，[37]他要將大部分機關的預算刪減百分之十二、撤銷其他的部門、裁撤七萬五千名勞工、削減聯邦貸款擔保。這樣的計畫可不是一位相信減稅就可以「自己買單」的政治人物所要的。

雷根的減稅政策從來沒有迫使國會平衡預算，但是供給面的好處也從來沒有出現。在雷根入主白宮頭一年的秋天，政府明顯快速擴大，赤字也隨之攀高。「我們將政府的成長率削減一半。」[38]他如此告訴國會，但這是一項心中沒底的自吹自擂，因為他說的是政府的規模大小，不是他原先所承諾的擴張的速度。在他任內，美國政府每年持續成長百分之二點五。[39]

精簡政府的工作實在太過艱難，以致總統的親信沒有人再去考慮他的減稅計畫，此一計畫也因此終結。「即使國會袞袞諸公一如往常通過一些大而無當的計畫，」[40]記者喬治·吉爾德（George Gilder）在其一九八一年的著作《財富與貧困》（*Wealth and Poverty*）中寫道，「我們也不應放棄減稅的努力。」雷根儘管強烈譴責前任的凱恩斯需求面振興政策，然而自己近十年來卻是開足馬力，全速推動振興，使得民間經濟過熱與赤字大增成為他施政的代表。

當然，雷根的經濟政策也有一些值得稱道之處。在他任內，聯邦政府占國內生產毛額（GDP）比率由百分之二〇點二降至百分之十九點二。雷根將稅率與通膨掛鉤，解決了即使美國人民薪資停滯不前，稅率也會逐漸上升的「稅級攀升」（Bracket Creep）問題。實際上稅級攀升已造成一個新的違憲問題：一套沒有經過國會直接同意就加重稅賦（與擴大政府）的機制。嚴格說來，這就是在沒有民意代表下課稅的情況。

今天，雷根的辯護者稱讚他為這個國家未雨綢繆，迎接全球經濟的競爭新情勢。他確實做到了，但是與他的願景毫無關係。曾擔任奇異公司發言人的雷根之所以贏得兩屆總統大選，並不是靠著承諾關閉工廠、將國內工作委外與裁撤更多的勞工。根據他的助理威廉・A・奈斯坎南（William A. Niskanen）指出，雷根政府所豎立的「貿易壁壘是自胡佛以來歷任總統最多的。」[41]

雷根的批評者則是指責他的財富重分配是劫貧濟富。這樣的移轉影響深遠，但是最初的財富重分配並非是由一個社會階級移轉到另一階級，而是透過政府的各項計畫而移轉。奈斯坎南指出，這些移轉是「來自政府在國防、津貼與利息支付上毫無節制的支出。」[42]雷根將應該用於興建橋梁、建設公園與贊助藝術的資金，轉移到軍備擴張與他上台時信誓旦旦地宣稱要撤銷的偉大社會計畫上。這樣的施政，需要舉債。

舉債買了什麼？

德懷特・艾森豪（Dwight Eisenhower）在他一九六一年的告別演說中警告，「我們（你和我，還有我們的政府）必須避免只為今天而活的衝動，不要為了我們的安逸與方便，掠奪明日寶貴的資源。」

當時美國已負債累累，不過都是在戰時欠下的。為了打第二次世界大戰，聯邦政府的債務增加了兩千億美元，在戰爭結束時，這約相當於美國國內生產毛額。儘管自一九四七年到二〇〇八年間，整個信貸市場的規模（包括民間個人）每年都有擴大，但是在二戰後的頭三十年間，政府債務卻是穩定下降（以其占國內生產毛額的比率來衡量）。[43]不過隨著雷根上台，政府債務又告上升，由此也開啟了美國財政歷史的新篇章。

檢視這些數字與圖表，很容易就會忽略一個最基本的問題：為什麼在嬰兒潮世代都是風華正茂的時候，政府還需要大幅舉債？舉債是要買什麼？政府有什麼緊急的事情需要舉債？

從精算與人力資本的觀點來看，雷根當選後的四分之一個世紀應是美國有史來最容易達成預算平衡的時期。當時約占全國人口百分之三十八的整個嬰兒潮世代都處於生育年齡。相較其他時期，退休人士與要撫養的小孩數量都比較少。當時的美國處在承平時期（直到二〇〇三年的伊拉克戰爭），並且是為全球經濟制定遊戲規則的超級強權。但是面對嬰兒潮世代注定會在二〇一〇至二〇三〇年間退出勞動力的行列，政府提供社會保障與醫療保健的壓力也告大增。這些社會需求迄今都還沒有獲得滿足。

嬰兒潮世代的償債能力是用來投資這個國家，使其得以避免再度面臨一九六〇年代的對立所必須做出的抉擇。因此，舉債是為了社會和諧，也可以視為詹森在甘迺迪遇刺兩年後所發動的偉大社會計畫的延伸。我們必須了解，偉大社會計畫是由民權運動所強化的一套社會機制，將大量資源由白人轉移到黑人，以便使取消種族隔離政策得以實行。我們可以這麼說，取消種族隔離制度是美國有史來最為複雜與艱鉅的基業。和其他偉大的基業一樣，它需要堅持、耐心與高得嚇人的花費。任何沒有自其中獲利的人可能都會因此變得更加窮困。如今，它則是以美國人民債務頭期款的姿態出現。

然而對美國大部分的民眾來說，這樣的債務從一開始就太多了。雷根以其如簧之舌在兩次總統大選中都獲得大勝，就足以顯示美國民眾並不願意以他們所繳納的稅賦來資助一九六〇年代的民權與福利改革，以及隨之而來的社會變革。

回顧過去，尼克森的下台也使得支持他的人失去減緩改革速度的機會。藉由對尼克森的彈劾，偉大社會計畫的推動者得以爭取到抵擋反對勢力的時間，這些反對勢力就是後來被稱為反對社會改革的民主反動派。受此影響，在尼克森到雷根這段近十年的期間，美國所有民眾變得需要依賴偉大社會計畫，這些計畫也因此變得大到不能倒。

這些計畫，如我們所說的，巨大無比。一旦需要靠舉債來維持社會和諧，債務很容易就達到數以兆計美元的水準。詹森的偉大社會計畫中，一項相對低調的是一九六五年的高等教育法案（Higher Education Act），創造了所謂培爾助學金（Pell Grants），幫助清寒的年輕子弟上大學。此一花費在雷根入主白宮時已升至七十億美元。雖然該措施的效果受到質疑，但是其身後有一批教育行政人員與學生團體強力支持，使得雷根難以下手。到了二〇一〇年，這筆支出已達到三百九十億美元。[44]然而這還不是美國聯邦政府資助教育的全貌。根據統計，提供給大學生的聯邦助學與貸款總額，經通膨調整後，在一九六三到一九六四年間是八億美元，一九七三到一九七四年間是一百五十億美元，而到了二〇一〇至二〇一一年間，此一數字則是擴大到一千五百七十億美元。[45]

這樣的助學金還不僅是資助個別的學生。他們擁有規模達數十億美元的投資資本，帶動營利性大學的成立，這些大學相互爭取助學金的大量挹注。在二十一世紀，獲得培爾助學金最多的是一九七六年成立，面向全國公開招生的鳳凰城大學（University of Phoenix），[46]該校學生總共欠有三百五十億美元的聯邦貸款，這些貸款都是由納稅人繳納的稅金所提供的。他們的拖欠債務率甚至高過他們的畢業率。久而久之，越來越多的雷根幫「私人部門」開始在其中進行操作。這等於是一個政府資金的貯水池，通常都是與政府關係良好的人設立，他們在公眾知道之前就已預先掌握政府資金的運作。

雷根其實毫不吝惜將資源投入詹森新秩序的建構。多年來他一直信誓旦旦地宣稱要「大筆一揮」，消除平權行動；刪減詹森政府在偉大社會計畫上對「福利女王」（Welfare Queens）過度慷慨的補貼，以及廢除卡特政府的教育部，但是當他坐上總統寶座，他發現任何相關行動都會動搖廢除種族隔離制度的根本。因此他什麼也沒有做，儘管誤認他會採取行動的民主黨與共和黨人士鼓動選民並且積極進行籌資來提供支持。與此同時，他的減稅為白人中產階級提供了黃金降落傘，以私人資源重新創造一個類似舊秩序時代下的波坦金村莊（Potemkin，意指假象），而矇騙了一整個世代。

因社會變革造成的損失必須有所補償。就平權運動而言，這是一項在傳統秩序下違憲，但在新秩序下勢在必行的行動，無異以白人現任工作者的權益作為代價，並且威脅到他們子女的事業前景與他們的社會地位。這樣的行動唯有給予補償才能獲得公眾接受。因此，一個政府若要大部分的選民來支付平權行動的成本，就必須降低失業率、拉抬住屋價值，以及提高生活水準。雷根經濟學只是針對這種矛盾進行管理的一個名稱，然而這是一個沒有人願意承認的矛盾，民權的推動十分重要，刻不容緩，但是也並非受到民眾無條件的歡迎，因此也不能要求他們的資助。

雷根允許美國人民同時生活在兩種社會秩序與兩種憲法秩序之下。一種是偉大社會前的秩序，一種是偉大社會後的秩序。但是維持這兩種秩序的成本高昂。此一成本可以由雷根當政後幾十年間公共與民間債務的成長粗略估算出來。根據理查蒙聯邦準備銀行（Federal Reserve Bank of Richmond）的經濟學家洛伊．韋伯（Roy H. Webb）的統計，在一九八九年雷根離任時，政府資金無著的債務（大部分是用於社會保障、醫療保健與退伍軍人福利）在四兆到五兆美元之間，而且如果不處理，債務還會進一步擴大。[47]結果真的是沒有處理，而到二〇一六年總統大選時，一項類似韋伯的統計顯示債務至少已達到一百三十五兆美元。[48]

雷根拯救了偉大社會計畫，就如同法蘭克林．羅斯福的仰慕者稱他「拯救了資本主義」一樣。也就是說，他解決了揮霍無度的問題，同時也找到資源來保護他憤怒的選民不致遭遇難以接受的結果。這就是為什麼要減稅。在一九六〇年代鬥爭中對峙的雙方也因此都可以自認是勝利的一方。這樣一來，就沒有必要加重企業家的課稅以增加聘僱教育部的民權執法人員，也沒有必要將國家公園的原油鑽探權出租，以籌措建造航空母艦的經費。由於無法建立對於一九六〇年代改革的共識，美國只好透過減稅來收買注定會受改革重創的人。

揮霍無度，不負責任的財政時期往往不可能立刻看出來。外表上，它們甚至看來是繁榮興旺的黃金期，因為有大量的資金能夠自由消費。這正是梭羅成長模型（Solow Growth Model）與其他有關投資的經濟模型所預測的，有些社會即使在破產邊緣，也會先享有一段在物質與文化上耀眼奪目的時期。

在文字處理系統取而代之之前，一九八〇年代的作家讚嘆提供給美國公眾的電動打字機是多麼地漂亮與多樣性：安德伍德（Underwood）、史密斯－可洛娜（Smith-Corona）、皇家（Royal）、雷明頓（Remington）、奧利維提（Olivetti）與ＩＢＭ電動打字機（IBM Selectric）等高雅、無法移動的權威性機器。[49]在幾乎所有的報紙都被情緒激昂的意見網站所取代前，一九八〇、九〇與二〇〇〇年代的讀者不斷驚嘆報紙品質的提升。有的報紙十分厚重，例如紐約時報一九八七年九月十四日的報紙是歷來最多頁數的，[50]共有一千六百一十二頁，重達十二磅。在整個二十世紀，這份報紙的內容包羅萬象，從詩歌到政治，從集郵到調情手法，應有盡有。隨著二十一世紀的到來，它們大部分都已是彩色的了。

嬰兒潮世代利用掠奪自下一代的資源，一時之間建構了一個能夠享受安逸與揮霍的生活方式願景，吸引眾人爭相競逐，就像金字塔、中世紀的大教堂與鐵路。

移民、不公與債務

美國嬰兒潮世代集體享受前輩所創造的經濟繁榮，然而同時卻把經營的成本除了轉移到不同的世代，還藉由委外與移民轉移到世界的不同地方。這些也是另一種型態的舉債。低所得的移民會加重他們所移居的富有國家的補貼支出，尤其是非法移民。[51]他們的低所得恰恰是因為他們在法律系統之外。最終，本國人民勢必需要對這些勞動力付出某種「代價」。他們可能會邀請這些勞動力加入他們的社會，而負擔過重的體制、快速的文化變革與遭到稀釋的政治影響力即是他們要付出的代價。或者，他們也可以排拒這些勞動力，其代價則是背負剝削、政府打壓的罵名與良心不安。直到付出代價，移民都必視作國家的「帳外債務」。

這些債務難以量化。大規模移民可以幫助一個充滿自信與積極進取的社會從事大型建設，例如北美大平原的開墾，或是美國城市在內戰後的工業化。但是對於一個成熟穩定的社會而言，大規模移民卻可能是一個低級的選擇，而且也只是一個選擇而已。選民賦予雷根的任務是結束一九六〇年代以後無法延續的變革，大規模移民就是其中之一，然而這項工作卻成為他失敗的象徵。雷根一方面激動地宣布決心關閉移民大門，一方面卻又是對國際大開移民之門。雷根主義下的所有措施幾乎都是這樣。

一九六五年的哈特－塞勒移民法（Hart-Celler Immigration Act）由於當年國會通過的法案太多而往往遭到忽略。該法案推翻了在一九二四年獲得國會通過，並在一九五二年重申的移民法下的「國家起源」制度，此一制度旨在確保美國原本的族群組合。即使到了一九六〇年代中期，[52]來自英國與德國的移民仍占了國家移民「配額」的一半以上，這兩國加上來自愛爾蘭、義大利與波蘭的移民就幾乎占了美國移民的四分之三。其實很難確定哈特－塞勒移民法的支持者是否真的知道他們是在做什麼。他們一方面高唱美國戰勝種族主義的凱歌，一方面又熱烈與嚴肅地承諾廢除國家起源的配額制度，不會改變美國的族群組合。「在移民配額制度下，可能有百分之八十以上的移民都是歐洲人。」哈特－塞勒移民法的發起人，眾議院議員伊曼紐爾．塞勒（Emanuel Celler）表示。[53]

在國會通過哈特－塞勒移民法後，詹森召集國會至幾百英里外的自由女神像下舉行簽署典禮。簽署儀式場面浩大，然而詹森的致辭卻是刻意淡化該法案的重要性。「我們今天將要簽署的法案並非一項革命性的法案，」[54]他說道，「它不會對數以百萬計的人民造成影響。它不會重塑我們日常生活的結構，或是影響我們的財富與影響力。」他大錯特錯。哈特－塞勒移民法改變了美國的人口，它同時也改變了美國的文化，促使政府斷絕了美國人民長達三個世紀以來基本上自認是自歐洲移植過來的想法。

「美國今日返回了她最好的傳統，」[55]詹森說道，「無限制移民的日子已經過去。」事實上，這些日子的結束完全只是因為一九二四年的限制性法律——也正是詹森現在抨擊的目標。詹森的新任司法部長尼可拉斯・卡辛巴（Nicholas Katzenbach）與總統一樣天真。可能是出於對數學的不甚了解，而不是為了欺騙，卡辛巴宣稱新型態的移民將只占有未來人口成長的「百分之一的百分之一或二。」「不會造成任何傷害或損失，」[56]他表示，「我們現在可以將公義注入我們的移民政策。」

參議員愛德華・泰德・甘迺迪（Edward Ted Kennedy），遇刺總統的小弟，也是有相同的想法。在參院為哈特－塞勒移民法護航時，甘迺迪表現得和卡辛巴一樣魯莽，而且也和詹森一樣錯誤。「這個國家的族群組合並不會受到影響，」[57]他說道。他甚至舉出九個國家會因此一新的移民開放制度受益最大：中國、希臘、匈牙利、義大利、日本、波蘭、西班牙與南斯拉夫。（在這些國家中，只有中國在半個世紀後成為前十大移民來源國之一）[58]「此一法案不會加重失業率，不會導致外國人充斥勞動市場，也不會造成美國人民失去工作，」[59]他說道，「這些都是針對此一法案的迷思。」

但是甘迺迪在其訴求中還添加了新的東西。在他哥哥遇刺僅僅一年後，他指責該法案的反對者不愛國，不是真正的美國人：

任何法案都應該獲得充分的討論。我受到的指責過於情緒化、不理性，而且毫無事實根據。他們已脫離一位負責任的公民所應有的義務。他們在我們的傳承中注入仇恨，為我們建立的美國帶來恐懼。

和卡辛巴一樣，甘迺迪相信公義終將獲得伸張：「不會有任何傷害與損失」，他其實難以分辨美國道德觀與利益間的區別。走上衝突之路只會帶來困惑。如果道德觀與利益相互契合，有人反對你的利益就意謂是邪惡的。甘迺迪大言不慚的樣子足以預示美國二十一世紀政治文化的變遷。

移民與民主的挫敗

不只是哈特－塞勒移民法案的支持者預測錯誤，甚至連該法案批評者的警告（如美國移民政策委員會〔American Committee on Immigration Policies〕等以小冊子來表達反對意見的組織）都低估了由此產生的巨變。在發現美洲新大陸到一九六五年間的三個半世紀，[60] 美國總共接收了四千三百萬名新來者（包括二十五萬名奴隸），[61]然而在哈特－塞勒移民法案生效後的半個世紀期間，美國的新來者就達到五千九百萬人。[62]

由此觀點來看，雷根上台初期所面對的移民問題其實並不嚴重。哈特－塞勒移民法案一項始料未及的結果是相較於有序移民，該法案反而對無序移民較為有利。過去數量偏低的歐洲移民並不需要廣大的田野或是邊境管制措施來因應，但是到了一九七〇年代中期，興起了一種新型態的移民潮。大約有三百萬名非法移民湧入美國，大部分都是在西南部的拉丁美洲農工，造成公共服務負擔過重，也使得當地民眾感到不適。

即使是在雷根的「革命」之後，美國政黨之間在移民議題的分歧也很小。這就是哈特－塞勒移民法案的推動主力泰德．甘迺迪得以在雷根修正移民政策的努力中扮演重要角色的原因。在卡特政府式微之際，甘迺迪提議成立移民與難民特別委員會（Select Commission on Immigration and Refugee Policy），[63]由聖母大學（Norte Dame University）校長，西奧多．海斯伯（Theodore Hesburgh）神父來擔任主席，挑選相關閱讀資料來引導政策。這個由甘迺迪成立的委員會中有兩位成員，懷俄明州的共和黨參議員艾倫．辛普森（Alan Simpson）與肯塔基州的民主黨眾議員羅馬諾．馬佐利（Romano Mazzoli），是一九八六年移民改革與控制法案（Immigration Reform and Control Act，IRCA）的發起人。

辛普森－馬佐利所推動的法案其實是一項大膽且冒進的妥協方案。它提供非法移民就地合法的待遇與美國公民資格，只要他們能夠證明自己曾在美國居住，哪怕是短暫停留也沒關係。在該法案下有一項「特殊農工計畫」（Special Agricultural Worker，SAW），[64]對於能證明自己在一九八五年五月到一九八六年五月間曾在美國從事農業工作至少六十天的人，提供永久居留權，不論這些人是否會說英語或是曾接受美國公民教育。根據估計，大約有二十五萬人符合此一計畫的資格，但是相關證明文件的取得非常容易偽造：有一百三十萬人都跑來利用該計畫。最終結果顯示總共有三百萬人因該計畫獲得美國永久居留權。

該法案為了避免為移民大開方便之門，而成為未來吸引大量移民湧入美國的誘因，因此也提出近乎完全封閉非法移民的措施。這些措施包括相關證明文件、一億兩千三百萬美元的安全資金，以及嚴厲懲罰明知是非法移民卻仍予以僱用的企業主。總括而言，辛普森－馬佐利法案是自一九七〇年美國職業安全衛生檢查署（Occupational Safety and Health Administration）成立以來，擴張聯邦法規制定權最大的行動。[65]

然而其中干涉企業主決定的措施也令人不安，儘管之前在新政的國家復興管理局（National Recovery Administration）與民權法案中都已有這樣的先例，尤其是平權運動，這些措施都已實施超過十年。此一爭議也成為問題的核心所在。該法案鼓勵移民的這一部分（給予特赦、相關證明文件的處理）並不受到大眾歡迎，但是推動平順，實際上可行。至於該法案阻止非法移民的部分（邊境管制、對雇主的嚴懲）儘管受到歡迎，卻證明難以實施，其實是假的。

反對大量移民的人視移民改革與控制法是公然欺騙大眾。然而事實真相更為複雜，與美國憲法文化的改變有關。

民權精神的改變

要杜絕非法移民，美國民眾必須發出強烈的訊息，不只是在於他們的法規，同時也在於如何確實執行與他們日常生活的行為，以此來打擊非法移民，從而使得非法移民不再受到歡迎。過去所有的民調都顯示美國民眾有意發出這樣的訊息。在一九八六年六月的一項民調顯示，[66]希望減少移民的民眾人數與希望增加的比率是七比一（百分之四十九對百分之七）。後來成為美國移民暨歸化局（Immigration and Naturalization Service，INS）局長的桃樂絲．麥斯納（Doris Meissner）在談到美國非法移民時指出，每當社會快速變遷時，這類低劣、粗魯與反動的族群就會「像木頭縫隙裡的蟲子一樣，不知從什麼地方大量冒出來。」「大家都以為他們已經離開了，以為新的雇主限令會將他們趕走。」[67]如果是一九六四年以前的美國，這類防止移民過熱的措施或許還有用，但是國家已經發生變化了。現在他們已沒有木頭縫隙了。

移民已成為美國越來越難以公開討論的議題之一。在一九七五年時，洛杉磯時報還能夠報導有關移民經濟競爭的新聞，例如標題為「美國官員表示，企業寧願要薪資低微，能夠供其剝削的勞工」的故事。當年有關移民的報導有百分之四十七都談到他們對薪資產生壓制的作用。[68]但是隨著世紀交替，這類的報導只剩百分之八。根據報導，在一九七六年，德州民主黨的安・理查茲（Ann Richards）在特拉維斯郡（Travis County）法院專員的競選活動上說道：「如果某位男士覺得需要僱用不屬於工會、不理會罷工糾察隊的濕背人（Wetbacks，泛指非法入境的墨西哥人），我會說謝天謝地，還好有一位女士或其他人可以取代他。」[69]當時德州大部分自由派人士都會如此表態。但是到了一九九〇年，在理查茲當上德州州長後，「濕背人」已成為一個不容接受的歧視性名詞，而她那次演說也對她的選情造成打擊。

在經過修正後，一九八六年的IRCA充滿了強調雇主會因歧視別國人的行為而必須承擔法律責任的文字。這些看來虛有其表的門面，在後民權法案時代的新環境下，反而成為該法案的核心。它顛覆了原本針對僱用非法移民的雇主進行嚴懲的規定。姑且不論該法案在字面上對雇主的懲罰有多麼嚴厲，它現在卻要求雇主從事民權法案所禁止的行為。相較於違反移民法規，今天美國的企業主反而更擔心遵守這些法規所帶來的結果。一九八七年，INS的一位官員奉派到長島的一家工廠調查其涉嫌僱用非法勞工，結果他卻是到那兒「解釋有關懲罰雇主的新規定，而不是執行法令。」[70]三年後擔任美國住宅暨城市發展部部長的傑克・肯普則是試圖繞過相關法令，[71]准許加州的科斯塔梅薩（Costa Mesa）為新移民提供社會福利。

就政策面而言，世人多認為IRCA是成功與失敗的混合體，[72]然而就憲法的層面來看，卻是一場災難。作為一項管理移民的工具，ＩＲＣＡ兼具明確的移民鼓勵措施（例如特赦）與隱晦不明的手段（反歧視法令）。它提供了法庭與聯邦民權機構（這些地方充滿法學院畢業生與其他來自美國社會金字塔頂端的專業人士）在任何牽涉到歧視的問題上否決與推翻既有法令的新立場。這也意味全部的問題所在。所有的法律都成為民權相關法律的延伸。

在一九九四年的公民投票，加州有五百萬人拒絕對非法移民提供福利金，使得該州第一八七號議案的表決達到十八個百分點的巨大差異。但是地區法院法官瑪麗安娜．菲爾澤（Mariana Pfaelzer）卻判決他們是錯的——其立場是基於限制各州福利金的支付等同於制定移民政策，而這是專屬於聯邦政府的權力。此一立場也適用於一八七號議案。

這一波移民潮與美國相關法規之間的互動，使其本身與以往的移民活動有所不同。在這波移民潮中，常常可以聽到來自亞洲某一絕望的角落的人白手起家的故事，類似早年的移民故事。這類故事廣為傳播，重新喚起美國人民對其在二十世紀初成為歐洲族群大熔爐的榮耀感。一九八三年，父親遭赤柬殺害，不會說英語的柬埔寨難民林燕（Linn Yann）[73]在移民美國四年後，贏得查塔努加（Chattanooga）的拼字比賽，成功拼出「使興奮」（exhilarate）與「粗暴」（rambunctious）的單字，直到在查塔努加－漢彌頓（Hamilton）郡的決賽時，因為拼不出她在田納西州從沒遇過的「安吉拉捲」（enchilada）而落敗。

但是即使運作順利，移民也為圍繞民權所建立的體制帶來緊張。例如內森．格萊澤就指出，新移民的成功，為黑人與他們的親戚遲遲無法振作造成「不言而喻（有時也是真接挑明）的批評。」[74]此外，新移民在民權體制中反而成為潛在的歧視受害者，而不是潛在的歧視者。非法移民之所以受到企業主的歡迎，是因為他們在職場上根本沒有什麼權利，而他們之所以不受公眾歡迎，是因為他們在法庭上享有較多的權利。移民在美國出生的小孩不僅有公民權，同時還擁有當地白種小孩所沒有的特權——他們是「有色人種」（People of Color）。

「有色人種」與「非裔美人」

在雷根時代開始風行的成語「有色人種」是語言學上的一大突破。然而就另一個層面來看，則是一種全新且強硬的民權精神的興起。現在已難確定它的出處。馬丁·路德·金恩在他〈我有一個夢〉的演說中曾經使用「有色公民」（Citizens of Color），但是此一名詞在一九九〇年以前很少在報章雜誌上出現。

「有色人種」是後來所謂「交織性」（Intersectionality）的前身，後者是一個聽來頗有哲理的名詞，實際上是將各種不同的少數族群組成聯盟的政治策略。除了異性戀的白人男性之外，幾乎每一個人都因民權相關法律而獲得好處。今天，各個不同的非白人族群會相互結盟，甚至組成選舉多數的政治團體。

有色人種的促進與全國有色人種協進會在一個世紀前出所提出的概念完全不同。老概念旨在修正一套不公平的體制。要達成此一目的，強調的最好是公平正義而不是種族歧視，這是完全不同的兩件事。將美國的種族問題完全歸咎於種族歧視，事實上只不過換個名義重回種族舊思維而已。

然而二十世紀所興起的政治思維卻是一心投入種族歧視的範圍。他們是在金恩一九六三年伯明罕市監獄來信，號召國際團結對抗白人統治的環境下長大。就金恩而言，一個邪惡，在垂死邊緣掙扎的白人殖民主義與一個仍站在西歐路線的世界，對黑人形成迫害，是一個較能讓人理解的說法：

他在有意無意之間受到德國所謂「時代精神」（Zeitgeist）的吸引，他與他的黑人兄弟，他在亞洲、南美與加勒比海的棕色與黃色兄弟，向種族正義的樂土大步邁進。[75]

金恩這封監獄來信顯示種族問題要比人們所理解的大得多，但是同時也簡單得多。白人有許多他們不值得擁有的特權。打擊種族主義就是攻擊白人的特權。

法國哲學家尚・保羅・沙特（Jean-Paul Sartre）早在一九四八年就預料到這樣的變化。他把征服與迫害殖民地的黑人比作壓迫白人勞工階級，但是堅稱他們掙脫桎梏的方式必須有所不同，而且應該更明確地以種族作為基礎。「最終將會出現大團結，將所有受到壓迫的人連成一體，進行同樣的鬥爭。」[76]沙特寫道，「此一情況必須在我稱為分離或消極的時刻出現之前來到殖民地：反種族歧視主義是唯一消弭種族歧異的道路。」

他的說法錯了。在相隔兩個世代之後，法國社會學家克里斯托夫・吉爾盧（Christophe Guilluy）指出，新世紀的多元文化主義強化了社會對種族歧異的認知：

與我們一九六〇年代的父母有所不同，我們是生活在一個多元文化的社會裡，這是一個「別人」不會成為「像你這樣的人」的社會。當「別人」沒有成為「像你這樣的人」時，你需要時時自問，還有多少「別人」，他們是否為你的鄰居，或是與你住在同一棟公寓裡。因為沒有人想要成為「少數」。[77]

在這樣的環境下，非白人移民移至美國政治的死胡同，是再自然不過的事情。這是南北戰爭前二十年間西部奴隸制度的延伸：一個可以為雙方其中之一所利用，以謀取永久性政治主導地位的議題。

在「有色人種」一詞風行不久之後，又出現了另一個形容詞與名詞「非裔美人」（African-American），要求白人給予此一族群超過他們之前在一九六四年時未曾想過的尊重。事實上，針對此一族群的專門用語以前已出現過全國性的變化，在一九六〇年代末與一九七〇年代初，由布克・華盛頓（Booker T. Washington）與杜玻依斯（W.E.B. Du Bois）鍾意的「尼哥」（Negro，原為黑人之意，後來逐漸成為貶抑詞，二十世紀中期，演變成普遍認為具有冒犯歧視故意的用語，如黑鬼〔Nigger〕），改為「黑人」（Black）。但是「非裔美人」卻是另有含意。

我們可以記下這個日子：一九八八年十二月二十日。這一天民權領袖傑西・賈克遜（Jesse Jackson）在芝加哥的歐海爾機場（O'Hare Airport）附近的凱悅大飯店發表演說，從此以後，「非裔美人」，不是「黑人」，將是優先使用的用語。「稱為非裔美人具有文化整合的意義，」[78]他說道，「它讓我們回歸我們應有的歷史脈絡上。」

他說的並沒有錯，《烏木》（*Ebony*）雜誌的一位作者早在一九六七年就曾發表相同的觀點。[79]事實上，問題是在社會語言學方面。沒錯，賈克遜曾以「歐裔美人」（European-American）一詞來辯護其「非裔美人」的創造。但是前者是一科學名詞，從來沒有用在一般的交談上，而且也不可能，因為它有八個音節。「非裔美人」則有七個音節——意味它的音節是其所取代的七倍。人們根本就不會這樣講話。就語言學而言，此一用語具有尊重的意涵，像是「閣下」，或是「願真主喜悅他」以及阿拉伯文中其他一些無法予以縮寫，向學者或先知祈福的用語。

白人二十年前將「尼哥」改為「黑人」的舉動，是出於恢宏大度的精神，從「黑人」改為「非裔美人」則是更進一步要求予以尊重。

民權精神的改變其實是有形的。如果我們視林登・詹森的偉大社會計畫是一場革命，那麼一九七〇年代所有的政治能量就是反革命的。但是雖然並沒有經過投票表決，雷根在一九八〇年代末的社會變革突然之間都出現了詹森革命的影子。保守派四分之一個世紀的衰退終於在一九八七年確立，當年參院新取得多數黨席位的民主黨否決美國法哲學大咖，耶魯大學法學院教授羅伯特・博克（Robert Bork）擔任美國最高法院的大法官。

他們的反對是可以理解的。博克曾經質疑民權法案的憲法基礎，[80]批評它可能違反了憲法第一修正案，並且態度強勢，不僅是在法理下，同時還在《新共和》（*New Republic*）發表相關文章。此外，他在擔任尼克森的司法部長時，於一九七三年一反上級拒絕的態度，開除了調查水門案的特別檢察官。不過儘管如此，反對博克的聲浪仍是顯得荒唐與毫無節制，其中又以泰德・甘迺迪為最。他在七月一日聽證會上的開場白將博克描繪成有如魔鬼的形象：

> 在羅伯特・博克的美國，婦女同胞必須在暗巷墮胎、黑人必須在種族隔離的便餐檯上用餐、流氓警察會實施午夜突襲，破門而入民眾的房子，學童則禁止學習進化論、作家與藝術家必須接受政府好惡的審查，聯邦法院則會湧入數以百萬的公民，因為對他們而言，司法體制已成為個人權利僅有的保護者，而個人權利就是我們民主的核心價值。[81]

雖說甘迺迪的演說有如打擊魔鬼，但是現在回顧，他顯然較他在參院的同仁更了解提名博克的風險。如果博克獲得提名，最高法院現在可能仍充斥一度為民主政治表徵的激烈政爭，因為自一九六五年的立法革命之後，法院與官僚體系就取代了民主政治。

甘迺迪還要求把民權領袖班傑明．胡克思（Benjamin Hooks）與民權領導會議（Leadership Conference on Civil Right）的拉爾夫．尼斯（Ralph Neas）的共同聲明列入國會紀錄。「這是雷根總統任內最具歷史意義的一刻，」[82]他們在共同聲明中寫道，「參議院袞袞諸公的表決，沒有比這次更為重要與影響深遠。此一決定將深刻影響這片土地二十一世紀的法律。」這是一個有先見之明的結論，每一句都正確無比。最終參院否決了博克的任命提名案，空缺由雷根政治圈內一位默默無聞的沙加緬度律師填補，雷根幾年前還曾親自推薦他來擔任法官一職：安東尼．甘迺迪（Anthony Kennedy）。

雷根的仰慕者會盛讚他的成就非凡：制服了憤怒的民粹運動，並且收為己用。然而反對雷根的聲音則是認為他平定了叛亂，卻交出勝利。他濫用民主運動的信任，為未來的民粹運動創造出只滿足於行動而不是語言的條件。

移民與不均

移民的一個大問題是它會滋生不均。它在其中的角色就和其他被歸咎的因素一樣重大：資訊科技、世界貿易與減稅。一九九五年，經濟學家喬治．博爾哈斯（George Borjas）在《經濟展望雜誌》（*Journal of Economic Perspectives*）發表了一篇關於移民對美國影響的文章。他發現儘管移民使得美國經濟活動增加二兆一千萬美元，但是在這些效益中（有百分之九十八）都是回到移民本身。當經濟學家談論移民對美國的效益，他們通常指的是剩下的百分之二，也就是大約五百億美元。這五百億美元的「順差」掩蓋了所得與財富實際的轉移，事實上，本土資本家獲得五千六百六十億美元，本土勞工卻是損失五千一百六十億美元。[83]

要看大量移民的衝擊，可以參考西方一九七〇年代所興起的薪資結構，當時的薪資結構是植基於工會、工資法、退休金確定給付制、長期休假與勞工抗衡老闆的力量。在大部分人的心中，這些都是了不起的成就。但是共和黨堅稱民間企業無法負擔這些東西，到了一九八〇年代，他們終於贏得辯論。移民，就和委外行動一樣，可以幫助雇主減少勞工成本；但是同時也衍生出其他的重大成本：新學校、新道路、翻譯（官方與非官方），以及為無法負擔的人提供健保服務。

相對於必須對本國愛發牢騷的工會勞工提供高成本的福利，企業主自然會比較喜歡移民帶來的新情勢。他們投資決策的改變，又進一步加速了經濟的轉變。由低所得新來者所主導的部門

（餐館、園藝與建築）開始排擠他們無法主導的部門（大部分的製造業與當地的零售業）。於是，移民就代表了經濟。

它帶來了一些特別的補貼，從中產生許多好處。對於因移民競爭而獲利的階層（包括企業主、政治人物、金融業者與記者）由低成本勞工與低廉的進口產品帶來的改變，有如奇蹟一般。移民引發了美國人民飲食上的革命——這主要是因為成本低廉的移民勞工服務使得他們的儲蓄增加，並非移民所帶來各種不同的美食（由此觀之，星巴克其實和玉米餅美食餐廳〔El Taco Rico〕一樣，都是移民經濟的產物）。美國高爾夫球場數量大增與郊區的美化，都需要歸功於待遇低廉的園丁。一九七〇年代單調沉悶的草坪、死氣沉沉的水泥人行道與四四方方的樹籬，現在都已不見，即使是在中產階級的社區，都已被涼亭、垂柳、色彩繽紛的繡球花床與數以千計不同的萱草所取代。

同樣地，委外活動也帶來意想不到的好處。將製造工作移往海外，使得消費大眾既能享受到重工業的方便，同時又能免於受到汙染之苦。如今美國民眾可以看到大藍鷺在溪流中啄食小魚，老鷹由他們的屋頂俯衝而下，感覺上就像工業革命未曾發生一樣，而且沒有人需要放棄他們花園的除草機。當然，汙染仍在繼續，只不過現在是破壞巴西雨林的生態，不是在伊利湖（Lake Erie）傾倒汙水。而且，人們可能還需要多年的時間才會開始注意美國全球化城市以外地區的永久性就業不足問題。

美國的委外活動也抑制了工作機會的成長。美國現在可以自專制獨裁的中國取得遠較西方國家便宜的商品，後者在其工會、薪資法與工作場所相關規定下難以匹敵。有許多所謂的開發中國家都因全球化獲利良多。

如果我們不以經濟政策的觀點來看開放移民與委外行動，而是以對世界貧窮地區提供援助的角度觀之，我們或許認為這是成功的。然而我們並不是這樣。其中的文化轉變，以種族為本的憲法在新來者面前貶低本土人民的地位，隨著權力轉移到密室政治與與法庭之中，公眾對政府的民主掌控能力也益趨薄弱，再加上財富劇烈轉移，所有這些發展都在在導致移民直到二〇一六年總統大選都一直在毒害美國政治。

尋求新菁英

一旦社會不均達到某一程度，占有優勢的人就得以掌權。但是並非所有人都對這樣的情況感到憂心。「觀察雷根徒勞無功地以一些鼓舞人心的作為來激勵這個國家，」[84]艾茵・蘭德說道。這是她在生命的最後幾個月到各大學演說的其中一場，當時她非常擔心資本主義的未來，甚至以偏遠地區的宗教信仰作為比較：

他認為這個國家需要一些激勵的元素是正確的想法，但是他不可能從住在沼澤地區具有信仰傳統的家庭中找到。這個國家最偉大的激勵領袖是在最典型的美國團體之中——商業人士。不過他們首先需要獲得自衛的哲理與自尊。

在那個時代，若是有人如此尊重企業家或是產業巨擘，簡直就是一個笑話。如果你在雷根時代之前詢問誰是人類靈魂最偉大的先知，即使是商業學校的年輕人也可能會回答：詩人，或者是哲學家。這個世上的富賈大亨都是精神錯亂、瘋瘋癲癲、不值得羨慕的人。誰會想當霍華·休斯（Howard Hughes）或是約翰·保羅·蓋提（John Paul Getty）？

但是在一九八〇年代，企業大亨又開始撰寫自傳，彷彿他們有許多值得教導別人的知識，例如李·艾科卡（Lee Iacocca）與傑克·威爾許（Jack Welch）。他們之中有一位自稱是開發商與交易商。此外，還有一些銀行家。時代雜誌（Time magazine）一九九九年二月有一期的封面故事廣為人知，是推崇財長羅伯特·魯賓（Robert Rubin）、副財長勞倫斯·桑默斯（Lawrence Summers）與聯準會主席葛林斯潘等人為「拯救世界委員會」（Committee to Save the World）。

這個社會開始呈現古羅馬帝國的面貌。最富有的人也是最酷炫（史蒂夫·賈伯斯〔Steve Jobs〕）、最具預示性（喬治·索羅斯〔George Soros〕）與最為聖潔（華倫·巴菲特〔Warren Buffett〕）的人。財富向來與權貴密不可分。但是令人驚訝的是一個世紀以來，從來沒有一個世代對財富的看法與他們所宣揚的青春活力價值觀如此背道而馳，嬰兒潮世代簡直就是崇拜財富。

至於在新的服務業與與金融業取得一席之地的人，則是變得只能勉強維持生計。在一九七〇年代初期，擁有房屋者（通常是單薪家庭）大都需要兩年半的所得來買一棟房子。自此之後，此一數字就一路上揚。到了二〇一〇年，幾乎增加一倍，[85]買一棟房子需要一個家庭四年半的所得。與此同時，不只是在統計數字上，人們也都普遍感受到勞工階層的相關地位正在逐漸下降之中。社會上對財富的宣揚益發明目張膽，消費者則被警告遭到排序與分類。美國文化中過去被視為異類者如今凱旋而歸。一九八七年萬事達金卡打出的口號是「成功就是一切。」[86]

有錢人再度顯得與眾不同。中上階層不再飲用水龍頭的自來水，而是到商店購買瓶裝水。吉普查洛契（Jeep Cherokee）在一九八四年推出了首款現代「運動多用途車」（Sport-Utility Vehicle，SUV）。SUV不是依轎車來規範，而算是「輕型卡車」，因此得以規避許多在民主時代制定的法規。除了SUV外，美國最富有的社區幾乎已看不到國產車。如今有錢人開的都是寶馬（BMW）、奧迪（Audi）與凌志（Lexus）。如果你看到街邊停放的車輛多是龐蒂雅克、福特與雪佛蘭的車款，你就知道當地一定是一般的社區。

一種混合了野心與力爭上游鬥志的文化油然而生。民眾開始向商業大亨學習如何「強力小睡」（Power Nap）與「強力步行」（Power Walk）。商業人士都是身著兩種色調的白領襯衫（他們稱作強力襯衫），繫著奶油黃或鮭魚橙的領帶（他們稱作強力領帶）。這些領帶之所以稱作強力領帶，是因為它們都顯得有些娘娘腔，同時也意味繫這種領帶的人在公司內或社會上位高權重，不容別人私下竊笑。

雷根政府的赤字融通模式其實就和企業交易一樣。槓桿收購在一九八〇年代的企業界蔚然成風，這是以你尚未擁有的企業資產來進行借貸，以買下這家企業，以此管道融通的資金可以透過企業績效的大幅提升（通常不會實現）與資產的變賣（往往都是如此）來償還。

這也意味金融業家越來越像政治人物。他們必須編撰故事來說服社會大眾，他們採取的是積極進步的措施，不是在倒賣資產。經濟學家與企業家路易士・凱爾索（Louis Kelso），還有劉易士・B・庫爾曼（Lewis B. Cullman）以及其他一些人，都自稱是槓桿收購的發明人，[87]他宣稱他這一項金融發明是一種股東民主。董事會現在已是「行動主義人士」的地盤，他們是鬥士與正義之師，想要賺大錢，也想解決世界貧窮問題，或者兩者兼具。

企業也開始像政治人物一樣推銷自己。蘋果在一九八四年推出IIc個人電腦，並在雜誌上以連頁廣告大肆宣傳，廣告篇幅甚至比它打斷的文章還要長。「這是蘋果II家族的新成員，」[88]其中一則廣告寫道，「它自有其存在的理由。」不過這類廣告現在是越來越政治化，它們宣揚公司從事「使這個世界變得更美好」的業務。「芭比娃娃：玩偶美夢的製造者」[89]一九八六年的一則廣告如此宣揚芭比，並且展示一具身著太空衣的芭芭娃娃。它太性感了，不買不行。

有些企業甚至還打算從事一些原本應是政府該做的規範性工作。「從四月二十三日起，」[90]

西北航空（Northwest Airline）一九八八年的一則廣告這樣說道，「西北航空自北美起飛的任何航班都將禁菸。」這廣告最後所顯示的景象，若在十年前，一定會蔚為奇觀：飛機上的乘客看來都像是富有的企業人士，他們身著強力襯衫，臉上掛著貓頭鷹眼鏡，歡呼叫好，彷彿他們就是美國民眾應該羨慕與效法的對象。

這些光鮮亮麗的商業人士很少會支持雷根，他們甚至不喜歡雷根。他們為什麼要喜歡？這些在一九八〇年代獲利最豐的人並不是雷根口中暗示痛恨政府、住在小鎮、一心只想飛黃騰達的孤癖之人，也不是他的批評者所說的叼著雪茄的強盜貴族。他們的獲利是來自金融法規的鬆綁與由五角大廈的國防高等研究計畫署（Defense Advanced Research Projects Agency）和美國國家航空暨太空總署（NASA）所開發的各類電腦系統。他們並不希望美國倒退回威廉・麥金利*（William McKinley）世代，而是作為巴拉克・歐巴馬的先驅。他們是那種你在教授俱樂部或編輯委員會會看到的人。他們心中的山巔閃亮之城（理想之國）與這位讓他們致富的總統心中所想的並不一樣。

政治參與與經濟階層的劃分使得尖酸刻薄形成一種近乎官方的態度，這是對其他意見不屑一顧的勢利，認為這些意見太不入流，根本不值得反駁。只需翻個白眼又何必把工夫浪費在爭論上呢？這種尖酸刻薄的態度在雷根時代之前就已存在——伍迪・艾倫（Woody Allen）在其電影「曼哈頓」（Manhattan，一九七九年）就以虛構的「高估學院」（古斯塔夫・馬勒〔Gustav

Mahler〕、伊莎・丹尼森〔Isak Dinesen〕、史考特・費茲傑羅〔F. Scott Fitzgerald〕）來嘲諷知識分子。紐約有多家雜誌（《間諜》〔*Spy*〕、《搖擺》〔*Wigwag*〕、《雞蛋》〔*Egg*〕）連續好幾個月的內容都是體現這樣的尖酸刻薄，直到邁入一九九〇年代休刊為止。

這些菁英紆尊降貴的對象大多是支持雷根的民眾，扣除其中的富人。於是，一個兼具資本主義手段與進步主義正義感的新社會階級自此形成。他們為一九六〇年代種族、性與全球秩序等運動注入新的活力，一掃一九七〇年代保守派興起所造成的阻礙。

＊編按：威廉・麥金利（一八四三－一九〇一）是第二十五任美國總統，推動提高關稅以保護美國工業，並拒絕推行通膨政策、維護金本位制度。

第六章　多元化

電腦：同質化、去人性化與原子化；與科技大和解；後現代主義：香蕉共和國的真實性；巴基案：多元性的開始；馬丁．路德．金恩紀念日；艾爾．坎帕尼斯的毀滅；政治正確；多元性與美國治世；美國靈魂之戰；《希瑟有兩個媽媽》：多元性的散布

雷根掌權後的幾十年間是全球化與全球主義興起的時代。全球化代表勞工部門的國際化；全球主義則是全球化的政治推動：打破舊體制，建立促進全球化的新體制。自一九八〇年代開始，美國商業人士就逐漸脫離將他們約束在國內勞工的慣例。他們與移民及享有權利較少、待遇也較低的海外勞工建立了一套有利可圖的共生系統。

有很多人哀嘆已經無法讓美國勞工重回一九六〇年代的優勢地位。但是說服勞工放棄他們曾經擁有的優勢正是後一九六〇年代經濟改革的重點所在，至少對於政治人物、付他們薪水的商業界人士與提出建議的經濟學家是如此。他們認為，勞工階級會限制創新。他們也阻礙了政府利用

民權法案來重塑勞動市場的努力。

勞工階級的穩定為最近半世紀所有的社會實驗提供了容許錯誤的誤差範圍。但是到了二〇一六年，這樣的誤差範圍已不復存在。

電腦：同質化、去人性化與原子化

在這場變化中，電腦扮演重大角色——它既是肇因也是藉口。幾十年來，所有的報紙編輯與初中科學老師都預測電腦的重要性會與日俱增。在美國一般民眾尚未與電腦有任何接觸經驗的年代，這類東西只存在於反烏托邦的科幻電影，與星期六早上的卡通節目中的笑話裡：「這是無須計算的」（This does not compute!）。直到雷根時代，[1]如雙子座（Gemini，一九六五年）、阿米莉亞（Amelia，一九六七年）、電腦（Computer，一九六八年）、數據七〇（Data70，一九七〇年）與B軌道（Orbit-B，一九七二年）等字體為科技預測的書籍帶來了「太空時代」的既視感，例如艾文．托佛勒（Alvin Toffler）所著的《未來的衝擊》（*Future Shock*，一九七〇年）。這些字體都是根據 E13B 而來的，E13B 是史丹佛與奇異的工程師在一九五〇年代中期為磁性墨水支票讀寫機所設計的字體。這個源起於艾森豪時代的創新，三十年來一直被視為「未來」科技的代表，由此也凸顯美國當時對其科技水準的自滿。儘管老早就問世，但是電腦在一九八〇年代、一九九〇年代與二〇〇〇年代所帶來的變化，除了一些少數高度涉入電腦科技的工業或金融大亨，對其他社會上大部分人而言，這些變化都是始料未及的。

科技是雙面刃，有好的一面，也有壞的一面。它能帶來速度、力量、舒適與長壽，但同時也帶來霧霾、DDT與沉迷於電視節目而無法自拔的觀眾。在甘迺迪遇刺後的那一年，芝加哥大學歷史學家丹尼爾・布爾斯亭（Daniel Boorstin）為文警告「我們使用我們的財富、文化、科技與各種進展，反而在我們與現實生活之間製造了一道虛幻的灌木叢。」[2]電腦就是灌木叢的一部分。如果不能讓其適得其所，它們就會殘害靈魂，把人們變成機器。馬丁・路德・金恩就曾指責在越南的「毀滅性電腦計畫」，意味電腦儘管不會帶來死亡，但它本身就是某種死亡。奇想樂團（Kinks）主唱雷・戴維斯（Ray Davies）在單曲〈麥斯威爾鄉巴佬〉（Muswell Hillbilly，一九七一年）中就唱道：

他們把我們放在一樣的小盒子裡，
沒有個性，只有一致性。
他們要建立一個電腦化的社區，
但是我絕不會讓他們把我變成一具行屍走肉。

這就是一九六〇年代與一九七〇年代對電腦的共識觀點。

美國人民最喜歡科技的速度與力量。在一九六〇年代，父親的日常工作之一是為兒子講述有關「二〇〇〇年」的故事，例如噴氣飛行器與飛機將取代汽車。美國廣播公司電視台（ABC-TV）第一個彩色節目是《傑森一家》（*The Jetsons*），這是一九六二到一九六三年間秋季與冬季黃金時段播出的卡通影片（從該影片後來的頻繁重播，很難想像它原本只播放了幾個月而已）。傑森一家是幻想二〇六二年的世界，大家住在高速移動的無菌玻璃罩內。

約翰·甘迺迪曾信誓旦旦地承諾要發展科技，在一九六〇年代末取得比把人送上月球還要偉大的成就。然後相隔不到十年，他在科羅拉多泉的美國空軍學院畢業典禮上，對著年輕的飛行員們宣布一項支持建造飛行速度是音速兩倍的商業飛機計畫。「你們其中有一些人將會駕駛世上飛得最快的飛機，」[3]他說道，「我說的是在六〇年代結束前會有一款新飛機，能夠以超過二馬赫的速度，飛行於世界各個角落。」一年後，洛克希德（Lockheed）宣布一項製造超音速飛機的計畫，飛行速度是音速的三倍。[4]

此一諾言從未實現。美國製造運輸設備的能力持續下降。英國與法國曾有一項合作製造超音速飛機的短命計畫，就是協和式客機（Concorde），但是生產數量不到二十幾架。至於美國則是聚焦於軍事用途的開發，從未參與民間的計畫。一九六四年，工程師凱利·詹森（Kelly Johnson）在洛克希德的「臭鼬工廠」祕密開發出SR－71「黑鳥偵察機」，該機款在一九七六年創下全球最快飛行速度紀錄，此一紀錄竟然維持達四十年之久。

到了二〇一六年總統大選的時候，[5]從紐約到倫敦最快的班機需時六小時四十分鐘，幾乎比尼克森時代要慢了整整四十五分鐘。從紐約到華府的火車，在披頭四於一九六四年初訪美國時，這段路程只需要二小時十五分鐘，但現在即使搭最快的列車也比當時慢了半小時。[6]在進入新世紀的幾年後，美國不僅喪失了將人類送上月球的能力，甚至沒有將科學家送至太空站的火箭，還需要俄羅斯伸出援手。「消除距離」的科技發展顯然並非如字面上的意思。事實上，科技上的突破並非在於旅行，而是在於通信。消除的其實是人與人腦內想法間的距離。

如此看來，電腦與其說是美國歷史性創造力的體現，倒不如說是它的替代品。西北大學經濟學家羅伯特・戈登（Robert Gordon）指出，根據美國經濟成長史，電腦時代並沒有帶來多大的生產力。另一位經濟學家埃德蒙・費爾普斯（Edmund Phelps）則是指出，一九六〇年代之後，美國在矽谷之外的創新「少得可憐。」[7]一九六九年，美國工業公司（U.S. Industries, Inc.）宣布，一旦美國民眾習慣「自動高速公路、電腦化廚房、個人對個人電視……來自海洋中的食物，」[8]在十年之內就能使得一九六〇年代看來像是歐洲黑暗時代。這個承諾一直等到一個世代之後才實現。在一九七〇年代，美國企業熱衷於尋找能在市場受到歡迎的消費者產品，例如派斯多（Presto）烤箱、戴莫（Dymo）標籤機、熱飲機與熱泡沫機。這個原本承諾要推動創新，改變人類生活的十年，從來沒有出現。[9]

所謂的突破是來自一九六〇年代之後西部電氣（Western Electric）與其他幾家電話公司所開發的「電視電話」。[10]創新的首次大豐收是日本創造的，[11]起自於松下電器（Panasonic）的「嘟嘟圈調幅廣播手鐲收音機」（Toot-a-Loop AM-radio-and-bracelet），而後由索尼隨身聽（Sony Walkman）達到頂峰。此一帶動工業經濟進入資訊經濟的橋接產品是在一九七〇年代結束前最後幾個星期才推出的。

即使電腦時代已近在眼前，藝術家也和一般民眾一樣對電腦的來龍去脈一無所知。史丹利．庫柏力克（Stanley Kubrick）的電影《二〇〇一太空漫遊》（*2001: A Space Odyssey*）準確預測了聲譜安全辨識系統與蘇聯的瓦解。但是庫柏力克也視二十世紀的美國企業是永世長存的，將霍華德．強森（Howard Johnson）的一家汽車旅館設置在太空站裡，而且還安排可以搭乘泛美（Pan Am）的太空梭前往。

在雷根時代，科幻小說作家以撒．艾西莫夫（Isaac Asimov）盛讚製造商暨零售商睿俠（Radio Shack）「看待電腦的邏輯方式」。[12]「與其讓一台電腦做所有的事情，」他說道，「睿俠製造了許多台電腦來做每一件事情。」艾西莫夫的觀念是錯誤的。睿俠此一電腦策略直接牴觸了矽谷投資人的看法，最終因此面臨破產的命運。實際上，電腦革命聚焦於可以透過軟體（或者只是打開電腦）就能執行多種功能的機器。

保羅．范赫文（Paul Verhoeven）的電影《魔鬼總動員》（*Total Recall*，一九九〇年）是一則預示未來有一天資訊科技可能會導致人類喪失自由的科幻故事，在二十世紀末顯得有些過時與單調。電影人物工作與相會的場所是一座粗獷主義的混凝土建築物，以此來展現未來的風格，然而事實上建築師早在一九七〇年代，也就是這部電影問世的十五年前，就已停止設計這類風格的建築。這部電影所展現的監視科技，強調在未來的下一個世紀瘋狂的反烏托邦社會，然而那卻在下一個十年就已實現。電影中的主角道格拉斯・奎德（Douglas Quaid，由阿諾・史瓦辛格〔Arnold Schwarzenegger〕主演）能夠移除植入他鼻子內的大型發射器，但是他無法以同樣的方式處理植入的二十一世紀微晶片。他在電影中成功躲過政府探員的追查，但是在視網膜掃瞄系統與面部識別軟體的時代裡，他在劫難逃。《楚門的世界》（*The Truman Show*，一九九八年）是一部關於電子郵件時代監視與人工智能的電影，其中預示的可能性沒有一項出現，而且在電腦上也很少出現。

這讓人想起了英國作家薩默塞特・毛姆（Somerset Maugham）對十九世紀的美國作家亨利・詹姆斯（Henry James）的批評，認為他錯失了世界史上最大的事件之一——美國崛起成為大國——因此他才會報導一些英國茶會上的八卦。在那個時代，電腦很少出現在藝術與文學之中，直到一九八〇年代末期，才有可能出現自一所優秀的大學畢業，決心在電腦方面開創事業的情況。

與科技大和解

電腦是一種擅長追蹤事物的機器。這是它主要的用途，好比說追蹤及時庫存系統的汽車零件與咖啡烘焙機。它也會追蹤如《俠盜獵車手》（*Grand Theft Auto*，一九九七年）與《決勝時刻》（*Call of Duty*，二〇〇三年）等射擊遊戲電玩的戰果，這些遊戲曾誘使一九八〇年代與一九九〇年代出生的大部分男性在青春期甘願犧牲陽光明媚的下午大好時光。最終，電腦會追蹤人類本身——追蹤他們在高速公路的行動以縮短他們的路程（位智〔Waze〕）與蒐集他們的通行費（E-ZPass），計算客戶的點讚數進而建立客戶資料，或是警告政府可能陷入激進主義的漩渦。此一機器的法文是數據處理機（Ordinateur），相較於電腦（Computer），更能精確地捕捉到它真正的用途。它主要是排序分類、記錄與重新組合事物。

網際網路並沒有提供排序分類的功能，但是對於能夠善加利用它的人，它提供了有史來最大的獲利來源。本書之前提到的布蘭迪斯大學古典學菲利浦．斯萊特早在一九七〇年就預見到這樣的發展。「國民生產總值將會達到頂峰，」[13]他寫道，「一旦實體物件的所有部分都以內插值替換時。」然而也正如密西根大學社會學家羅納德．英格爾哈特（Ronald Inglehart）所指出的，這樣的情形不禁令人思考西方富有國家是否真的已轉變為非物質，甚至是「後物質主義」[14]的經濟體。資訊科技實際上是將物質性（materiality）——可資利用的物質性——注入之前為非物質性

（immateriality）的部分。結識朋友原是人生至樂，而且是免費的，然而現在結交朋友卻需要買一台機器，而且還要付錢給馬克．祖克柏。

科技的發展過程充滿懸疑的氣氛：在一九九〇年代之後，隨著網際網路、連線與資料化等科技的出現，過去經常聽到科技去人性化的批評聲浪也告消失。科技已從一項優劣參半的事物變成完美的理想：*Honi soit qui mal y pense*（心懷邪念者可恥）。史蒂芬．索德柏（Steven Soderbergh）的電影《性、謊言與錄影帶》（*Sex, Lies, and Videotape*，一九八九年）與山姆．曼德斯（Sam Mendes）《美國心玫瑰情》（*American Beauty*，一九九九年）的主角都是以便宜的手持攝像機來記錄生活。這兩部影片都得大獎（前者是法國坎城影展金棕櫚獎，後者是奧斯卡最佳影片獎），但是有批評者指出，後代的觀眾可能會看不懂。這兩部電影都是以攝像機作為捕捉「男人們實際所說的話語」[15]的另一種方式，或者至少是要表達他們的動作，藉此來轉變影片的意涵，就像威廉．華茲渥斯（William Wordsworth）和塞繆爾．泰勒．柯勒律治（Samuel Taylor Coleridge）一七九八年以他們的《抒情歌謠集》（*Lyrical Ballads*）來改變詩歌一樣，只不過現在另有一種昂貴的機器會涉入創作的靈感、詩歌與電影之中。

在邁入本世紀之際，高科技已和美國方式密不可分。「數據，」[16]曾任柯林頓政府晚期財長，後擔任哈佛校長的桑默斯表示，「是最重要的公共財。」瀕臨垮台的獨裁政權往往會顯露對科技的無知。一九九九年，在美國領導對塞爾維亞發動的戰爭中流傳這樣的故事：南斯拉夫的殘兵敗勇攻占貝爾格勒反對派的無線電台，命令記者「交出網際網路」。相反地，二十一世紀的起義行動（從開羅、庫姆至基輔）都是年輕人在美國國務院與專家的祝福下，以社交媒體進行串連的傑作。

美國國會在一九九八年厚顏無恥地通過網際網路免稅法案（Internet Tax Freedom Act），禁止對網際網路存取與網際網路公司課稅。鑑於美國國會袞袞諸公其實和其他所有人一樣，對於如何自隱形的電腦化交易課稅摸不著頭緒，因此美國政府乾脆給予新式的線上書城亞馬遜免稅的特權待遇，亞馬遜挾其售價較實體書店便宜數個百分點的優勢，在二十年內打垮美國所有的全國性連鎖書店與獨立書店。

有些人給予一九六〇年代的發展極低的評價，責怪科技文化使得這十年間的理想制度化。「個人電腦與衍生而出的網際網路，」[17]法國記者與歷史學家埃里克．澤穆爾（Eric Zemmour）寫道，「強化了一九六八年信念中潛在的革命性因子：個人主義、國際性、反階級與反國家。」但是同時也有人以相反的理由指責科技文化，認為它破壞了一九六〇年代的理想，使得世界更為階級化。「這是罪惡，」[18]獨立歷史學家柯克派屈克．塞爾（Kirkpatrick Sale）指出，「電腦化使得我們文明中的主要力量得以更為順利與有效地遂行其賺錢與生產商品的惡質目的。」如果你告訴在胡士托音樂節吸食大麻、熱愛自然食品的裸泳者，他們這一代最偉大的成就，是將電腦帶入美國生活中最無法想像的角落——將電視螢幕裝入每人的襯衫口袋中，他們一定會大感驚訝。

雖然像塞爾這樣的悲觀主者都熱衷於政治辯論，但是二十一世紀的公民／消費者，相較於政治，更在意美學。《連線雜誌》（*Wired Magazine*）編輯凱文．凱利（Kevin Kelly）指出，強調一致性與規律性的工業技術已被「去中心化、強調差異性、需求的不規律性、非線性與高度互動性的科技」[19]所取代。這樣的科技也啟發了反文化的思想靈感。當羅伯特．波西格在一九六〇年代晚期騎著他的摩托車周遊全國，宣揚其反對劣等科技概念的同時，一批高度個人化，強調一視同仁與「賦權」的產品，例如寶麗來（Polaroid）的拍立得相機，已占滿全國各大媒體的首頁。在其著作《禪與摩托車維修的藝術》中，波西格仍懷抱希望。他指出，當科技人士擁抱品質時，「科技的靈魂……就不再是邪惡，而是正面有趣的事物。」[20]

一九九〇年代興起一波人體工程、便利性與效益性的設計革命，其主力是賈伯斯與蘋果各種不同產品的設計師，但是這樣的轉變其實也出現在最原始的工業時代產品上。Oxo 出品的開罐器手把光滑，不會像舊款傷到你的手，攪拌器也不會積聚蛋黃。二十一世紀的開利（Carrier）窗型空調都是圓形塑膠邊角，不再是一九六〇與七〇年代邊角銳利且鏽跡斑斑的機型，當年這類空調充斥於全國的急診間，而急診間內往往都是粗心大意的孩童。米勒（Miele）現在的真空吸塵器即使在週日清晨使用，也不會吵醒屋內所有人。儘管美國民眾還無法確定國家未來是否應該更自由，但是對於還記得一九七〇年代生活情景的消費者來說，這個國家已不再像以前那樣困陋從簡了。

後現代主義：香蕉共和國的真實性

美國的新式機器固然能夠更為精確地記錄現實，但是從中也產生了非理性的情緒與迷信，不過這並非聽起來的這麼矛盾。新獲得的知識都是遵循馬爾薩斯的原理：每一項新知都會帶來一堆新問題，而在解答了這些問題後又會衍生而出一批問題。新知是以算術的形式成長，問題卻是呈幾何式成長，結果造成真實性的混亂。我們越接近真理，也就越來越沒有信心。

以前是把這樣的情況稱作「相對主義」（relativism），法國諺語 *Tout comprendre, c' est tout pardonner*（理解即諒解）總結了這名詞的一切。現在則是以一個新名詞「後現代主義」（postmodernism）來形容。後現代主義一詞可能是由建築師查爾斯・詹克斯（Charles Jenicks）在一九六八年所創造的，在一九七九年由法國哲學家讓・弗朗索瓦・李歐塔（Jean-François Lyotard）率先應用於政治上，評論家詹明信（Fredric Jameson）在一九八〇與九〇年代將其發展為一套接近條理分明的學說。

但是在相對主義與後現代主義之間仍是有所差異。相對主義是一種寬容，後現代主義卻是一種叛逆。在後現代主義的敘事中，那有趣卻可能只是神話的共產主義與主流基督教，都已失去聯結人們形成社區與激勵他們起而行動的力量。後現代主義也與其他的敘事進行對抗——挑戰它們的正當性。它將其所滲透的每一套體制都予以政治化。

在後現代主義下，舉證責任落在保守派的肩上。一切都不再是理所當然的，沒有任何事應該姑且信之，或是能免於溯及既往的追究。在二十一世紀初期，有許多書籍的標題或副標題是「為什麼（某事物）重要」：為什麼寫作重要、為什麼性別重要、為什麼華爾街重要、為什麼歐威爾（Orwell）重要——一副先發制人，質疑與嘲諷的姿態。同時，當認為一件事情與另一件同樣良好的時候，形容詞「難以抗拒」（compelling）[21]也成為文學批評界普遍用來作為「良好」（good）的同義詞。到了二〇〇〇年，該形容詞使用的頻率比艾森豪時代多出一倍。

後現代主義的作家與評論家自然而然地針對一九六〇與七〇年代最堅持的原則，也就是真實性，來進行挑戰。在那個時代，反文化分成多條意見相左的支流，但是卻有一個共同的觀點：對於美國的虛偽感到沮喪。一排排形狀一致的住屋，要不是有一個名不符實的名稱（傳承大道），要不就是以他們所摧毀的事物來命名（橡木草地）；強迫式的教育文化（儘管後來更是每況愈下）、工廠製造的食品等等，這些都是文化植基於不誠實的有力象徵。後現代主義人士面對這些議題的態度，是效法藝術家安迪．沃荷（Andy Warhol）一九六〇年代的做法：他們認為美國民眾在大部分的時間不僅是忍受虛偽，甚至還熱情擁抱。

一九七〇年代末期，在舊金山的一對夫婦成立一家公司，稱作香蕉共和國（Banana Republic），主要銷售「貨真價實的遠征探險服飾」。然而根據該公司共同創辦人派翠西亞．格威廉（Patricia Gwilliam）在一九七八年就其產品接受採訪時的談話顯示，即使是她，也不能確定其服飾是真的，還是仿製的。「真正的野外旅行服裝已很難找到，」[22]她說道，「不過我覺得在這世界上總還有地方有真的野外探險服裝，我決定要找到它們。」她後來得知外國軍方的剩餘物資可能是其野外探險服裝的最佳來源，她因此周遊世界。她也有「一些朋友與買家為我們從冰島到非洲的角落尋找軍方剩餘物資。」格威廉指出，這些服裝的品質都很好。如果沒有找到，也不必擔心。「如果我沒有找到，我就會自己設計，如果可以的話，我會使用同樣的布料，如果辦不到，我也會儘量使用與原始布料相近的天然材質。」

這簡直就是一個大糊弄：先是承諾貨真價實，可是卻附加允許商家可以用其他的材質替代，甚至是魚目混珠。現在已無法分辨香蕉共和國早期宣稱的「以色列傘兵信差包」[23]，是否真的向最近才由海法退役的以色列軍需官購買，還是來自舊金山灣區某一主管設計，由泰國一家工廠生產的手提肩背腰包。至於該公司的棉質背包，是否真的是「英國士兵在熱帶地區使用的裝備」，就靠你自己去查證了。

由此可見，只要稍加調整，一家平凡的美國服飾公司就能夠把一項反文化的行動轉變成宣稱是直接與貨真價實的產品。你若是稍加思考，就可以發現真的與假的其實是相互依附，難以分離。何謂「原始布料」？消費者應該拋棄這樣的質疑，而滿足於現狀。就像一九五〇年代的合成木材，一九七〇與八〇年代的「售前洗過的」牛仔褲與九〇年代的「做舊」家具。如果這些東西都是仿製的，也是貨真價實的仿製。

商家不只是在產品的描述上誇大渲染，而且還藉此為自己創造新的身分。一九八〇年，哈根達斯冰淇淋公司（Häagen-Dazs）[24]控告競爭對手富佳（Frusen Glädjé）剽竊其「特有的斯堪地納維亞營銷主題」。該公司指控的一個依據是富佳仿效哈根達斯，「以兩個德語文字作為名稱，而且在字母a上面也有一個變音節（¨）」初看之下，這場官司有些荒謬：一家斯堪地納維亞的冰淇淋公司因為來自斯堪地納維亞而被指控違反版權。然而事實上富佳根本就不是真的來自斯堪地納維亞，只除了它聽來有些像是瑞典語的名稱。這家公司的冰淇淋是由賓州一位名叫理查・史密斯（Richard E. Smith）的人製造的。不過哈根達斯也和富佳一樣，並非來自斯堪地納維亞，它聽來有些北歐味道，然而卻又毫無意義的名稱，是由布魯克林的創辦人魯本・馬圖斯（Reuben Mattus）所取的，至於冰淇淋則是在紐澤西製造的。[25]

與此同時，美國古早以來就在使用的一句無動詞的問句：「你哪裡的？」（Where you from?）意義也出現變化。在二十世紀中期，它是詢問人家的出生地或是出生的城市與州，但是到了二十一世紀初期，這問句成為一種隱晦的方式來問「你住哪裡？」對於別人的出生地過於好奇，有些不成體統，因為可能會無可避免地假設對方在各方面的身分。身分的選定往往會決定一個人的命運。

除非必要，沒有人願意受到壓制。個人倉儲設施成長速度之快令人咋舌，所反映的是人們對搬家與斷捨離的優柔寡斷。在一九六四年一對朋友於德州敖德薩成立「您存－您上鎖－您帶走鑰匙（A-1 U-Store-It U-Lock-It U-Carry-the-Key）的個人倉儲公司之前，[26]這種可供出租，有一排車庫門的大型機庫根本就不存在。然而到了二〇一五年，[27]這樣的倉庫幾乎已有五萬個，是星巴克連鎖店的四倍，等於為美國每戶家庭增加二十一平方英尺的儲物空間。

然而在身分上還有更深層的意義。我們之前提到列奧．史特勞斯在一九六二年的演說中拋出一個問題：「我們為什麼還是猶太人？」史特勞斯的朋友與同事，政治理論家約瑟夫．克羅普西（Joseph Cropsey）表示，他為史特勞斯此一問題在科學與政治上的意義頗感興趣，「只要稍做調整，這一問題就可轉變為為什麼每一個人都應該仍為其初始的樣子。」[28]

要了解二十一世紀第二個十年席捲美國的政治焦慮，就必須先了解這個問題。儘管後現代主義的悖論深受知識分子重視，但是它們並非生活的原則。大多數人都討厭它們。如果所有的爭議與敘事都是「不穩定的」與「偶發的」，誰又會想知道它們所植基的事實？在什麼基礎上又會尊重其他的真理？在什麼基礎上又會尊重其他人類？這些問題可不是小事。舊時代絕對主義的崩潰，原本應該為「多元化」開創空間；它的確打開了若干所謂多元化的空間，但是很快又面臨重返絕對主義的危險。

巴基案：多元性的開始

「多元性」有別於抽象名詞，而作為一個指導原則，是美國最高法院於一九七八年在一個近乎意外的情況下創造出來的。這代表了平權行動的關鍵時刻，美國國會根據此一指導原則所通過的民權法律改變了這個國家的公立與民間機構。

艾倫．巴基（Allen Bakke）兩次申請進入加州大學戴維斯分校醫學院就讀都遭到校方拒絕。校方的理由是他的年紀不符規定。巴基打過越戰，是海軍陸戰隊上尉，退伍後曾在ＮＡＳＡ擔任工程師，他申請入學時已三十三歲。但是他指出他之所以遭到拒絕，是因為校方每一百人的班級必須有十六名少數族裔學生配額的「特別錄取計畫」平權行動政策。

巴基在有多項測驗的美國醫學院入學考試（ＭＣＡＴ）成績之高，通常即使是最頂級的醫學院也會錄取他。[29]他各項測驗的成績分別是滿分為一百分的九十六分、九十四分、九十七分與七十二分，戴維斯分校醫學院的入學平均分數是六十九分、六十七分、八十二分與七十二分。至於根據該校特別錄取計畫而就讀的少數族裔平均分數是三十四分、三十分、三十七分與十八分。[30]

加州法院命令校方必須錄取巴基，同時撤銷特別錄取計畫，因為該計畫涉及種族歧視。校方將此案上訴到聯邦最高法院。最高法院九位法官中的八位維持巴基入學的判決，但是在剝奪他就讀機會的特別錄取計畫平權行動上，法官們卻是陷入政治路線之爭。有鑑於將白人的機會重新分配給黑人與其他少數族裔，這樣的計畫顯然構成歧視。這是他們的重點所在。法官們關切此一計畫在何種基礎上屬於歧視。四位法官接受加州法院的觀點，該項平權行動已變成上下顛倒的吉姆．克勞法，應為美國自由概念所唾棄。但是另外四位則是接受林登．詹森主張美國社會是一場賽跑，其中一位選手卻是是戴著腳鐐參賽的觀點。因此，他們支持為彌補社會錯誤，在必要時可以侵害白人若干個人權利的主張。

大法官劉易斯．鮑威爾（Lewis Powell）撰寫的判決書試圖調和雙方的爭議。他一方面接受同僚認為特別錄取計畫的平權行動違法的主張，但是也支持在特殊情況下可以接受特別錄取計畫的論點。他認為以懲罰如巴基這樣的個人來作為「過去歧視的補償」是錯誤的，依據配額來錄取學生的做法是不對的，但是他也指出，如果加州大學戴維斯分校仿效哈佛大學的錄取方式就沒有關係，因為哈佛不是採用配額制，而是根據「多元性的新定義」允許校方行政人員以種族作為「加分因子」。

鮑威爾建議以哈佛大學的平權行動經驗來作為其他州級公立大專院校的範本，委婉地說，這令人困惑。平權行動要解決的基本問題是黑人領袖人才的短缺。哈佛大學以其財富與聲望，在吸引這類人才方面，可能要比全球任何一個機構都要容易。

平權行動最堅定的支持者，英裔美人的法理學家羅納德．德沃金（Ronald Dworkin）立即就看出鮑威爾是把憲法問題誤認為行政問題。「（鮑威爾建議的多元性錄取計畫使用的）差點措施[31]與（配額錄取制度使用的）部分排除措施只不過是基本分類的方式有所不同，」德沃金寫道，「原則上，它們同樣都阻礙了一位白人的申請入學，藉由減少他整體的機會。而就任何層面的意義，這都不是個人化。」

鮑威爾的主張，簡而言之，並非消除配額制，而是用其他的方式來加以掩飾。它要求所有實施種族優惠錄取制度的學校重新制定一套促進學生團體多元性的計畫。然而有許多大學都還不了解有此必要。是的，一般的文理學院確實可以大力推動學生的多元性——例如音樂家與運動員——但是對於專業學院就非如此。同時，這也不是公平正義所要求的多元性。在此一基礎上，錄取黑人現在已成為法律規範。

直到那時，西方傳統的社會思想家大部分都還認為鮑威爾考量的多元性不但不是公民權利，反而是一種阻礙。「在一個由多種族組成的國家中，自由機構幾乎是不可能的。」[32]約翰．彌爾（John Stuart Mill）在其著作《論代議制政府》（*Considerations on Representative Government*）中寫道。彌爾或許應該想到，一個國家公開承諾多元性的聲音越大，對於異議的容忍限度也就會越低。

一九六四年民權法案第六條准許聯邦政府制止有種族歧視情事的學校董事會與其他機構進行籌資的活動。美國衛生教育福利部（Department of Health，Education and Welfare，後來整合為美國教育部）民權辦公室（Office for Civil Rights，OCR）的主要工作就是決定什麼時候該發出制止令。但是在十年內，該辦公室為自己發明了一份新工作，此一工作在某種程度上已脫離它的法定職權：OCR現在還制定有關種族平衡的準則細節，供法院作為裁定禁令救濟的依據。這些準則在一九七〇年稱為配額，在一九九〇年則稱為多元性。與此同時，OCR的模式也成為聯邦機構爭相「複製」的目標。[33]由於修補種族關係一向是歸類於緊急重大事務，以至於防止濫用制定規範權力的預防措施（從傳統的「通告與評論」到行政程序法的新用途）都從來不曾使用。[34]

此一創新使得民權相關法律的運作與過去大不相同。例如過去並沒有法律要求一定要有種族融合公車，一九六四年的民權法案似乎也禁止這樣的措施。但是到了一九六六年之後，司法部的民權辦公室頒布了各學區黑人學生所占比率的百分比目標，並為種族融合校車開啟大門。聯邦法院將這些指導原則等同法律，並且要求下級法院遵循這些指導原則，這樣的做法只會使得OCR更加猖狂。因此，儘管沒有廣大公眾的參與與了解，許多法律計畫就在官僚體系與法院之間激盪而出，而且隨著每一次激盪，也變得更加浩大與繁瑣。政治學家謝普．梅爾尼克（R. Shep Melnick）就指出，制定準則規範的權力很快就限制了「這個國家幾乎所有的雇主、學校、州政府與地方政府的行為。」[35]

平權行動並不受到歡迎，在大部分的美國人民眼中，它不公平。但是直到巴基案出現之前，公眾至少有一道德上的認知：它是為過去的奴隸制度與吉姆．克勞法贖罪與做出彌補。政府這種強大、專斷，又違反憲法精神的工具，即使是再微小不過的工作，也無法賦予其正當性。然而巴基案改變了其中的合理性。種族優惠政策所彌補的不是過去，而是現在的種族歧視。如果沒有證據顯示這樣的種族歧視，可能只是因為手握權柄的白人有所隱瞞。他們實施種族主義的手段是狡猾、卑劣的，或者至少是不知不覺的。

對於當初因一九六四年民權運動而充滿憧憬的美國白人而言，這些並非他們原先所期望的角色。審視巴基案的證據，實在很難支持他們系統性地拒絕提供黑人機會的論調。一位考試成績達到九十七分的白人申請入學遭到拒絕，然而只有十八分的少數民族卻獲准入學！

巴基案使得需要解釋的事物範圍大為擴大。例如有人可能會質疑，在巴基身處的時代，一名獲得普林斯頓大學錄取的黑人女性，儘管就其自身條件而言，表現優異，但是其程度仍難以與白人同學匹敵，這是否也就意味讓黑人較白人容易進入大學就讀或是贏得一份好工作的措施，其實只是徒勞無功。或者，也有人可能會問，為什麼童年在赤柬政權下度過的移民，學業成績竟然在美國黑人之上。

一九七八年，也就是巴基案宣判的那一年，內森．格萊澤寫道：

對於勞動力能力要求的最大挑戰，在於種族與少數族裔之間，以及男性與女性之間的差異。真正的差異來自於要求對於某一種族團體的僱用與拔擢給予固定的比率，這樣的做法無異要雇主假裝其中的差異根本就不存在……有關美國各種族團體的職業分布，最重要的一點是這樣的職業分布（可能所有受保護的團體）都來自於種族歧視。[36]

這類言論實際上已經違法。在巴基案後的民權發展，需要一套審查制度。將所有的爭議都歸咎於獨立與自發性的種族主義（一種沒有任何緣由或正當理由的種族主義，就像某種自然力量，沒有任何歷史經驗或是習俗可供證明與緩解）是行使多元性準則的最佳途徑。如果人們都像格萊澤這樣自有主張，認為種族間的差異可能是來自種族主義之外的原因，民權法律所植基的邏輯就會崩潰。因為如此，政府必須面對在種族議題上明確表態的壓力。

馬丁・路德・金恩紀念日

當雷根入主白宮時，有多州都已有紀念馬丁・路德・金恩的節日，但是還有更多的州選擇不設立此一節日。雷根在一九八三年簽署法案，正式讓金恩日的設立成為法律。金恩的一生充滿榮耀與悲情，然而在一九八〇年代，社會認為需要紀念他的感覺卻在消逝之中。聖地牙哥市議會一九八六年將市場街改名為馬丁・路德・金恩大道，[37]但是在第二年就在一場差距懸殊的公投中改回原名。年輕與熱衷政治的黑人自己也無法確定金恩是否為一位值得紀念的民權英雄。對他們而言，早金恩三年遭到刺殺，主張採取對立策略的麥爾坎X，還比較受到歡迎。[38]

雖然有許多白人都視金恩紀念日為「黑人的節日」，[39]不過還有一些白人尊敬他。這樣的情況有些類似廢奴主義者查爾斯・法蘭西斯・亞當斯二世（Charles Francis Adams Jr.）在南北戰爭結束幾十年後，呼籲應推崇羅伯・李（Robert E. Lee）為美國英雄，而不僅是南方的英雄，因為他不顧盟友的敦促而放棄武力對抗。同樣地，金恩也為兩個種族創造了相會的空間。

如今，雖然世界已經不同，移民已將這個國家由兩個種族變成多種族，但是金恩對取消種族隔離政策所懷抱的願景依然存在，希望他的子女「不是依據他們的膚色，而是以他們的人格內涵來評判。」但是法院所設立取消種族隔離的機制卻拒絕採取這樣的方式。他們對於種族的考量反而更甚以往。

距離金恩對於種族關係的願景越遠，將其當作國家願景，大張旗鼓地進行宣傳的迫切性也就越高。到了一九八〇年代末期，全美只有三個州沒有金恩紀念日：新罕布夏、蒙大拿與亞歷桑納。它們每一州都以自己的方式來紀念民權的發展，但是各州各行其是的想法卻令人不能接受。光有紀念種族關係和諧的節日還不夠，每一州現在都必須大力推崇金恩，而且是心甘情願地。

榮耀金恩現在變得甚至比尊重民主體制更為重要。一九八六年五月，亞歷桑納州議會否決設立金恩紀念日的提案，州長布魯斯・巴比特（Bruce Babbit）立刻以行政命令設立此一節日。[40]此一事件對美國政治的影響在三十年後逐漸顯現。一個笨拙的空軍老兵與龐蒂雅克銷售員伊凡・梅肯（Evan Mecham）對此一新節日大為不滿。「它提高了金恩的地位，同時也貶低了華盛頓與林肯的地位。」他說道。「我認為這是一個恥辱。」[41]支持金恩紀念日的人士可能會認為梅肯的想法是錯誤的，但是他不無道理。在一九六八年通過的美國聯邦統一假日法案（The Federal Uniform Monday Holiday Act）將喬治．華盛頓的誕辰紀念日（二月二十二日）提前一週，移到與林肯誕辰紀念日（二月十二日）同一週，從來沒有真的在華盛頓生日當天慶祝。大部分的州都將此一經過更動的節日稱為總統紀念日，雖然聯邦政府的官方名稱仍是華盛頓誕辰紀念日。[42]梅肯認為這樣的整合是為了替金恩紀念日「騰出空間」。

如果不是梅肯將巴比特的行政命令升級到篡改憲法的層次，亞歷桑納州的人民或許就會放過這件事情。梅肯熱愛憲法，對於憲法，他自稱是摩門教徒克利昂．史奇森（W. Cleon Skousen）的追隨者。在共和黨的支持下，梅肯後來當選州長，就一位教育程度不高的退休人士來說，這樣的情況實在罕見，而他在上台後就取消了金恩紀念日。

此一關於金恩紀念日的爭議後來演變成想方設法來罷免梅肯的運動。在他上台的第一天，罷免行動也隨之發動（他最終因為濫用選舉基金而遭到彈劾，但是並沒有證據顯示他有犯罪行為）。一位名叫艾德．巴克（Ed Buck）的同性戀保險業百萬富豪是發動罷免的領導人，梅肯的支持者因此製作了一份令人生厭的汽車保險桿貼紙：「酷兒艾德．巴克的罷免」。隨著巴比特的行政命令失效，大量資源就被用於影響亞歷桑納的民意。亞歷桑納州在一九九〇年共舉行了兩次公民投票來決定是否要恢復金恩紀念日，美國國家美式足球聯盟（NFL）甚至威脅，如果金恩紀念日不能恢復，該聯盟就會取消一九九三年原本預訂在鳳凰城舉辦的超級盃比賽。選民在這兩次公投都拒絕恢復金恩紀念日，其中一次支持金恩紀念日的選票數不到四分之一。NFL信守承諾，在公投結果揭曉幾個小時後宣布取消既定比賽。[43]與此同時，商會組織也取消了價值二億五千萬美元的商展活動。

選民終於在一九九二年的一次公民投票中通過恢復金恩紀念日。然而原本只不過是一個州關於是否要設立金恩紀念日的問題，已從鳳凰城演變成一樁全國性的重大事務。企業界投下數以百萬計的資金來支持「要設立」的陣營（拒絕設立的陣營只籌得六千美元）。[44]不論此一紀念日惹出多少麻煩，都並非來自金恩本人。保羅．曼達巴哈（Paul Mandabach）的公關公司溫納／威格納與曼達巴哈（Winner/Wagner & Mandabach）負責「要設立」陣營的宣傳活動。他後來表示，該紀念日通過的關鍵是「強調美國價值，而不是金恩的一生。」[45]在此一價值的精神號召下，企業界人士紛紛起而支持此一紀念日的設立，心中懷抱的是有如宗教信仰的熱誠，而不是對政治的熱衷。「這是一場亞歷桑納靈魂之爭，」[46]政治活動人士對於這種充滿神學性的議題回味無窮。因為如此，形容詞 iconic（具有象徵意義的）也滲透進入美式英文之中，[47]取代了 famous（著名的）與 significant（意義重大的），在二十一世紀初期的使用量是二戰結束時的十倍。

金恩紀念日在緬懷哲人之外，也有邪惡的一面。一九八七年四月四日，也就是金恩紀念日引發爭議的三個月後，波諾．休森（Bono Hewson，他當時的名字）與他的樂團U2，預定在亞歷桑納州立大學演出。相關的行動人士聯絡上他們。他們的經理人表示，「如果這是社區的心情」，他們願意取消演出。但是這並不是支持設立金恩紀念日的行動人士想要的。最終，U2同意一項協議，[48]他們會捐款給一個罷免梅肯的委員會，並在舞台上宣讀一份譴責梅肯的聲明。然而事實上，U2在抵達鳳凰城天港（Sky Harbor）機場時根本還不知道當地有這場爭議。

鳳凰城的律師保羅．艾克斯坦（Paul Eckstein），是推動罷免梅肯團體的領導人，他解釋之所以要紀念金恩，是因為他「終結了我們國家的恥辱。」[49]艾克斯坦錯了。他誤會也低估了金恩與他的方法。一九六三年在麻州公共電視台接受訪問時，金恩被問到關於麥爾坎X批評他的非暴力方式是「受白人壓迫者的操控，」金恩回答只要是對南方抗議情況有絲毫了解的人都不會說出這種話：

> 我想它往往會引起他們的羞恥心。我在許多例子中看到它觸及人們的良心與引發罪惡感……此一方式絕對不會讓白人感到自在。我認為它也能產生別的作用。它會擾亂良心與他所擁有的滿足感。[50]

滿足感遭到擾亂的人通常並不會有感激之情。對於美國許多白人而言，尤其是南方之外的，金恩紀念日所帶給他們的卻與艾克斯坦所說的完全相反。它所代表的不是恥辱的終結，而是開始，因為由此而生的官方文化所彰顯的是這個國家的歷史充滿壓迫，其所宣揚的自由理想也只是偽善而已。如此一來，美國官方對種族問題的認知幾乎與德國的反思歷史（Vergangenheitsbewältigung）如出一轍，而那意味德國人民幾十年來一直都在承擔納粹主義與大屠殺的責任。

不過，對於一般的白人來說，他們絲毫不會感到種族主義的恥辱，反而站在新發現的道德光環之下，扮演對抗種族歧視的鬥士，分享馬丁·路德·金恩的榮耀。他們大都是社會的領袖。他們是企業執行長、律師、教授，與其他富有且受過高等教育的人士，曾經與民權運動人士聯手戰勝亞歷桑納的不合作民主，如今他們則是美國良心的守護者與照看美國悔改的神父。

如前所述，這是一個「後現代」的時代，有關宗教、愛國主義、物質文明、科學客觀性與君子德行的所有敘事都受到質疑。但是只有啟發一九六〇年代民權運動的種族正義例外。在所有的歷史進程中，只有它不受質疑。作為獨一無二倖存的敘事，它也成為道德的燈塔。一九七六年，福特總統正式認可黑人歷史月（Black History Month）。他呼籲社會大眾應該「紀念美國黑人的成就，這些成就往往遭到忽略。」[51]就當時而言，這似乎只是一項微不足道的發展，是照本宣科的官樣文章。紐約時報只在週三晨報第三十三頁第五欄的最底部給了這一則新聞兩小段的報導。然而到了二十一世紀，黑人歷史完全不容忽視。不只是大學，即使是小學與中學也都必須有種族教育的課程。二〇〇八年，史丹佛與馬里蘭大學的教育學教授針對兩千名十一與十二年級的學生，請他們舉出十位沒有當過總統，但是最為重要的美國人物。調查顯示，三位支持黑人歷史月的人物——馬丁・路德・金恩、反種族隔離的抗議領袖羅莎・帕克斯，以及逃脫魔掌的奴隸哈莉特・塔布曼（Harriet Tubman）——名列第一、二、三名，[52]遠在（例如）班傑明・富蘭克林（Benjamin Franklin）、愛蜜莉・狄金生（Emily Dickinson）、馬克・吐溫（Mark Twain）、湯瑪斯・愛迪生（Thomas Edison）與亨利・福特（Henry Ford）之上。

艾爾・坎帕尼斯的毀滅

在一九八七年美國職棒球季開始的時候，[53]美國廣播公司（ＡＢＣ）節目《夜線》（*Nightline*）的主持人泰德・柯佩爾（Ted Koppel）邀請洛杉磯道奇隊（Dodgers）的總經理艾爾・坎帕尼斯（Al Campanis）來談美國職棒大聯盟第一位黑人球員傑基・羅賓森（Jackie Robinson）加入職業隊四十周年紀念。坎帕尼斯也許以為這只是一場枯燥的訪談，然而柯佩爾卻問道為什麼棒球隊都沒有僱用黑人來擔任球隊經理或總經理？「我真的無法直接回答這個問題，」坎帕尼斯說道。他解釋，其實有黑人經理，不過大部分傑出的退休球員可能在別的地方有更好的機會。

「胡說，」柯佩爾反駁，「難道今天棒球界還有偏見嗎？」坎帕尼斯突然發現自己處於一個尷尬的局面：必須為他的雇主與同事們具有偏見的指控辯護。然而他的回答卻愚蠢笨拙。「他們可能條件不夠好，比如說，做一位總教練，或是總經理，」他說道。接著他也許是想解釋「條件不夠好」所指為何，以免造成誤解，因此開始說出他內心的想法，但反而使得情況更為糟糕。「為什麼黑人游泳都不好？」他自問自答，「因為他們不會浮起來。」[54]

道奇隊老闆彼得．奧馬利（Peter O'Mally）試圖為坎帕尼斯辯護，但這事件已引發軒然大波，犯了眾怒，包括職棒英雄漢克．阿倫（Hank Aaron）、NAACP、都市聯盟（Urban League），以及洛杉磯當地知名的黑人政治人物，如市長湯姆．布拉德利（Tom Bradley），都憤而譴責。女議員瑪克辛．沃特斯（Maxine Waters）尤其激動，要求道奇隊完全切斷與坎帕尼斯間的關係，[55]後者自一九四三年以來就一直為道奇隊工作。奧馬利完全屈服了，在洛杉磯時報上聲明，坎帕尼斯「不會在球團內有任何職位，也不會擔任顧問。」由此顯示，光是勸阻或約束眾人的種族歧視態度還不夠，現在只要是有歧視的嫌疑，就有必要摧毀他們的生活與奪走他們的生計。

要理解坎帕尼斯的立場，首先必須了解他在傑基．羅賓森一生中所扮演的角色。他們兩人在一九四六年是蒙特利爾皇家隊（Montreal Royals）的隊友，當時羅賓森不但受到球員的排斥，也飽受球迷的謾罵。然而在如此嚴重的衝突下，坎帕尼斯卻是羅賓森的室友，而且兩人一直是至交好友，直到羅賓森在一九七二年去世。事實上，在坎帕尼斯與羅賓森的時代之後，直到進入一九七〇年代，黑人與白人同住一間房間，根本從未聽聞。[56]「這就是你為什麼常常發現一支球隊的黑人球員都是偶數的原因，」[57]羅賓森的隊友卡爾．厄爾斯金（Carl Erskine）後來回憶。羅賓森進入大聯盟後就不曾有過白人室友。

坎帕尼斯最初之所以被邀請接受這場導致他事業毀於一旦的採訪，是因為他是種族融合的英雄人物。柯佩爾在二十年後談到這一事件，他承認他對棒球「一竅不通」。他說道：「艾爾．坎帕尼斯一定是一個了不起的傢伙。」[58]

這一事件是一個分水嶺。半年後，哥倫比亞廣播公司（CBS）的美式足球評論員吉米．「希臘佬」．史奈德（Jimmy "The Greek" Snyder），於金恩日在杜克．澤伯特（Duke Zeibert）位於華府的酒吧喝醉了，對WRC電視台的一位黑人記者與一位攝影師談起坎帕尼斯的事情。「如果他們像別人所要的那樣接管教練的職位，根本就不會給白人留下任何機會。」[59]他說道。接著他又說道：「黑人都是更好的運動員。」然後他發表了他純屬臆測的評論，說了一些有關黑人在南北戰爭時期是如何培養力量的話題（他並非歷史學家）。他的口不擇言闖下大禍，儘管他與美式足球明星沃爾特．佩頓（Walter Payton）、阿瑪．拉夏德（Ahmad Rashad）、伊爾夫．克羅斯（Irv Cross）、傑納．阿普肖（Gene Upshaw）等人友誼深厚，他們也出面為他緩頰，可是仍不足以平息各方責難。CBS並沒有開除他，而是對他公開譴責，表示他的發言「應受譴責」。[60]

這些事件顯示民權具有雙面刃的特質。美國大聯盟在坎帕尼斯灰頭土臉地下台後幾天內，就組織了一個平權行動計畫，聘請一位社會學家來主持總經理的遴選。退休的一壘手比爾．懷特

（Bill White）也成為國家聯盟第一位黑人總裁。[61]當初第一位站出來指責坎帕尼斯的ＡＢＣ年輕製作人後來承認他「有一些罪惡感」，[62]但他也自我安慰，自己是出於對多元性的信念才這麼做的，這樣的行為「並非惡例」。

這可不一定。此一例子的代價是一套審查制度的出現。眾人拒絕直呼其名，但是此套審查制度確實存在。這是來自政府的審查，施行於一個政府各種職能，包括軍需供應與興建監獄，都外包給民間團體的時代。它是透過一套民事法院體系來運作，這套體系的規模與懲罰權力都因民權法案的確立而大增。如洛杉磯道奇隊、ＣＢＳ這樣的組織中，在非正式場合無心說出一些臆測、空想的任何人，付出難堪且高昂的代價，甚至致命的可能。

這是機制上的創新，它直接來自民權法案。正如在大學與企業界的平權行動促使種族融合的工作民間化，擔心訴訟也使得對不同意見，甚至憑空幻想的壓迫也走向民間化。對於不滿於現行規範的人，政府不需要直接懲罰，董事會與信託委員會由於擔心被告，會代替政府出手。

坎帕尼斯與史奈德出事時都已是七十多歲的老人。「真是不幸。」與他們同輩的人可能會這樣咕噥。可是你可以想像他們的不幸對一位坐在道奇隊櫃台後面，需要連升五級才能達到坎帕尼斯職別的二十九歲年輕人，會造成多大的寒蟬效應。美國民眾開始只談論一些無關痛癢的小事，因為他們擔心他們的生活可能因為持有不同的看法而遭到摧毀。這是一個合理的假設，過去幾十年間，一個接一個的白人無助地看到自己的事業，只因為自己情緒激動、酒醉，或是在不合適的場合於種族、性別等方面顯露出錯誤的態度，而遭到摧毀。言不由衷，無關痛癢的空話可能是在公共場合談論種族等話題最為合理的自保方式——然而對於民權而言，任何地方都是公共場所。

由於並沒有法定的定義，此套新式的審查制度很容易就會被誤認為是公眾情緒的轉變，雖然為何一個微小的情緒會具有如此強大的權勢仍然成謎。此套制度本身其實就是所謂的政治正確。

政治正確

從來沒有一種運動會對歷史的嘲笑如此自在。政治正確（Political Correctness），除了它的擁護者之外，其他人都簡稱其為P. C.，是一個自酷兒理論、批判性種族理論、批判法學研究、後殖民研究，以及其他各種不同學院派思想衍生而出的政治立場大雜燴。它的目的是以重新設計的機制與哲學理論來承認、接受、維護、證明與安慰被視為劣勢的群體：黑人、婦女、同性戀與移民。受到學者驗證的政治正確，只要出現，不論在何處，總是難以明確劃分機制（可能會形成壓迫）與意見（只可能會被誤導）的界限。

但政治正確的肇始卻是政治而非學術。它們掌握在女權主義者與反種族歧視的行動主義者的手上。在一九六八年所有有關學生對抗威權的行動中（從抗議哥倫比亞大學行政部門的高壓手段到在芝加哥的民主黨全國黨代表大會的示威）意義最為重大的應是黑人學生會（Black Student

Union）與第三世界解放陣線（Third World Liberation Front，TWLF）該年秋季在舊金山州立大學發動的抗議行動。最終該所大學成立了全美首個種族研究系，從而展開了將種族與性別政治注入美國文化的過程，然而這樣的方式當時僅有蘇聯使用。

到了一九七〇代末期，這些種族研究系所已在全國各大學普遍設立，但是其目的並非只探討各種族群體在轉型時的權力關係。另外還有一個目的是為在平權行動計畫下入學的學生提供一個歡迎他們落腳的地方。影響所及，一九八〇年代末期，專題研討會風行於所有的大學。俄亥俄州的安條克學院（Antioch College）制定了一套政策，是由一個稱作安條克女性聯合會（Womyn of Antioch，女性主義組織，為彰顯女性的獨立性，故將 Women 中的 men 改為 myn）的團體所設計的，要求情侶在浪漫的約會中每進入一個階段都需要明確的口頭同意，並且在校園內設立一個「性侵犯宣導」的職務。[63]與此同時，美國現代語言協會（The Modern Language Association）也將其學術研討會更改為如「自瀆的繆斯」之類的座談會。[64]

紐約市立學院（City College of New York）的非洲中心主義學者倫納德．傑弗里斯（Leonard Jeffries）發展出一套理論，主張西方哲學與文化的所有有價值的東西，實際上都是由他的同胞（太陽之子）所發明的。然而他們的功勞卻被「冰人」（Ice People）所搶走，[65]也就是傑弗里斯口中所謂「奸詐、邪惡、骯髒與下作」的歐洲人後裔。傑弗里斯指的是十八世紀古典學者否認柱式神殿是埃及人發明的，而將此一功勞歸之於希臘人。此外，現代的歷史學家也往往會忽略如班傑明．班尼卡（Benjamin Banneker）與格蘭維爾．伍茲（Granville Woods）等黑人發明家，卻是大加表揚亞歷山大．葛拉漢．貝爾（Alexander Graham Bell）與湯瑪斯．愛迪生等人。他表示，故意詆毀，「是好萊塢一批叫做格林柏格、魏斯柏格、特里賈尼等諸如此類名字的人的陰謀詭計目的所在。」

這些趣聞使得政治正確的敵人認為他們不過是一些偏激、荒唐與不入流的學者激情下的產物。但這根本不是政治正確的重點，重點在於謹小慎微的學校與政府的管理部門出於對民權法案的畏懼而制定的規範。例如馬里蘭大學禁止學生在宿舍窗戶懸掛美國國旗，理由是「基於這是一個非常多元的社區，某人認為無傷大雅的事情可能對另一人形成侮辱。」[66]康乃狄克大學則是禁止「不恰當的笑聲」。[67]史丹佛、賓州、威斯康辛與密西根等大學都設有這種作風保守的紀律處分與輔導計畫。[68]

美國傳統上有充分表達意見的自由。「言論自由、出版自由、宗教自由，」[69]美國最高法院大法官威廉．道格拉斯（William O. Douglas）寫道，「它們遠在治安權力之上，它們不是如工廠、貧民區、公寓，原油生產等可以規範的標的。」然而美國憲法第一修正案保障自由的概念現在卻遭到破壞。

道格拉斯透過對伯阿爾內訴伊利諾州（Beauharnais v. Illinois，一九五二年）一案的異議發出警告，在此案中，最高法院主張某些行為可能會對一個群體構成誹謗。該案的內容是一位抗議人士散發小冊子，捍衛芝加哥都會區具有種族歧視色彩的住房措施。道格拉斯並不支持此人的觀點，但是也不會因此就限縮第一修正案的定義。他寫道：

> 今天若是一位白人因為以不適當的語言來抗議我們取消限制條款的決定而被定罪，明天可能就會有一位黑人只因為以強烈的語言譴責私刑而被拖上法庭。西部與墨西哥工人競爭的農工、感受到東方移民壓力的白人、發現就業機會被主流宗教團體搶走的少數族裔，這些所有人都會深受今日判決的影響。[70]

這一段文字現在聽來是多麼奇怪。道格拉斯不僅認為這些有立場都值得討論，同時他也暗示只有獨裁暴君才會限制他們。然而到了冷戰結束時，這些所有意見，除了黑人譴責私刑之外，在公開場合發表都是十分危險的。

多元性與美國治世（Pax Americana）

一九九〇－一九九一學年，在妮娜・吳（Nina Wu）遭到康乃狄克大學開除後沒多久，全國報章雜誌就紛紛開始對政治正確發出警告。吳是因為在她大學宿舍門上張貼大意是「傻蛋」、

「胸大無腦」、「沒有胸毛的男人」與「同性戀」會予以「當場擊斃」的標示而被校方開除。[71]雖然她向校方保證她不會這麼做，但是校方指控她違反了「禁止在種族、性別、種族起源、殘疾、宗教與性取向等方面進行個人誹謗」的學生行為規定。這可不是學校歷代相傳的校規，其中沒有絲毫古老的校園傳統成分。它是根據一九六四年的民權法案內容而制定的，甚至是一絲不苟地原文照抄，包括被該法案納入保護傘下的族群。校方制定此一有關言論的規定，無非是為了避免遭到民權法案可能引發的公訴與私人訴訟風暴。

我們之前曾經討論：民權法案的目的是至少讓公眾了解，它是為了斷絕美國南方的假民主，將其帶入美國的憲法治下。但始料未及的是事實上難以區別南方與其他所有人在民主上的差異。如果此一法案的精神是為羞辱南方的偏執，無異於將整個國家（與所有的機構）都置於歧視的訴訟威脅下。

政治正確與美國二十世紀其他的迫害，包括麥卡錫主義在內，之間的差異在於前者直接通往法院。在妮娜．吳的時代，全國的認證機構都是在害怕遭到訴訟的恐懼下運作，紛紛開始把「多元性」作為其審議的準則。康乃狄克大學就是以嚴厲處罰妮娜．吳，來為自己可能在法庭上遭到有歧視行為的指控爭取較有利的地位。

在早期的新聞報導中，政治正確的執行者看來都是充滿恨意的極權主義者。他們讓人想起柏克萊哲學家約翰．希爾勒（John Searle）對納粹的評論。他曾為《紐約書評》（*New York Review of Books*）採訪多次校園戰爭。「將學校課程作為社會改革工具的真正意圖，」[72]他寫道，「恰恰與高等教育的目的完全相反。它具有二十世紀所有極權體制的特徵：左派與右派。」《紐約雜誌》（*New York*）的特派記者則稱「政治正確甚至比麥卡錫主義還要恐怖」，[73]並將其比作隔離政策。還有一些人認為它足可比擬西班牙的宗教法庭。

但是一九八九年共產主義在東歐崩塌，並且隨後在世界各地出現同樣的情況，使人難以對政治正確的崛起嚴肅看待。校園內的激進分子可能最後才知道左派主義已經式微的消息。政治正確並不受到社會大眾歡迎。根據調查顯示，美國民眾以百分之五十九對百分之二十四認為政治正確「是壞東西」，[74]但更重要的是它極其荒謬。要指出它的荒謬、無知與偏執，其實易如反掌。《紐約雜誌》就預測政治正確只是一時的時尚風潮。該雜誌曾刊登一篇有關哈佛歷史學家史蒂芬・特恩斯特倫（Stephan Thernstrom，反對校園內平權行動的主要人物）的報導，當時特恩斯特倫正苦於沒有在他的〈歷史研究A－25：美國的住民〉（Historical Studies A-25〔The Peopling of America〕）之中納入更多關於奴隸的敘事。[75]該雜誌在報導中向讀者保證，「對抗這種機械式口號的行動已經展開。」[76]希爾勒則認為政治正確在無可避免地滅亡之前，所帶來的最大風險是「愚蠢大於禍害，」並且已看到「潮流正在改變。」[77]到了一九九三年，報章雜誌開始發布政治正確的訃文，出現「潮流運動已到尾聲」的標題。[78]

在人們還以羅納德・雷根為機場命名的時代，沒有幾個思想家能夠了解認同政治未來會變成什麼樣子。但是作家保羅・伯曼（Paul Berman）想到了。他在其著作《兩個烏托邦的故事》（*A Tale of Two Utopias*）中大膽預測，西方的改革派人士不但沒有跟著共產主義沉沒，他們還自冷戰的勝利中崛起，變得更加堅強。伯曼指出，以捷克劇作家（後來成為捷克總統）瓦茨拉夫・哈維爾（Vaclav Havel）為中心的異議分子團體，受到搖滾樂手、法蘭克・扎帕（Frank Zappa）、地下絲絨搖滾樂團（Velvet Underground）的啟發，甚至大過雷根主義信徒大力宣揚的資本主義。他寫道，大部分深受一九六八年學生激進主義震撼的國家，都經歷了「兩階段的進化：從傳統的社會革命夢想到個人解放運動。」[79]就前者而言，伯曼指的是社會主義，至於後者，他指的是民權。

民權政治可說是美國在二十世紀末期最成功的出口品。曾在美國法學院就讀，或者至少對美式「權利語彙」[80]熟悉的歐洲政治人物，都在尋求加以利用。伯曼指出，到了一九九〇年代，非西方國家推動同性戀權利運動的領袖事實上全都曾在西方國家待過。就和冷戰時代一樣，美國仍是全球富有國家的規則制定者與執行者，但是她現在身負的多元性任務，同時也賦予當年蘇聯的共產國際在冷戰時期所扮演的角色——成為許多想要扭轉世界秩序不公的人的希望寄託所在。

民權法案的工作（對種族、地區與社會團體從上而下的管理）過去都是屬於帝國的主要任務。在邁入二十一世紀之際，越戰在美國歷史中的地位也更加清晰。它並非一批手握重權的軍國主義人士的過失——不是，它不過是美國以其注定會失敗的帝國角色從事全球「治理」中一個相對不成功的實驗。但是它也為一九九〇年代與之後的「人道入侵」埋下伏筆。這個國家所有的利益與動機依然存在，不過它們現在受到一套全新的普遍主義干預理由所支撐。

美國靈魂之戰

曾擔任尼克森與雷根文膽的派屈克・布坎南是保守派陣營中唯一能夠看清政治正確力量的人物。他在一九九二年共和黨提名總統候選人的競選中挑戰喬治・布希（George H.W. Bush，老布希），並且贏得新罕布夏的初選，跌破眾人眼鏡。布坎南指出，懷舊主義者、保守主義者與孤立主義者往往誤解了美國的衰敗，並且警告現在正在進行一場「捍衛美國靈魂的戰爭」。他力抗全球化，他的友人與支持者薩繆爾・弗朗西斯（Samuel Francis）將全球化定義為「處心積慮地對這個國家、主權、文化與人民所造成的毀滅。」[81]

當時，美國民眾還沒有認真想過全球化的議題，至少在總統大選中的領先者還認為無此必要。「如果布坎南輸掉提名，」[82]四年後布坎南再度出馬競選，薩繆爾這樣寫道：

這是因為他的時代還未到來，但是他所帶動的社會與政治力量並不會消失，而且即使他輸了，他也將在歷史留名，因為他已為這些力量終將贏得勝利奠定基石。

除了布坎南的支持者外，保守派仍為眼前的榮景沾沾自喜。一九九二年夏天，共和黨在休士頓召開全國黨代表大會，一批自由派人士在會場外發動抗議，共和黨全國委員會主席瑞奇・邦德（Rich Bond）嘲笑他們：「我們才是美國人！其他這些人不是！」由此顯示，冷戰結束使得像邦德這樣的人頓失方向。共和黨後來在大選中輸給在大學時代抗議越戰的比爾・柯林頓。共和黨的冷戰鬥士其實並沒有因為冷戰結束而得到什麼，它的文化戰士也沒有自十年來的雷根主義得到任何東西。回顧雷根時代，它其實是鞏固了自一九六〇年代展開的各種改革運動，而不是逆轉這些運動的方向。

在雷根後的四分之一個世紀，保守派在與政治正確的鬥爭中每戰必敗。婦女與少數族裔任何擴張權利與尋求認同的舉措，幾乎沒有一樁會被認為是「過分了」。一九八八年，史丹佛大學將「西方文化」的必修課程更改為具有彈性且多元文化的「文化、理想與價值」。一九八七年一月十五日，五百名大部分為少數族裔的學生在牧師傑西・賈克遜的帶領下，在帕羅奧圖的棕櫚大道發動抗議遊行，高喊「嘿，嘿！嗬，嗬！西方文化必須走！」[83]當時此一行動受到全國各大學與報章雜誌的恥笑與嘲諷。然而最終他們獲勝了。改變自大學擴散至企業、基金會與政府機構。有線新聞電視網（CNN）的創辦人泰德・透納（Ted Turner）下令他的公司人員在提到美國之外的事情時須冠以「國際」一詞，不能稱作「國外」，[84]並且威脅若有人違反此一規定將會施以罰金的懲戒（他會把罰金捐給聯合國）。政治正確終究不是一個笑話。它意謂美國體制權力有史以來首次受到如此廣泛的意識形態所掌握。

那些對政治正確嗤之以鼻的人，以為在冷戰期間管理西方思維的黨派安排會一直維持下去。沒錯，「保守派」、「鷹派」確實要比「自由派」、「鴿派」與反共產主義的共產主義者更能夠堅持立場。沒錯，現今想方設法爭取權利與認同的大都屬於鬥爭中的鴿派。可這都只是一時的情況。推動民權、女權與同性戀權利的人士從來沒有近距離接觸過馬克思思想的經濟組織與捍衛它們的蘇聯政權。

然而物換星移，現在可能已到了即使要求改變美國體制內種族或性別的秩序也不致引發破壞國家安全疑慮的時候了。對於黑人、婦女、移民與同性戀而言，這是振奮人心的一刻。少數族群可以結盟，以正義之師的姿態來爭取權益並取得勝利。在此一過程中，少數族群可能會發現，甚至連自己都未曾料到，民權法案竟然能讓他們掌握國家權柄。

隨著嬰兒潮世代的教授進入校園，校園內對種族與性別的理解也益趨深入。有人嘗試將此一情況與一九六〇年代激進分子「占領」大學的行動相提並論。但是實際上並非如此。嬰兒潮世代的教授大都介於二十八、九歲到四十多歲之間，他們並非我們之前所提到一九六〇年代推動革命的人士。他們是社會學家韋伯（Max Webber）所謂的「繼任人」[85]——承擔之前改革行動所帶來常規化與官僚化責任的世代。

在學術界，嬰兒潮從來沒有享受到在公投時所有的人口優勢。事實上，即使到了一九九〇年，相對於他們在其他地方的代表性都超出比例，他們在大學師資中卻欠缺代表性，僅占了所有教授的四分之一。[86]代表性不足有其自然成因：在一九六〇年代教導嬰兒潮世代的教授如今都已是終身職。組織的僵化阻礙了大學的改革。在政治正確崛起之際，美國大學各系所，即使是人文科系都不是特別的左傾。一九九一年的一項調查顯示，[87]有百分之五十八的教授都自認是中間派或保守派，只有百分之四十二自稱是左派或自由派。

大學的激進化可能並非來自激進的嬰兒潮世代進入校園師資，而是相對保守的嬰兒潮離開學生群體。取而代之的是一批完全不同的人口群體，他們站在新世代的頂端。在一九八三年，哈佛大學的學生，沒有一位有電腦，然而到了一九八六年，也就是最年輕的嬰兒潮離開校園之際，沒有人沒有電腦。[88]也就是在同一年，高科技發展先鋒奧倫．伊奇奧尼（Oren Etzioni）成為哈佛大學計算機科學系的第一位學生。[89]一年後，芝加哥大學哲學系教授艾倫．布魯姆（Allan Bloom）所著的《美國精神的封閉》（*Closing of the American Mind*）蟬聯紐約時報暢銷書之首長達四個月，該書引發各界對大學教育意識形態僵化的憂慮。在第一批後嬰兒潮世代進入高中之際，糖山幫（Sugar Hill Gang）於一九七九年發行的〈饒舌歌手的喜悅〉（Rapper's Delight）開創了嘻哈與饒舌音樂。一九八二年，在閃耀大師（Grandmaster Flash）的〈信息〉（Message）透過全國廣播電台帶動嘻哈熱潮的同時，也正是同一批人準備進入大學之際。希爾勒指出，時至一九九〇年，柏克萊有一半以上的學生都不是白人。

美國公眾過去不曾叫囂要箝制異端思想，美國言論自由的精神也一直得以延續。一九五五年，也就是在麥卡錫主義式微後不久，哈佛大學的社會學家薩繆爾・斯托弗（Samuel A. Stouffer）發表了一份研究報告，題為「共產主義、一致性與公民權利」。他的目的是探討人們對於共產主義分子所做的三件事情的容忍度有多大：在他們的社區發表演說、在大學教書，以及著作為公共圖書館收藏。一九七二年之後，全國民意研究中心（National Opinion Research Center）為斯托弗的調查又增添了幾個情境，測試社區對侮辱種族、宗教與民主等方面的言論的容忍程度。結果顯示在政治正確之前的幾十年間，沒有一個議題會觸怒民眾而要求箝制言論。事實上，准許圖書館出借種族歧視相關書籍的人的比率還略有增加，從一九七二年的百分之六十增至一九九〇年的百分之六十三左右。[90]

政治正確是一項由上而下的改革，它的啟動不是藉由對於反動主張的公共意見，而是藉由對表達這些主張的人施以新的懲罰。一般而言，政治正確的力量是直接自一九六〇年代的民權法案衍生而出，或者僅是隔了一步。在那個時候，學術界把「顛覆性」變成一個稱讚的用詞，不過在使用上有其特殊之處。然而所謂「顛覆性」的學者所支持的正是政府以舉國之力，企業與基金會則全力運用其資金與創造力來推動的事情。現在很少有教授會反駁（如同他們過去那樣）濫交、無神與和平主義的主張。今天的顛覆性主張（應讓更多的黑人居於權力高位，同性戀關係就和異性戀一樣正常）在民權法律下應給予特別的保護，而現在政府各層級有數以萬計的人都曾接受相關訓練，付諸實行。

《希瑟有兩個媽媽》：多元性的散布

由於其主要工作是掃除與懲罰不同的意見，因此圍繞民權法律的政府治理機制遠比等待國會立法，或是社會道德重生要有效得多。改革人士急於將其在種族方面的訴訟模式複製到公眾生活的其他部分，包括女權與移民語言的教育等。隨著政治正確風潮的興起，此一模式也應用在爭取同性戀權益方面。在一九九二到一九九三學年，紐約市教育局長約瑟夫・費南德茲（Joseph Fernandez）下令實施由他前任所制定的「彩虹小孩」（Children of the Rainbow）計畫。該計畫旨在以強勢的紀律處分與闡釋來作為推動多元家庭的概念。「我所要求的，」費南德茲說道。「是認同多元家庭結構，接受他們每一個都是充滿愛與關懷的家庭。」[91]

一本名為《希瑟有兩個媽媽》（*Heather Has Two Mommies*）的書籍代表了此一爭議的嚴重性。費南德茲將該書列為其推薦一年級學童閱讀的讀物。皇后區中村（Middle Village）的學校委員會（正確地）了解此舉為的不只是要讓單親家庭，還有同性戀者作為父母的概念都正常化。然而該委員會拒絕接受此一教育課程。費南德茲下令中止該委員會的職能。後來市府推翻他的命令，並恢復該委員會的運作。[92]

很難想像爭議雙方沒有共通語言，而是各說各話。他們的政治合法性概念互不相同，彷彿是在兩套憲法下運作。「我不知道他們有什麼問題，」一位課程設計人表示，「我一直在找可是都找不到。」[93]然而此一教育課程不僅招來廉價小報，同時也包括學術性刊物的訕笑與「看你如何收場」的嘲諷。這樣的反應與當初政治正確在校園內興起時所引發的一模一樣，而且也都認為此一社會實驗終會因本身的荒謬而消失。一位記者甚至預測，[94]來自布魯克林，堅決反對彩虹概念的教育委員會副主席艾琳・因佩利澤里（Irene Impellizzeri）一篇尖酸刻薄的演說「可能最終成為紐約文化革命的轉捩點。」他的預測不過是妄想而已。紐約市外圍自治區所引發的「彩虹家庭」爭議最終也會像大學校園內的種族與性別問題一樣獲得解決。原本看似最為狂野與最為「激進」的烏托邦理想，結果不過是帶動體制全面改革最微小的頭期款而已。

由種族移轉到性別的爭議，其實是一個老問題，而且是最老的問題之一。人類，作為個人，為了他們的性滿足，需要靈活具彈性的相關體制，然而就社會而言，為了維持秩序與自我延續，需要的是一套強調一致性，甚至可能有些僵硬的體制。此一爭議正是《羅密歐與茱麗葉》所要表達的，同時也解釋了二十世紀的文學構成中，自諾貝爾獎得主、法國作家羅傑・馬可・杜・加爾（Roger Martin du Gard）到柴契爾（Thatcher）時代搖滾樂作詞家莫里西（Morrissey），同性戀相關作品占有很大一部分及其普遍性的原因。他們描述的情況都相當悲慘，這是人生百態的一部分，不是政治。

但是現在，在民權法律所提供的工具下，它們益趨政治化。彩虹教育課程的一位支持者，同時也是布魯克林同性戀教師協會（Lesbian and Teachers Association）的成員，解釋問題所在：「一項原本旨在提升接受程度的教育課程，結果卻是暴露出恐同症的情況有多嚴重。它引發了對同性戀的抨擊以及各種偏執與有目的的謊言。」[95]「抨擊」、「恐同」、「偏執」與「謊言」等辭彙過去都不曾出現在此一議題上，這是全新的用語。由此也意味個人與社會之間性偏好的不可調和性不再是悲劇或是爭議。根據民權法律重新編製的類別，它屬於犯罪，一種與一整個群體做對的罪行，而以習俗或傳統之名來從事這些行為只是託辭罷了。

現今所有的機制都是在民權法律的權限之內。飽受委屈的少數族群在一九六四年時從未想過有一天政府與企業竟會放下手邊工作來全力回應他們的要求。

然而政治人物對於這樣的變化卻是後知後覺。在一次獲得壓倒性勝利的選戰之後，喬治亞州的議員紐特．金瑞契（Newt Gingrich）在一九九五年當上眾院議長。在這次選舉中，如彩虹教育課程的社會爭議（主要是性議題方面的爭議）是重點之一。金瑞契在上台後的頭幾週一直在思考如何在個人與社會的性需求之間取得立法上的平衡，但是他腦中的想法可能仍停留一九六三年。他擔心會有鼓勵同性戀的聯想（你們顯然已經有了在所謂輔導計畫下有效徵才的措施）。[96]他決定在聯邦民權法律下捍衛性取向的議題上站穩腳步。（難道說異裝癖就自動擁有以異裝癖的身分從事工作的權利？我可不這麼認為。）

共和黨繼續以這種嘩眾取寵的方式來贏得選戰，甚至鼓動選民激情，逼迫民主黨政治人物低頭。一九九六年，金瑞契鼓動全國支持捍衛婚姻法案（Defense of Marriage Act，DOMA），並迫使比爾・柯林頓簽署。此一法案凸顯反對同志婚姻的力量有多強大，然而同時也可看出該法案所要達成的目標是多麼的遙不可及，許多共和黨的政治人物就認為這是矯枉過正。它所展現的是精神勝利主義。在此同時，保守派一心所追求要「保存」的世界正在萎縮之中，他們在選舉中嘲諷的世界則在擴大之中。共和黨所贏得的只是舊體制遺留下來的空殼子，真正的政治力量已經撤出。一般而言，傳統與多元性都應受到尊重。但是單就法律來說，只有多元性受到尊重。《希瑟有兩個媽媽》並非爭議，而是立下規矩。

再一次地，共和黨對此一變化視而不見。他們視政治正確不過是一連串的笑話。你們聽聽看！美國銀行（Bank of American）竟然在得來速自動櫃員機的鍵盤上安裝了盲人用點字系統。這可是千真萬確！阿帕拉契山俱樂部（Appalachian Mountain Club）[97]的蓋黑德小屋（Galehead Hut），從距離最近的道路爬上去要五英里，現在竟然坐輪椅也可以上去。國會議員們夸夸其談何謂正確的性行為，報章雜誌的評論則是對《希瑟與她的兩個媽媽》極盡嘲諷，他們分不清自願的倡議與政府強制性的措施間的差異，也沒有意識到他們在法律上獲勝的機率等於零。一旦社會議題成為民權的爭議，共和黨一定是每戰必輸。多元性有進無退，不論其支持者是否會贏得選舉。選民們還沒有認清此一事實，一旦他們懂了，老式的民主政治也就結束了。

「政治正確」是民權法律執行基本權力下的文化效應。這些權力，能夠深入機制的表層，使得保守派必須服從。雷根曾經主張，「企業界」應勇於站在傲慢專橫的政府對立面，並以此贏得保守派的支持。然而現今企業界已成為執行民權之鍾，站在平權行動與政治正確的最前端，保守派該怎麼辦？

企業領袖、廣告商，以及大部分的新聞業者都紛紛根據民權法律的要求來更改營運環境，儘管金瑞契打賭這樣的改造是不可能的。所有的大企業、大學與主要的政府機構都設有人事，或是所謂的「人力資源」部門。[98]人力資源一詞在一九八〇年代的流行程度是一九六〇年代的五倍，許多公司都設有多元化執行長或是多元化監察使的職位，扮演類似二十世紀政務委員的角色，他們會商討董事會或公司野餐是否具有足夠的多元性。

以約瑟夫・費南德茲一九九〇年代初期在皇后區提出的彩虹教育課程為例，該課程是由其前任理查・格林（Richard Green）在一九八九年所制定的，旨在全面推翻紐約舊有的學校制度，包括相關人員在內。格林表示：「我們要在教育的各個方面推動多元文化的教育，包括輔導、評量與測試、課程與教導方式、各層級的人員與相關教材等。」[99]此一趨勢也進入民間部門。CNN創辦人泰德・透納就宣布不會再僱用抽菸者，即使他們不在工作時抽菸也是一樣。

在政治保守主義還占上風的時代，由改革運動所主導的政治行動都是微不足道：質疑西方正統文學、討論同性戀是否可以結婚與收養小孩，或是倡議人民可以擁有不只一個國籍。然而這些不同的訴求如今同時出現絕非巧合。這些在過去屬於少數派的主張，現今透過民權法律的加持，輕易越過民主體制所能豎立的障礙。

幾乎所有以民權之名的事情，不論是好是壞，都是鐵板釘釘，無可改變。選民們的不滿或許偶爾能夠驅逐像費南德茲這樣的人與延緩他的行動，但是絕對無法逆轉整個情勢。相關的爭議會製造民主協商的錯覺，結果反而使得這樣的情況更為加強。以「雙語教育」為例，儘管並非法律，但是在最高法院對「劉對尼古拉斯」（Lau v. Nichols, 1974）一案的判決與許多不同的聯邦機構在一九七〇到一九七五年間擬定的民權指導原則下成為強制令。一九八〇年代，雙語教育計畫受到公眾的鄙視、學界的抨擊，並且造成許多政治人物尷尬的道歉，在這樣的情況下，美國民眾大都認為該計畫應已撤銷。但是事實上並沒有。幾乎所有在一九七〇年代所實施的雙語教育措施到了二十一世紀都依然健在。二〇〇四年，紐約市長麥可・彭博（Michael Bloomberg）試圖結束該市的雙語教育計畫，結果卻以失敗收場。[100]

政治正確的牢不可破凸顯出美國民眾一九六四年的改革所造成的後果：他們無意間在沒有廢除現行憲法的情況下又為自己制定了第二套憲法。這兩套憲法所保障的權利相互衝突，但是不論爭議為何，都是由受到社會菁英支持、非官方的新憲法占得上風。

這是衝突的祕訣。因為對憲法無意間竟和種族隔離主義一起遭到拋棄而感到心神不寧的共和黨與其他人，或許會自我安慰：由殉道的馬丁・路德・金恩在一九六〇年代所領導的「好的」民權運動，在一九七〇年代受到「激進」的平權行動與其配額、強制命令的「綁架」。一旦這個國家恢復理智，拒絕這些激進的制度，好的民權體制就會回來。

這是不可能的。平權行動與政治正確是第二套憲法的兩大支柱。它們就是民權所在。它們並非暫時性的東西。平權行動是民權法案本身限縮結社自由下經由司法引伸而出的。政治正確則是在於一批富有同情心的法官所授與的集體尊嚴權利，他們看出如果沒有這樣的權利而將種族強加在一起，可能只會造成羞辱而不是解放。只要美國民眾害怕發言反對民權法案，或是擔心被人指為種族歧視者、性別歧視者、同性戀歧視者與排外者，他們的政治代表性就無法抵抗以「民權」名義提出的任何東西。這也意味當衝突最終到來時，將是憲法上的衝突，其嚴重性完全是憲法層級的。

第七章　贏家

外包與全球價值鏈；政治化借貸與金融危機；民權是統治者的事業；谷歌與亞馬遜具有政府的雛型；艾略特・史畢哲、愛德華・史諾登與監聽；網際網路大亨的文化；高科技與民權間的親密關係；慈善事業的興起；歐巴馬：無政府治理；推力與行為經濟學；從同志權益到同志婚姻；溫莎：菁英薈萃；奧貝格費爾：實質（非官方）憲法的勝利

美國人花了好長一段時間才了解新經濟真的是新經濟。他們已習慣於行銷炒作。當政治人物使用「新經濟」一詞時，選民很容易就會認為這不過又是以一種爭取人們注意的方式，來描述一段經濟發展的過程。這樣的經濟發展過程其實在過去幾個世紀不斷上演，機械化就是以如此方式進入工業生產作業，導致若干部門有限的短期中斷，但是同時也為受過新科技訓練的部門帶來獎賞。

自一九八〇年代開始加速的勞工部門全球化則是進行得更為徹底。不同的東西在不同的地方

由不同的人來製造，美國社會結構因此翻轉。這個國家從而變成局部經濟體而不是整體經濟體，導致至少在一時之間，她的固有文化、國家主權的政治信仰、國家獨立與社會凝聚力都顯得荒謬可笑。就此而言，新經濟就等同新憲法。在到二〇一六年總統大選為止的五十年間，懂得如何利用此一新興力量的都繁榮興旺，至於繼續相信與使用傳統方式，或是尋求以投票來引導國家走上他們所希望的道路的人，卻是進退失據。

外包與全球價值鏈

西方國家高薪的工業勞動力曾經無懈可擊，因為受制於土地法與經濟法的資方命運與他們的勞動力休戚與共。接受指示製造產品的勞工都需要聚集在老闆身邊。經濟學家理查德．鮑德溫（Richard Baldwin）解釋，商品市場的競爭，「是國際競爭打入經濟的唯一途徑。」[1] 外國汽車工人絕對無法威脅到美國汽車工人的薪資，除非低薪國家開始建立工廠與周邊產業，大量生產與美國汽車品質相當的汽車。一九七〇與八〇年代的日本與韓國就是這麼做的，使得美國大感不安。但是這樣的競爭需要這些國家經歷工業化的過程，而當亞洲公司能將他們的汽車銷入西方市場時，他們勞工的薪資已接近西方的水準。

然而電腦打破了此一金鐘罩。電腦使得西方企業能夠利用低成本的勞動力遠程裝配工業零件。這樣的情況也意味即使是前工業化社會也能與美國競爭。任何國家，只要掌握了某裝配線的初級工作技能（以實際的例子來看，例如能夠進行車體電路裝配的越南）就能自高薪國家手中接下這方面的生產作業和與其相關的所有工作，而不需要經過工業化的過程。於是企業開始大加利用這些所謂的「全球價值鏈」。

在《紐約時報》專欄作家湯瑪斯・佛里曼（Thomas Friedman）與其他支持全球化人士一九九〇年代的推波助瀾下，你會發現價值鏈有如萬花筒一樣複雜：印福斯（Infosys）執行長南丹・奈里坎尼（Nandan Nilekani）主持的橫跨八個時區的「虛擬會議」，[2]會議中「美國設計人員可以在螢幕上同時與他們的印度軟體工程師、亞洲製造商交談。」

但是全球價值鏈真正的價值其實並不如眼睛所看到的那麼多。它們並非是由工業組織的大師們在會議室所指揮的專業工藝交響樂章。這些新作業往往是某些公司的舊作業，只是移到別的地方。這些價值鏈的主要目的並非工業發展（到地球的另一端尋求新價值），而是在於政治（穿越邊界到某一地方，或是任何地方，只要能夠讓美國企業擺脫自羅斯福新政以來不斷累積對勞工的義務就行了）。

將生產中某一階段的製造作業悄悄搬走，所引發的混亂、疑慮與爭議，要比將整個生產作業移走少得多。避免爭議是此一行動的本質所在。將美國資本擁有者自美國勞動力解放需要美國選民的同意。在一九九三年的北美自由貿易協定（North American Free Trade Agreement，

ＮＡＦＴＡ）之役中，美國選民原則上就同意了。

如今美國在一個規模更大的全球經濟內運作。今日的國際競爭壓低了工業工藝的價格，企業紛紛重組以爭取全球經濟中最有利可圖的腦力工作：設計、行銷與公共關係。問題在於無論是哪個社會，都只有一小部分的人具備從事這些腦力工作的條件。也許在美國企業主管、教授與慈善家的眼中，新經濟的規模龐大，但是美國勞工所經歷的卻比舊經濟小得多。他們陷入一個矛盾的處境之中：在他們同意他們的工作外包之前，人們指責他們是被寵壞的阻撓者，備受責難，然而一旦他們的工作外包，也就不需要他們的同意，他們成為不知進取的失敗者，被人遺忘。

比爾．柯林頓充分利用此一情勢帶來的不安。他一方面主張應大步向全球化邁進，一方面也保證會對在轉變中遭到遺漏的人給予補償。

這個看來是一個高明的折衷方法。誇張一點的說，此一做法已成為典範，至少對於各地瀕臨死亡，亟思振興的社會民主黨派是如此。柯林頓的模仿者紛紛在西方主要工業國家當選領導人：一九九四年荷蘭的維姆．寇克（Wim Kok）、一九九七年英國的東尼．布萊爾（Tony Blair）與法國的里昂內爾．喬斯班（Lionel Jospin）、一九九八年德國的格哈特．施若德（Gerhard Schroder）。但是也有一個問題：他們一直沒有搞清楚該如何保護被遺漏的勞工，尤其在全球化造成各地福利計畫空洞化及工會主義大幅萎縮的情況下。濟弱扶傾已不再是幫助他們找到工作，而是幫他們借錢。

直到一九八〇年代，美國的金融體系還是受到嚴格規範；銀行的放款業務不能跨越州界，小銀行也不能炒作股票。這樣的體系快把金融家與業界專家逼瘋。在這個體制下，美國民眾會繳更多的貸款、自存款賺到更少的利息。然而若是稱這種「單元銀行」（unit banking）的老制度沒有效率就是短視了。理論上，單一銀行很容易遭遇危機，因為它們無法將信用風險分散到其他地區、階級與產業。但是實際上，這類銀行很少倒閉。

根據經驗，我們可以這麼說，儘管家庭貸款時承擔的利息比較高，這套舊式的銀行體系在穩定性方面能夠給予超過等值的回報。它將銀行家的資產保留在社區之內，在面臨危機時能夠維持當地的資金與信用流通性，防止資金外流。法蘭克林．羅斯福一九三三年的銀行法案（又稱格拉斯－史蒂格爾法案〔Glass-Steagall〕）將這套體系立法，為存款提供保險，並且為利率設立上限。但是這樣的限制只有在政府確保通膨穩定下才能維持。當詹森發動雙線戰爭，同時對國內的種族隔離與海外的北越作戰時，通膨急升，中產階級開始要求為他們的存款提高利息收入。為了要獲得額外的收益，銀行於是開始尋找新市場，並且願意承擔更多的風險。

一九七〇年代末期，美國處於兩種全新的險境之中：第一個是中產階級選民開始決定承擔更多的金融風險，銀行體系的邊緣機構獲准為他們提供服務。[3]自一九八〇年開始，政府對主要為房貸與汽車貸款業者的信貸公司放鬆管制，但是結果卻令人痛心。在一九八九到一九九五年間，這些信貸公司三分之一倒閉。第二個是美國公眾開始反對繼續為一九六〇年代的社會計畫買單，然而這些計畫正是國家跨種族禮遇的依據。

這兩項危險因子在雷根時代合而為一，並在雷根下台後的三十年間緊密結合。比爾·柯林頓放寬民間部門借貸的管制，製造出繁榮的假象。小布希與歐巴馬則是債臺高築，舉債規模之大，是雷根時代任何一位政治人物都無法想像的。這些債務是由第三者來償還：嬰兒世代的兒孫輩。到了二〇一六年十一月美國總統大選的時候，美國國債達到二十兆美元，[4]而政府的無資金準備債務更是此一水準的五倍。[5]

銀行體系，就其傳統的定義來看，根本無法配合舉債的速度。二十世紀末，銀行體系自核心開始管制鬆綁。一九九九年十一月十二日，柯林頓廢除格拉斯－史蒂格爾法案。「大政府的時代已經結束，」他在他一九九六年的國情咨文中做出這樣的宣布。但是事實並非如此，結束的是大政府迄今為止的融資方式。美國已將自己由一個透過稅收與轉移支付來運作的福利國，轉變成靠法規與信用市場來運作。

最大的信用市場是美國人民的房貸。美國房地產市場受到政府的大力支持。大減稅（從扣除抵房貸利息到豁免屋主的資本利得稅）無一不是對買房，而非租房，給予補貼。與此同時，政府贊助企業（Government-Sponsored Enterprises，ＧＳＥｓ）透過發行數以兆美元計的債券來從事購買、擔保與將房貸證券化的業務。他們為房貸創造了一個龐大的次級市場，使得社會轉型產品（三十年抵押貸款利率處於優惠的固定低點）成為美國中產階級賴以維持其生活方式的基礎。

我們來看看GSEs。聯邦國家抵押貸款協會（Federal National Mortage Association，簡稱Fannie Mae，房利美）是一九三〇年代新政下設立的政府機構。一九六八年，在詹森急於平衡其戰爭預算下，該機構轉為民營公司。大部分的投資人都知道此一民營化行動只不過是虛晃一招，目的是要把政府的住房債務移出資產負債表，但是其結果卻是再真實不過。

此一機構成為滋生貪腐的淵藪。在公眾眼中，它擁有政府的支持：二〇〇八年九月政府對其進行紓困，就是最好的證明。但是在私底下，這些與政府關係密切的主管所賺得的酬勞，在世紀交替之際都是上千萬美元。一九六八年，國會仿照房利美成立政府國家抵押貸款協會（Government National Mortgage Association，簡稱 Ginnie Mae，吉利美）。兩年後，國會又成立聯邦房貸公司（Federal Home Loan Mortgage Corporation，簡稱 Freddie Mac，房地美），以讓其他的GSEs也可加入「競爭」。

政治化借貸與金融危機

一九九二年十月八日，在洛杉磯爆發四分之一個世紀以來最嚴重的種族流血暴動的陰影下，總統競選活動結束，總統老布希簽署了住宅與社區發展法案（Housing and Community Development Act）。它開啟了我們在本書所看到許多關鍵的發展過程：突如其來的將民權法律與多元性直接置入原本欠缺這類東西的地方，這一次是抵押融資。在該法案下，GSEs現在有了一個「任務目標」，即是要供應「負擔得起的住房」，尤其是在「缺少住房的地區」，[6]這其實是政府對少數族裔社區的委婉用語。

這也意味需要降低貸款審核標準。[7]GSEs現在要建立一套「只要求借款人支付百分之五以下頭期款的方法」與「同意對有不良信用紀錄的借款人放款」，只要借款人最近十二個月的信用紀錄維持良好。儘管有審核人員確保放款作業的安全性，但是他們都是隸屬於美國住房與城市發展部（Department of Housing and Urban Development）——意味他推廣放款的工作會重於審核的工作。

紐約大學商學院的經濟學家維拉爾．阿查里亞（Viral Acharya）與他的三位同事認為老布希此一魯莽的住房計畫，是導致下一世紀比他還更魯莽的兒子小布希在擔任總統期間，爆發幾乎毀滅全球經濟的金融危機的直接因素。突然之間，政府竟然有餘裕來處理高危險性的抵押貸款問題，即是信用品質存疑的借款人與高貸款成數（貸款價值比）。

一九九二年大選獲勝，當選總統的比爾．柯林頓將此一任務視為己任。他自一九九四年夏天開始討伐窮困，以及黑人的城市社區嚴重缺乏住房的問題。他指責銀行「拒絕貸款」，這是自一九六八年的公平住房法案（Fair Housing Act）以來，一直受到聯邦政府嚴加打擊的非法作業，即是系統性地拒絕對黑人社區貸款。此一用詞對柯林頓的白人支持者毫無意義，但是卻是屬於民權運動的基本用語。它讓黑人得以帶有煽動性的指責銀行對黑人貸款率低落，並非因為他們貧窮，而是出於具有種族主義的銀行家的陰謀。

事實上並沒有證據顯示銀行拒絕貸款。柯林頓的指控是依據波士頓聯邦準備銀行的一份研究報告，[8]然而該報告的缺失幾乎是立即就出現在紐約時報的商業版上。在確定貧窮的影響，並且排除兩家在偏遠地區的銀行之後，發現根本就沒有歧視的情況。當然，是有一些不平等的情況，但是不平等並不等於歧視。

然而在民權人士的腦中，它們卻是同一件事。我們在第二章曾以艾倫．大衛．弗利曼為例，來看歧視加害者與被害者間觀點的不同。但從詹森的民權法案到老布希－柯林頓推動金融業改革的這段期間，不知曾幾何時，受害者的觀點勝出。現在，任何不平等就代表非正義，而且不需要探究其中成因就可以要求平反。

柯林頓號召與授權社區領袖，引用自一九七七年立法以來就逐漸被人淡忘的社區再投資法案（Community Reinvestment Act），藉由指控銀行業有歧視行為，進而阻撓它們的作業。這些人威脅阻撓銀行間預定的合併計畫，除非銀行願意慷慨解囊，對社區進行投資。總統柯林頓充當經紀人，在自一九九二年以來的四分之一個世紀，總共有八千五百億美元的貸款必須經過社區團體。[9]銀行為了避免經營受阻，都會直接對社區團體進行投資或是提供貸款。在一九九三年之後，即時改革社區組織協會（Community organizations for Reform Now，ACORN）[10]總共自摩根大通（JPMorgan Chase）獲得九百五十萬美元、自花旗銀行（Citibank）獲得八百一十萬美元，再自匯豐（ＨＳＢＣ）獲得七百四十萬美元。該組織後來因在歐巴馬競選總統期間的角色而引發爭議。

在柯林頓卸任的時候，美國住房與城市發展部要求ＧＳＥｓ的貸款組合中對收入者的貸款比率必須達到百分之五十。共和黨從來沒有反對此一規定。只要「支付」是以將風險分散至社會各層面的方式進行，而且前面沒有美元符號，那麼一定就是免費的了。傑克・肯普（Jack kemp）在一九九六年角逐副總統，呼籲「根據信用擴張與資本來建立新的民權章程。」[11]小布希在總統任內，於新世紀到來之際更是進一步將ＧＳＥｓ對低收入者的貸款配額提高至百分之五十六。此舉嚴重損壞住房資產的品質。到了二〇〇七年，高風險房貸（相對於低風險房貸）在ＧＳＥｓ的貸款組合中的比率達到百分之二十二，是十年前的十倍。[12]芝加哥大學的經濟學家阿蒂夫・米安（Atif Mian）與阿米爾・蘇非（Amir Sufi）的研究顯示，在二〇〇二到二〇〇五年間，「所得與房貸成長率呈負相關。」[13]這意味你越沒有能力償還房貸，你獲得房貸的可能性就越高。

ＧＳＥｓ的貸款標準通行於整個銀行業。到了二〇〇六年，全美有百分之四十六的新屋主都付不出貸款的頭期款。[14]與此同時，若非有政府的壓力，銀行業可能也不會在帳面上有數兆美元的貸款。沒有一位精明的會計師會認為這些貸款在經濟走低時還能繼續存活，它們確實沒有。單一一個國家將窮人房貸政治化的動作最終竟將全球經濟帶至崩潰邊緣。

在二〇〇八年全球金融風暴（西方歷史上除了大蕭條之外最為意想不到與慘重的市場重挫）之後，柯林頓與布希父子擔任總統任內在國內政策上所做的一切都顯得蒼白無力。它摧毀了數兆美元的經濟價值，同時也導致數以千萬人的生計陷入困境。

儘管此一危機出自美國政治與銀行客戶之手，但是對危機成因最為鞭辟入裡的診斷卻都來自不受美國政治禁忌約束的人——外國人。英國出生的前國際貨幣基金（IMF）經濟學家西蒙・強森（Simon Johnson）認為此一危機與二十世紀末在烏克蘭、俄羅斯、泰國、印尼與南韓所發生的新興市場危機如出一轍，都是在於他們的裙帶資本主義、貪汙腐敗以及政治分配信用。[15]

出生於印度博帕爾（Bhopal）的拉古拉姆・拉詹（Raghuram Rajan）是西蒙・強森在麻省理工的同學。他早在這場危機爆發前就警告央行官員，美國許多用來降低風險的金融創新產品，例如衍生性金融商品與信用交換合約，事實上都會導致風險升高（在金融危機之後，拉詹成為印度央行總裁）。拉詹以其非凡的社會敏感度，將此一金融危機與美國日漸興起的不平等相連接。美國經濟自一九九二年逐漸自衰退復甦，但都是「失業式復甦」，而且在二〇〇一年的衰退之後，美國經濟花了三十八個月的時間才恢復充分就業。拉詹警告，「美國顯然沒有為失業式復甦做好準備。」[16]她沒有任何大型轉型計畫。在這樣的情況下，任何衰退，只要對公眾造成絲毫衝擊，都可能會結束領導人的政治生涯。

此一金融危機是美國政府在柯林頓與布希父子總統任內思慮不周，魯莽地擴張信用所導致的結果。作為振興經濟的方法，擴張信用較政府擴大支出有兩項實際的優勢。第一，保守派不會因此感到不安。第二，根據拉詹指出，「寬鬆信用有許多立即、廣為分布的好處，這些成本都是在未來才要支付的。這樣的支付結構正是政治人物夢寐以求的，這也是為什麼有這麼多國家受其誘惑的原因。」[17]

拉詹也提到一些關於房貸人性面的敏感性議題。在過去的某一個時間，審核申貸的老式方法（面對面的訪問、嚴格調查申貸人的品行與社會地位）已讓位給線上或電話操作、方便進行但也會輕易受到濫用的審核方式。

> 「事實上，貸款審核人員的判斷對信用評估非常重要」拉詹寫道。……如果在面談中發現申貸人粗魯無禮、狡詐奸巧或是穿著邋遢，確實對貸款會有影響。[18]

審核作業的改變並不只是因為銀行的怠惰。對於申貸人的信用品質過度關注反而可能導致銀行家陷入違反反歧視法的麻煩，尤其是在柯林指責銀行「拒絕貸款」之後。要指責小布希把房利美的低收入者貸款比率由百分之五十提高到百分之五十六是一件愚蠢的決定，其實很容易。但是可曾想過他若是降低比率，就會被罵是種族主義分子的問題？印度出生的拉詹一直沒有說明此一無可避免的結論，但是他的回答已較美國出生的學者更為直率與大膽：金融危機「資產負債表外的債務」大部分都是民權革命的債務。

正如胡士托代表嬰兒潮世代正式登上美國公眾舞台，二〇〇八年的金融危機就意味他們與那個時代的政治型態——快樂戰士下台一鞠躬。雷根、柯林頓、布希父子，面對衝突時是能躲就躲。他們的支持者並不視政治為一「零和遊戲」。如果犬儒就是奧斯卡·王爾德（Oscar Wilde）所說的知道所有事物的代價，但卻是對價值一無所知；反觀他們知道所有事物的價值，卻是對代價毫無所知，不過這樣的情況也無法持續。

這場債務危機顯示美國在尋求借錢的新方法上已江郎才盡。沒有這些額外的資金，這個國家無法繼續負擔偉大社會之前與之後的社會秩序成本。我們今天談到「極端化」，其實指的就是這兩種秩序在資源縮減下新爆發的鬥爭。

反種族歧視、女權、性解放、世界霸權與科技政府——沒有一項是免費的。這些都需要用錢，這也意味它們必須相互競爭以取得資源。在這樣的情況下，社會大眾自然會懷疑某些人會交出他們自認為屬於自己的權利，服從別人的政治秩序。長期以來予人「魚與熊掌兼得」假象的時代從此結束，取而代之的是更具人性的「兩者擇一」的情況。這就是隨著二〇一六年總統大選而進入最後階段的一齣戲。

民權是統治者的事業

歐巴馬是應金融危機召喚而來的總統。危機爆發的時間點，二〇〇八年九月，有助他的競選。如果危機晚兩個月爆發，也就是說在大選之後，歐巴馬的共和黨對手，對經濟所知不多的亞歷桑納州參議員約翰．馬侃（John McCain）可能也不會在選舉日為選民造成太多的困擾，更不用說他的副總統候選人阿拉斯加州長莎拉．裴琳成為嘲諷的目標。從另一方面來說，如果危機早來了幾個月，是在初選之前爆發，歐巴馬單薄的履歷可能會更加引起選民的注意。

馬侃的優勢是他曾為海軍飛行員與越戰戰俘的英雄事蹟。歐巴馬則是反對小布希選擇在伊拉克打一場失敗的戰爭。幾乎全國知名的民主黨人士都認為支持戰爭會看來是一項更為愛國的選項。現在小布希在他兩場失敗的戰爭之外，又添上一筆幾乎毀滅全球經濟的敗績，任何一位共和黨人都可能會跌落谷底。鑑於民主黨仍是一個專精於官僚體系與擅於大膽從事政府行動的政黨，歐巴馬在因應金融危機上居於有利的位置，但是他整個政治生涯都是立基於億萬富豪的資助，與以社區為本的種族激進主義的交匯點，也就是這場危機爆發的原點，因此他實際上是這場危機的象徵。

歐巴馬是一位完全不同的黑人候選人。他在夏威夷長大，他的父親是一位肯亞的獎學金學生，而他對父親所知甚少。他的母親來自堪薩斯州，是一位研究國際發展的激進派學者。歐巴馬曾經自述，他是「美利堅聯盟國*總統傑弗遜・戴維斯（Jefferson Davis）第七位還是第八位表親。」在一次到愛爾蘭的國是訪問中，歐巴馬還曾拜訪他在奧法利郡（County Offaly）的愛爾蘭表親。在競選期間，歐巴馬同父異母的兄弟姐妹自世界各地冒出，他們之前並非全都認識歐巴馬，其中有許多都頗有成就：奧瑪（Auma）是在海德堡的學者、阿邦戈（Abongn）是關係疏遠的右翼人士、馬克（Mark）是在中國深圳演奏的猶太鋼琴師，喬治（George）是奈洛比的機械師。但是歐巴馬並沒有美國黑人親戚。他是美國黑奴主人的後裔，不是美國黑奴的後裔。

他的祖先甚至與大部分美國黑人的都不一樣。以非洲幅員遼闊與多元性，若是在其他情況下，美國黑人一定會高聲說出自己的祖先，然而人們卻是對歐巴馬的祖先避而不談。當歐巴馬與妻子在二〇一三年訪問塞內加爾以前曾是奴隸港格雷島（Goree）的奴隸堡時，他的妻子可能正站在她祖先家鄉的土地上，可是他卻不是。事實上，格雷島與紐約的距離（三千八百二十英里）要比他父親所住的肯亞首都奈洛比到紐約的距離（三千八百六十五英里）近。直到上大學，歐巴馬與美國黑人文化的直接接觸甚至還不如他大部分在參院的白人同僚。他只有在他的自傳[19]與大衛・雷姆尼克（David Remnick）為他寫的傳記《橋梁》（*The Bridge*）中[20]，以優雅與打動人心的文筆談到他如何嚮往黑人文化，與他以學習外國語言的態度來認識美國黑人種族。但是他的故

＊編按：美國南北戰爭時期的南方政權。

事多著墨於後現代多元社會中的身分選擇，不是種族衝突與南方種族隔離政策的不公。

也許早在歐巴馬成為美國首位黑人總統之前，種族關係就已惡化，只是沒有顯露出來。美國出現一位黑人總統，至少在最近十年不是一個不切實際的想法。過去曾經謠傳黑人將軍柯林・鮑爾（Collin Powell）要出馬競選總統，[21]在一九九六年新罕布夏共和黨總統候選人提名初選前幾個月，民調顯示他的聲望領先。看來這是一座美國人民急於跨越的橋梁。不過，儘管歐巴馬在二〇〇八年當選總統後立刻在全國掀起一陣歡欣鼓舞之情，但這樣的情緒很快就消散了。

在歐巴馬上任頭幾個月哈佛廣場發生的一件事情將美國許多白人對他與種族的看法定格。二〇〇九年七月十六日，警方接到來自劍橋高級住宅區的一則手機報警。這是一位年輕女性替一位「年長婦女」報案的，後者看到兩名男子破壞一扇紗窗闖進一戶人家。他們還帶了一只行李箱。報警人並沒有說明這兩人的種族。在警方調度員再三催促下，她表示其中一位「看來是拉丁裔，但是我無法確定。」[22]

結果是亨利・路易斯・蓋茨二世（Henry Louis Gates, Jr），他是哈佛大學研究非裔美人文化的知名教授，而且也是新任總統的朋友。他當時自中國參加電視特別節目後返家，但是卻找不到鑰匙。他的機場計程車司機幫他破窗而入。這整件事情看來應該很容易解決。但是根據警方報告，[23]當警官詹姆斯・克勞利（James Crowley）要求蓋茨走出他住家時，他回答「不要，我不要。」這位警官解釋他接到報案來調查是否有闖空門的情事。蓋茨說道：「為什麼？只因為我是黑人嗎？」這時克勞利的搭檔卡羅斯・菲格羅亞（Carlos Figueroa）也過來了，蓋茨正在警告克勞利，「你不知道你惹了誰。」蓋茨打了一通電話說道，「把警察局長叫來」與「局長叫什麼名字？」並且抱怨他遭到兩名種族歧視的警官騷擾。「呀！」根據警方紀錄，他又對著克勞利叫囂，「我要和你媽媽在外邊談談。」克勞利形容他「非常激動」，於是將他逮捕。

雖然蓋茨很快就獲釋了，但是總統歐巴馬決定插手介入：

我不在現場，也沒有親眼目睹，因此我不知道種族在此一事件中的角色，但是我認為可以這麼說：第一，我們任何人都會感到憤怒。第二，劍橋警方愚蠢至極，竟然逮捕已經證明是在自己家中的人。第三，在這一事件之外，我想我們都知道這個國家有一段非裔美人與拉丁裔美人長期以來遭到執法不公待遇的歷史。這是不言可喻的事實。[24]

自艾爾・坎帕尼斯只因為口不擇言的幾句話而毀了一生後，有整整二十年的時間讓電視觀察家學習如何辨識這樣的場景——克勞利遭到設計要毀了他一生。劍橋警方也看出其中端倪。他們召開記者會，除了表達遺憾外，同時要求歐巴馬為了罵他們愚蠢至極而道歉。「總統用對了形容詞，」[25]劍橋高階警官協會（Cambridge Police Superior Officer's Association）主席說道，「但是卻弄錯了對象。」

現在輪到歐巴馬陷入一個尷尬的局面。蓋茨是因為妨礙公務被捕，並非總統所暗示的私闖民宅，而且當時還有許多目擊證人。美國人民所看到的不是種族歧視事件，而是另一種同樣熟悉的情況：總統保護一位有權有勢的朋友不致受到法律制裁。在四十八小時之內，[26]歐巴馬親自出席白宮記者會說明此一事件，但是並沒有為他在事件中「逐漸升高」的角色道歉。他現在把此一事件定調為雙方都「反應過度」。他邀請蓋茨與那位警官到白宮做客，共飲啤酒和解。然而歐巴馬每次提到克勞利的名字時都會說錯。

此一事件看來是圓滿落幕。根據總統了解，克勞利的種族關係紀錄毫無瑕疵，而且他還是警察局的多元化訓練員。他同時表示他「百分之一百一十」支持歐巴馬。[27]他甚至把當初逮捕所用的手銬當禮物送給蓋茨。但是如果在此一事件中其實沒有任何過失的克勞利的紀錄不是這麼完美，或者他的政治傾向與總統不同，整個情況又會如何？

至於蓋茨教授從頭到尾都說的沒錯，他確實是一位有權有勢、不容欺負的人。他盛氣凌人的氣場幾乎完全壓倒克勞利。但是隨著權勢在其中發揮作用，蓋茨絲毫沒有意識到他已背負一條仗著有權有勢的後台得到特殊待遇的紀錄。他把那副手銬捐贈給國立非裔美人歷史與文化博物館（National Museum of African American History and Culture），[28]彷彿他是一位飽受壓迫的民權受害人，而不是靠著美國總統仗勢欺人的大人物。

就憲法抽象的層面來看，民權法律創造了兩類公民。然而在實際生活經驗中，白宮在民權修辭上所使用的工具，都不是為了挑戰特權，而是在保護特權。

歐巴馬連做兩任總統，然而他從來沒有設法鞏固廣大的白人選票基礎。他的白人支持者都有錢有勢，但是為數不多。他在二〇〇八年競選時的白人得票率是百分之四十三，以他政黨的標準來看，高於平均水準，但是這樣的支持度後來逐漸受到侵蝕。歐巴馬是繼甘迺迪之後，聲望在就職頭幾天就達到高峰的首位美國總統。他自此聲望持續下滑直到他任期的最後一年，這樣的情形隱藏了一項差異，也就是非白人越來越喜歡他，然而喜歡他的白人卻是越來越少。他在二〇一二年競選連任時，[29]他的白人得票率只有百分之三十九，到了二〇一四年底，調查顯示即使是他最強力的支持者，十八至二十九歲的白人支持者，對他的滿意度也只有百分之三十四。在他任期中間的一項調查則顯示，只有百分之八的白人表示他們「一如既往或是大部分時間」都信任政府。

歐巴馬作為總統澆熄了民權立法共識下長期以來所形成的幻想，亦即與民權相關的介入式工具都只是暫時性的。美國民眾相信，一旦我們全都登攀上馬丁・路德・金恩口中的山頂，就不再需要平權行動了。當時最高法院曾就格魯特訴布林格（Grutter v. Bollinger，二〇〇三年）一案審視平權行動的未來。在該案中，密西根大學法學院向庭上保證，「該校當務之急是確立種族中立的錄取公式，」[30]而且只要確立就會立即撤除平權行動。大法官桑德拉・戴・奧康納（Sandra Day O'Connor）在其判決書中指出，這樣的保證有其必要性，「我們期望從現在起的二十五年間，不會再像今天這樣需要使用種族平權行動。」[31]

所以說我們現在已達成目標了，是不是？當一個國家把有史來最強大的軍隊、核武密碼全都交到一位任性而為的非洲獎學金學生的兒子手上，眾人確實可以宣稱平權行動的任務已經達成。他們從此可以解除自一九六四年以來守護民主的責任，重新享受共和的自由。這也是歐巴馬選舉時所做出的承諾。在二〇〇四年民主黨全國黨代表大會上，他曾說道：「這裡沒有黑人美人、白人美人、拉丁裔美人與亞裔美人，只有美國人。」

因此，當上台後的歐巴馬以種族意識形態的方式來治國，委實令人意外。由此也顯示還有許多事情仍有待努力，尤其是歐巴馬幾乎所有的政策制定都與種族、身分牽連在一起。在歐巴馬上任的第一年，一名軍醫，同時也是一位自學的穆斯林狂熱分子尼達爾・哈珊（Nidal Hasan）在胡德堡（Fort Hood）殺死了十三人。陸軍參謀長小喬治・凱西（George W. Casey, Jr.）將軍針對此一事件表示，「我們的多元性，不只是在軍中，同時也是整個國家的力量。這起事件固然是一場悲劇，但是如果多元性也成為受害者，我認為情況會更糟。」[32]凱西顯然認為如果被指控為種族主義分子，其命運會比死亡還要慘。NASA局長查爾斯・伯爾登（Charles F. Bolden）將軍在一次應總統要求出訪中東的途中接受半島電視台（Al Jazeera）的訪問。「也許最重要的，」伯爾登說道，「他要我與穆斯林世界接觸……肯定他們在科學、數學與工程上的歷史成就與貢獻。」[33]

如果與民權相關的介入式工具並非如奧康納法官所期待的只是暫時性的方法，而是永久性的制度，那麼一切都改觀了。白人勞工階層如果沒有參與任何歡迎黑人鄰居的英雄式行動，只憑某人的一句話，就可能遭到驅逐，遠離美國生活方式。他們不再是聖人，而是傻蛋。雖然歐巴馬並非煽動性的政治人物，但是對於這些事情的詮釋，會對公眾帶來極度不安的影響，尤其是還伴隨著以相同的態度來治理經濟。

谷歌與亞馬遜具有政府的雛型

在歐巴馬任內，美國跨過了一個里程碑：她較未來主義的卡通影片《傑森一家》製作時（一九六二年）更為接近影片中所設定的時間（二〇六二年）。在甘迺迪時代，民眾嚮往的未來可以總結為一個名詞「太空」（Space），現在則是變成一個新名詞「網路空間」（Cyberspace），這是由作家威廉・吉布森（William Gibson）在一九八四年創造出來的。美國直到十年後才藉由網際網路的發展得以進入網路空間。就某種意義而言，這是舊夢想的改進，而在另一方面，也是為向來喜新厭舊的公眾提供一個縮小版的替代品。

對二十世紀下半長大的人來說，在廣島原子彈與奧斯威辛集中營之後，這樣的縮小替代品似乎是一恩賜。「我們不是允許人類自我毀滅，就是甘願放棄若干自由。」[34]伯特蘭・羅素（Bertrand Russell）在一九五二年如此寫道。人類行動的限制使得過去看來專橫暴虐的事情如今反而變得謹慎保守。鑑於人類最先進的科技可能就是危險的最大來源，這句話也適用於人類的探索上。過去二十年間一直被視為理所當然的知性理想：智能的追求、開放的思想、探究精神，如今看來卻是風起雲湧，來勢洶洶。如果人類想要擁有大型武器，就需要小人物。

網際網路滿足了社會的一種渴望，你可以從DJ與體育廣播節目解說員拉什．林博（Rush Limbaugh）的崛起看出來。在雷根時代結束後，林博將他在堪薩斯市與沙加緬度發展出來的脫口秀帶到全國，風靡一時。它本是針對懷抱希望永存理想的保守派聽眾，結果卻很快就吸引了平均一天一千四百萬名粉絲的收聽，成為在電視時代來臨之前最多人收聽的廣播節目。自一九三九年民粹主義牧師查爾斯．考夫林（Charles Coughlin）的廣播節目被勒令禁播之後，就再也沒有出現這樣的盛況了。在全國數百座城市，[35]林博的死忠聽眾會甘願犧牲他們在酒吧的午餐與晚餐時間來收聽他的節目。他的節目《拉什．林博秀》（*Rush Rooms*）預示了網際網路時代的社交性。你光是追隨你社區的政治是不夠的，你現在追隨的政治就是社區本身。

如前所述，早在一九七〇年代，《我們的身體，我們自己》就實踐了反威權的「去中介化」。婦女由於她們的婦科醫生不願提供所有的真相，於是自己一點一滴地從各方蒐集相關資訊。到了一九九〇年代，很少再有專業人士會像二十年前的婦科醫生一樣，在他們與客戶間設立一道隔離牆。

不過所有的行業都在密切注意。雷根主義對政府機構的敵意（認為它們裡面都是一群濫竽充數的冗員與尋租人的想法）逐漸形成針對零售商、代理人與各式各樣的中間人的犬儒主義。誰需要店主來標示產品？誰需要記者來闡釋事實？網際網路支持甚至補貼這個世界去除生活中所有中間人的角色，最明顯的就是零售業。

現在人們可以透過電腦和幾乎所有的事物互動，他們所有的東西都可以鉅細靡遺地列表。谷歌、臉書與亞馬遜在服務客戶的同時，也在蒐集與整理與他們有關的資訊。在二〇一〇年時，此一作業稱為大數據。然而，它最初只是出於趣味性的好奇心而已。沃爾瑪（Walmart）當年以其演算法發現當暴風雨來臨時，人們會加購草莓餡餅。[36]塔吉特（Target）發現懷孕滿三個月的孕婦會傾向購買無味的乳液，並在三週後開始購買礦物質補充劑。[37]

行銷與廣告專家現在覺得他們已經掌握了某種深奧的真理，其意義就像阿爾弗雷德・金賽（Alfred Kinsey）的《男性性行為》（*Sexual Behavior in the Human Male*）在一九四〇年代為性愛好者所提供的一樣：一個與你所謂道德或觀點毫無關係的真理。網際網路的可測性使其具有權威性，它是根據行為者真實的一面來定義道德，而非反向。任何從日常現實之外的角度來看待事物的想法，都顯得毫無意義與可笑。西方宗教所有的表達形式都因此遭到破壞。在邁入新世紀之際，激進的伊斯蘭可以同時傳播恐怖主義與教義，它是無神論，而非西方輿論領袖所擁護的懺悔傳統。他們對此也無能為力，因為伊斯蘭教徒看來早已了解這一點。由政治記者克里斯多福・希鈞斯（Christopher Hitchens）所著，猛烈抨擊宗教的《上帝沒什麼了不起：宗教如何毒害一切》（*God Is*

Not Great: How Religion Poisons Everything）高居紐約時報暢銷書排行榜首位，就足以證明。

較難理解的是網際網路對待數據與現實的方式，從外部破壞了理解系統（understanding systems）所有型態的思維方式：不僅是宗教，還有科學、政治意識形態與演繹推理。大數據的作用是在於關聯性，不是邏輯性。正如牛津的科技專家維克多．麥爾．荀伯格（Viktor Mayer-Schönberger）所言：「社會將需要降低對因果關係的追求，以交換單純的關聯性：不知所以然，只知其然。」[38]大數據也是大企業重中其剝奪自其他美國民眾的權利——定型的權利。如果你是那種從事X的人，那麼你就是喜歡Y的那類人。

網際網路公司蒐集資訊的能力使其與政府形成亦敵亦友的關係。谷歌宣稱能比疾病管制中心更準確地預測流感季節的到來。[39]設於布魯賽爾的金融電訊公司SWIFT（環球銀行金融電信協會）能夠透過其所處理的銀行交換資訊來精準評估社會的經濟活動。[40]有時某些大人物想要騷擾俄羅斯，就會拒絕其銀行獲得SWIFT的服務。[41]谷歌與SWIFT都是民間企業，然而它們的規範與在公共資訊中所扮演的角色都使它們看來具有政府的雛型。

當然，政府本身也可以充分利用這種蒐集、編製與輕鬆取得公民資訊的能力。大政府的地位才剛開始遭到貶低，就因電腦革命使其在權力平衡中再度居於有利的地位，就像十五世紀砲兵的出現，導致暴富貴族的城堡銳減，從而也幫助國王恢復若干特權。在科技的幫助下，雷根資本主義破壞了雷根政治的民主成就。現在的問題不是政府的擴張將民間部門排擠出去，而是民間部門的擴張形成某種形式的政府。

艾略特・史畢哲、愛德華・史諾登與監聽

網際網路有一段時間使得人們作為消費者的權利大增，但是作為公民的權利卻是脆弱地不堪一擊。野心勃勃的紐約州檢察長艾略特・史畢哲（Eliot Spitzer）可謂資訊時代下政府的先驅，他對在該州從事買賣的大企業發動了一場選擇性的調查行動。他挖掘投資銀行界的弊端，這些弊端都是柯林頓政府為銀行鬆綁而造成利益衝突後，所產生的法律漏洞。例如在提供給投資人的建議中，美林（Merrill Lynch）與所羅門美邦（Salomon Smith Barney）的分析師經常會高估某些公司的股票，主要是想對這些公司出售投資銀行服務。[42]史畢哲也在積極追查與民權革命相關的問題。他力抗危機懷孕關懷中心，[43]這類機構通常與天主教教會有密切關係，往往會勸阻婦女墮胎。他反對警方在黑人社區採取的「攔截與搜身」政策。他也試圖為所有的非法移民提供駕駛執照。有許多人都認為他代表的就是民主黨的未來。

史畢哲其實有些冒失。紐約檢察長辦公室絕非管理金融業的第一選擇：[44]證券交易管理委員會（Securities and Exchange Commission）與全國券商協會（National Association of Securities Dealers）才是。但是就像他所追查的銀行家一樣，史畢哲同樣也利用了社會正由一個科技平台轉

向另一個之際，所形成的法律模糊地帶。

今天有許多電子郵件躺在私人伺服器與網際網路服務供應商內。處理這些郵件最簡單的方式就是以私人與個人的信件看待。在網際網路興起的頭十年，大部分的網際網路使用人都以為前網際網路時代的舊世界隱私法足以涵蓋此一新領域。一位紳士不會去看別人的電子郵件，正如他的祖父不會去偷看別人的信件。美國憲法第四條修正案禁止非法搜查與扣押，應該也同樣適用於網路空間。

但是現在看待事物的方式已有所不同。我們發出的電子郵件會經過各個不同的數據處理機之手，最終會儲存在位於某個人煙稀少地方的超級電腦內，發信人把信件的保管託付給其他的私人團體，從而也放棄了在保護隱私方面的合法權利。在沒有任何理論基礎上，史畢哲的處理方式彷彿一家公司所有的通訊都應對他公開。二〇〇二年，他對美林的網際網路集團發出傳票，要求交出所有的電子郵件。[45]

有時實在難以確定史畢哲的動機是出於公益精神還是政治野心。二〇〇六年他當選紐約州長後，之前所有的法律模糊地帶都獲得釐清，然而他同時卻下令州警監視他最大的政敵——參院多數黨領袖。最終是一場意外造成他垮台。兩年後，他一筆支付給華盛頓特區五月花大飯店一位妓女的電匯，[46]引起銀行保密法（Bank Secrecy Act）下金融調查人員的注意，為對抗恐怖主義，該法最近受到積極使用。就政治仕途而言，史畢哲可說是終日打雁，終被雁啄。

網路空間不僅是可供國家調閱與扣押的私人數據儲存庫，同時也為政府提供了一條過去做夢也想不到的監聽管道。二〇一三年初夏，愛德華·史諾登（Edward Snowden），一位曾參與國家安全局（National Security Agency）與中央情報局工作的年輕結構工程師，在向《衛報》（*the Guardian*）與其他報紙揭露美國政府的監聽行動之後，飛到香港，然後前往俄羅斯。史諾登是一位聰明外露、積極主動，並且具有高級安全許可的合約技術員。就政治而言，他難以歸類。他成為《衛報》左翼讀者心目中的英雄。[47]在前一年的大選中，他曾支持自由主義的共和黨人榮·保羅（Ron Paul），並且發出類似憲法理想主義的論調：「我不想住在一個我所作所為與所說的每一句話都會被記錄的世界裡。」

史諾登揭露了美國對伊斯蘭激進主義作戰的間諜戰術。國家安全局將此一戰術稱為「阻絕方案」，[48]即是在中途攔截數位資訊包，植入軟體，追蹤接收者線上所有的活動與執行行動。國家安全局監聽外國領袖的電話，也追蹤穆斯林激進分子觀賞網路色情的習慣，[49]以破壞他們的聲譽。它已接管公共與私人的伺服器。不過難免出現意外。美國情報單位就曾利用這樣的攔截技術造成敘利亞斷網。[50]

政府在全球從事這樣的活動其實並不令人意外，真正令人感到事態嚴重的是這些情治單位竟然在國內廣為進行監聽，並且與矽谷有密切的合作關係。一項稱作稜鏡（Prism）的計畫讓國家安全局得以拿到微軟、谷歌、雅虎、臉書、YouTube、Skype、美國在線（AOL）與蘋果的資訊。這些公司在分享資訊上所扮演的角色目前仍不清楚，但是以威訊無線（Verizon）為例，它奉命必須與國家安全局分享其所有的美國電話紀錄，包括國內與國際。[51]

由此可見，美國不是透過二十世紀建立在政府與民間合作關係上的祕密警察行動來監視人民（這是榮・保羅的支持者所擔心的事情），就是採取祕密行動偵察移民到美國的穆斯林，揪出由激進分子組成的第五縱隊（這是美國公民自由聯盟所擔心的事情）。然而最了解網路安全的人士往往也是採取最嚴密的防護措施的人。馬克・祖克柏（Mark Zuckerberg）就在他使用的筆記型電腦的攝像頭上貼上膠帶。[52]無庸置疑，美國政府顯然已將其人民置於例行性的監視之下，只不過在以前需要制定違反憲法精神的法律與僱用數以千計情治人員才能做到的事情，現在只需要打開開關或是與某家大型科技公司合作就行了。

網際網路大亨的文化

新經濟打從一開始就與政府間有密切的關係。在進入本世紀之際，許多創業家都積極從事遊說與法律相關的工作，以壟斷新興的知識產權市場。到了本世紀的第二個十年，高科技業者的遊說活動甚至比銀行業還要積極。[53]不過有一段十年的期間，網際網路財富的累積並不需要依賴政治欺凌的手段，光是時代精神就足夠了。

眾所皆知，亞馬遜之所以能夠摧毀這個國家的傳統書店與連鎖店，主要是靠著司法與國會短淺的眼光所帶來的租稅補貼。最高法院一九九二年的一項判決只允許各州對在當地「實體存在」的企業課稅。[54]法官顯然沒有預見一家零售業者利用新興科技，無需實體存在，就能蠶食鯨吞傳統商店，創造出高達五千億美元的財富。[55]如前所述，一九九八年的網際網路免稅法案（Internet Tax Freedom Act）禁止對上網、電子郵件郵資，以及線上購物課稅。此一法案完全封閉了傳統商店以平等的地位進行競爭的可能性，從而也使它們注定走上覆亡的命運。

二〇一一年，新當選加州州長的傑瑞·布朗（Jerry Brown）提出讓稅賦趨於公平的議題，然而此時對於亞馬遜的競爭者而言，為時已晚。亞馬遜當時只有在五個州課徵銷售稅。它在加州針對實體書店的定價優勢是百分之七點五。儘管如此，亞馬遜依然威脅要切斷與加州數以千計附屬網站的連接，來躲避「實體存在」所須擔負的責任，它對這些網站的點擊購買會支付佣金。

亞馬遜說到做到。在各界仍在討論對電子商務課稅的計畫時，亞馬遜就關閉了在阿肯色州、康乃狄克州、伊利諾州與德州的相關設施。很明顯地，是優惠的稅賦待遇（還有隨之而來的籌資與定價優勢），不是科技創新，使得亞馬遜能在眾多競爭對手中脫穎而出。翌年，亞馬遜同意在加州繳稅，其他州很快就跟進開始對該公司課稅。五年後，亞馬遜在四十五個州都依照標準稅制繳稅。[56]

不過與此同時，亞馬遜也已獲得另一項讓其難以扳倒的優勢。美國人民在線上所消費的金錢，有一半以上都是流入亞馬遜的口袋，它在自由世界已無零售業的敵手。[57]長達十五年的稅賦補貼，加上政府的反托拉斯行動進入休眠期，讓亞馬遜得以蒐集大量的消費者資訊，令其他競爭對手望塵莫及。在網際網路問世四分之一個世紀之後，許多小城市的商圈，曾是各類中間人聚集之地，如今卻變成半廢棄的地區，只剩下幾家濃縮咖啡吧與自動櫃員機還佇立在一長排空無一人的商店之間，商店櫥窗都貼著呈X形的膠帶。

這些網際網路巨擘的行銷計畫都是一些關於擺脫束縛的甜言蜜語。然而他們內部工作環境卻是專橫、狡詐與無情。紐約時報指出，在亞馬遜，你可以「獲頒虛擬獎勵，我『特立獨行』（I'm Peculiar）——是該公司用以表彰顛覆工作場所舊規的表現。」[58]什麼「舊規」？要打領帶？這些早在幾年前就廢除了。事實上，「特立獨行」已成為亞馬遜強調一致性的新規定。亞馬遜有年度「淘汰」的制度，該公司前人力資源部主管將其稱為「具有目的性的達爾文主義。」此外，公司也鼓勵員工「口頭自我批評」，並且鼓勵使用「匿名回饋工具」來互相打小報告。

二〇一四年八月，線上交友網站「OkCupid」的總裁克里斯蒂安·魯德（Christian Rudder）在其部落格上坦白，該網站曾「實驗性」地將一些關於可配性的假資訊提供給交友雙方。在此一事件的兩個月前，臉書遭到揭露也曾從事類似的行為：自使用人的動態彙總中去除一些正向情緒的訊息。「我們最近注意到人們並不喜歡臉書這種動態彙總的實驗，」[59]魯德寫道，「連美國聯邦易委員會（FTC）都牽涉其中。但是猜猜看結果怎麼樣，每一個人，只要你使用網際網路，你隨時隨刻都是數以百計實驗下的目標。網路就是這樣運作的。」

網際網路大亨們通常都不會承認。這個國家新崛起的億萬富豪與他們的搭檔，幾乎都不到四十歲，他們看來開明、無私、愛國，甚至英勇無懼，然而他們所摧毀的卻是別人花了一輩子，甚幾個世代才建立來的事物。稱一位生意人具有「破壞性」，在二〇一〇年代成為讚美之詞，就像一九八〇年代，稱某人具有「侵略性」，也被視為稱讚一樣。只有冤大頭上網才需要承擔實驗的成本，這些企業則是透過他們的實驗獲得大批可貴的資訊。

網際網路大亨總是宣稱這是自由市場交易，藉此開脫其中形成不公的責任。但是事實並非如此。網際網路已不再是呼之即來、揮之即去的東西。問題不是在於新的公共廣場已經落成，而是舊的已被摧毀。如果你不想上亞馬遜購物而想去書店逛逛，你可能已找不到實體書店。如果今天高中女孩厭倦只能在臉書上進行社交活動，高中男孩也不想成天戴著耳機在虛擬實境的遊戲中濫殺無辜，他們已無處可去。

OkCupid 等網站賴以賺錢的線上交友如今已成為社會的基本機制之一。根據美國國家科學院（National Academy of Sciences）的一項調查，在二〇〇五到二〇一二年間結婚的美國人民，有三分之一以上都是在網路上認識配偶的。[60]至於其餘三分之二不是在網路上認識配偶的人，都已落伍。他們也許還占多數，但是他們注定是會消失的一群，因此他們也無關緊要。這就是美國民主的新現象：不合時宜的大多數，由於他們是站在歷史錯誤的一邊，因此可以阻撓、限制與忽略。

人生法則過去是依個人與群體間利益的碰撞形成的。現在則是由創業家將演算法寫入他的網路應用程式而定。[61]法學教授勞倫斯・雷席格（Lawrence Lessig）在其著作《網絡空間法典與其他法律》（*Code and Other Laws of Cyber space*，一九九九年）中曾經對這樣的發展提出警告。該書頗獲好評，但是雷席格所說的變化卻是深奧難解。直到本世紀交替之際，仍有人可能還會認為這樣的法則與固有法則和習慣間的分歧有其限制，因為它首先必須贏得網際網路用戶的信任。

其實不然。高科技公司具有一種艾茵・蘭德一九八〇年代資本主義理論與市場法規傳統模式所無法預見的力量。這些企業並不是進入市場體系的新人。它們是網路。正如電腦科學家羅伯特・梅特卡夫（Robert Metcalfe）所言，網路的價值是隨其成長而呈指數增長。隨著時間的推移，網路最吸引人的地方可能只是單純地在於有一大批人已經選擇它了。因此當網路達到臨界質量，競爭也就毫無意義了。是的，其他公司可能會設計出「更好的」網路，但是並不足以使其成為競爭者。「隨著標準的網路力量增長，」[62]法學專家大衛・辛格・格雷瓦（David Singh Grewal）在其著作《網路力量》（*Network Power*，二〇〇九年）中指出，「相對於該標準所提供的外在協調性利益，應該採用它的內在原因也就不是那麼重要了。」谷歌很快就主導了美國百分之八十八、歐洲與英國百分之九十的線上搜尋活動。[63]臉書，如果算上它的附公司 WhatsApp 與 Instagram，約占了百分之七十七的行動社交媒體。[64]

人民可以「選擇」是否加入新網路，不過此一選擇只適用於中年或較年長的人，他們都已在線下世界擁有一定的社經地位。至於最年輕的一代（出生於二十世紀最後二十年的人）選擇退出網路就等於是退出社會。他們被稱為「數位原住民」，但是此一原住民的資格並沒有提供並行的老式世界國家公民的必備條件。

就傳統的標準來看，第一代的網際網路世代過得並不幸福。調查顯示，到了二〇一六年，美國年紀在十八歲到三十四歲的人，有三分之一都是與父母同住，而不是與配偶或其他夥伴同住[65]——這是美國有史以來首見。網際網路也會讓仍在努力塑造自己人格的年輕人只因小小的社會性失誤而付出慘痛的代價。一位有些過胖的法裔加拿大青少年，[66]在學校遺失了他模仿電影《星際大戰》（*Star Wars*）自製的錄影帶，結果該錄影帶被人拿到網際網路上播放，觀看次數高達九億次。[67]

高科技與民權間的親密關係

「大學校園，不是工廠煙囪，未來將成為大都市的特色。」[68]彼得・杜拉克在一九六八年時這樣預測。「大學生，不是無產階級，將成為政治的核心。」他說得沒錯。在二十一世紀初造成社會劇變的兩大菁英計畫（多元化與數位化）都是在大學培育、引導與經營的。在它們之間有一種親密關係。電腦看來是許多偏執與不公問題的解決方案。電腦的演算看來是中立且不帶絲毫意識的。它們不會像駕著十八輪聯結車，揮舞旗幟的男子怒火沖天，也不會像占據堪薩斯學校董事會的家庭主婦充滿偏見。

因此，在邁入網際網路世界幾十年後，發現明日的網路空間世界開始變得和過去狹隘的世界一樣，實在令人沮喪。谷歌的徵人廣告提供給男性的高薪工作往往多過給女性的。當人們在電腦上搜尋普通的黑人姓氏或是歷史上的黑人兄弟會，通常都會彈出與緝捕相關的廣告。[69]

一項用以評估受刑人重蹈法網可能性的軟體尤其令人憤慨。由科羅拉多州一家名叫北坡（Northpointe）的公司所開發，為佛羅里達州布勞沃德郡（Broward County）與其他地方廣為使用的一套軟體：矯正罪犯替代性制裁管理檔案（Correctional Offender management Profiling for Alternative Sanctions，COMPAS），主要是以其演算法來決定一名罪犯是否應該釋放、保釋，或者繼續監禁。

運用民間軟體從事這樣的工作其實已嚴重違憲。科技公司都拒絕透露其產品價值賴以依存的演算法，北坡也是如此。此套軟體使得受刑人無從得知他是基於何種原因必須繼續受到嚴懲或是寬大處理。不過此一問題所牽涉的不是在於北坡的智慧財產權或是透明度，而是在於該軟體所造成的結果。COMPAS的演算法會得出黑人受刑人比白人更可能再次觸法的結果。[70]

這就是問題。任何一套評估受刑人再犯可能性的系統都會得出相同失衡的結果。但是保持中立應是不容動搖的原則。衛報的一篇報導就指責COMPAS的操作令人「震驚」、「駭人聽聞」與「邪惡」。[71]

這讓我們再度回想起艾倫・大衛・弗利曼如何區分「加害者」對民權的看法（只尋求杜絕偏見，若是無法證明存在偏見就不再理睬）與「受害者」對民權的看法（認定一定有偏見存在，尋求杜絕與之相關的不公）。加害者的方式是一絲不苟且緩慢，受害者則是戲劇化與具有破壞性。過去半個世紀以來，受害者的觀點一直受到法庭引用，而且作為刑事與民事懲戒的依據。久而久之，人們就失去了辨識不公與種族歧視間區別的能力。在幾乎所有有關COMPAS爭議的報導中，這兩個名詞已成為同義詞。的確，如果聲稱不公是來自種族歧視以外的原因，反而會被視為一種惡意的狡辯。

儘管這兩種觀點間的反差其來有自，但是電腦使其更為明顯。要排除根深柢固的偏見確實有其難處，例如一位旅店老闆或是人事經理會宣稱他「不喜歡這位少數族裔的顧客或是應徵人的長相。」但是北坡的軟體並沒有這樣的問題，它甚至不知道它所評估的受刑人種族為何。這套軟體是根據一百三十七項變數來進行評估，[72]包括財務狀況、就業情形、犯罪紀錄，以及與個人態度、信仰相關的問題。不過很顯然地，其中一些變數，或者該說是很多的變數，都與種族有關。

要獲得較少「偏見」的結果（換句話說，就是一個較能符合後民權法案政策目標的結果）需要在輸入的數據中加入「未知」的事實。這在現實世界中已有先例：有一些大學入學委員容許申請者不必繳交大學入學考試委員會的測驗成績，此舉可能是為讓校方擁有更大的酌量權，或者可能是為避免拉高學生的平均成績。有專家在期刊《新共和》為文提出修正COMPAS的方法：「加強輸入此一人工智慧系統資料的多樣化，尤其是與邊緣化族群相關的，例如男人洗碗的照片，或是兩名女子結婚之類的。」[73]這裡所謂的「強化輸入的多樣化」其實就是過去提供選擇性事實的委婉用語。這在現實世界中也有先例：時至二〇一六年，美國除了少數幾州之外，曾做過變性手術的人都可以要求當地主管機構更改其出生證明的性別登記。[74]

改革者陷入了在道德與邏輯之間難以取捨的困境。就一方面來說，只看過去是不公平的。「有鑑於有許多資料無可避免地都是來自過去，」[75]英國一位科學作家寫道，「演算法的邏輯也被灌入許多偏見、錯誤與不公。」然而就另一方面來看，過去正是科學資料的來源——科學之所以為科學的依據。

對於一位以科技理性自許的菁英而言，就和高科技是商業信條一樣，多元性就是道德信條。道德倫理與商業是一枚銅板的兩面。二〇一五年春天，高科技顧問戴夫・戈德柏格（Dave Goldberg）猝死，享年四十七歲。紐約時報報導「即使是陌生人也對他的去世感到震驚，不僅是因為他的英年早逝，同時也因為他是雙事業婚姻新哲學最鮮活的代表人物。」[76]看來女性主義不僅讓人克服了性別歧視，同時也戰勝死亡。

多元性在頂尖大學最為發達，與此同時，數以百計的創業家利用在這裡開發出來的電腦演算法與進行籌資，創造出上億美元的財富。不久之後，聲望沒這麼高的大學也開始有樣學樣。

主持哈佛大學部各系（undergraduate houses）教學的教授以前都稱作「系主人」（house masters）。二〇一六年，這些教授開會無異議通過將他們的頭銜改為「學監」（faulty dean），[77]因為主人（master）一詞會讓人聯想到早年的奴隸制度。這實在是很奇怪：哈佛不僅是全球最頂尖的教育機構，同時也為其學生群體中提供了許多非白人的空間，並將其白人男性基督徒的錄取率由二十世紀初期的接近百分之百降至二十一世紀之初的百分之十左右。[78]然而這所大學卻擔心這批年薪六萬三千零二十五美元、漫步校園討論埃德蒙・和勒（Edmund Waller）的抒情詩與柯洛（Corot）的油畫、在查爾斯河划船、出席「加速布丁劇團」（Hasty Pudding）開幕、在過去稱為「主人雪莉酒廠」（master's sherries）的地方享用黃瓜三明治與啜飲雪莉酒的教授——哈佛竟然擔心學生們無法分辨他們的系主人與南北戰爭前奴隸工頭間的區別。

到了二〇一六年，「多元性」已成為媒體業為展現自己站在業界尖端不可或缺的元素。網路直播財經新聞頻道切達（Cheddar）是由前 BuzzFeed 員工所創辦的，主要是針對年輕族群的觀眾。根據該公司的共同創辦人，同時也是女演員的艾麗西亞・萊納（Alysia Reiner）指出，切達曾製作一部專輯，解釋「奢華時尚界的女強人」如何「聘僱在監獄服刑的婦女」與「支持一項了不起的眾籌行動來幫助人們從事碳補償。」[79]由史蒂夫・賈伯斯遺孀羅琳與德國媒體集團施普林格（Springer）在矽谷共同創辦的線上雜誌歐茲（Ozy），也同樣推出了這種企業與民權混合體的題材。該雜誌的〈傑基・羅賓遜，企業先鋒〉（Jackie Robinson, Business Pioneer）是一篇非典型的報導。[80]多元性已成為金錢、階級與權力的標識。

慈善事業的興起

自十九世紀以來出現一種空前的不平等現象，在一九七〇年代之後開始撕裂美國社會結構。美國所得最高百分之一家庭的財富占全國比率在一九七八年時還是歷來最低水準（百分之二十三），然而到了二〇〇三年，也就是在經過一個世代之後，擴大近一倍（百分之四十二）。[81]

對於富人的財富，美國民眾並不介意，即使是在二〇〇八年的金融風暴之後也是如此。二〇一〇年投資人華倫·巴菲特由於支持總統歐巴馬擬對年收入在一百萬美元以上者課徵百分之三十所得稅的方案，而廣受好評。歐巴馬本就希望利用巴菲特的名聲爭取人民支持此一方案。巴菲特宣稱他的年收入達四千萬美元，所得稅率只有百分之十七點四（約六百萬美元）。然而供給面經濟學家阿瑟·拉弗卻指出，巴菲特二〇一〇年的資產淨值實際上增加不只四千萬美元，而是一百億美元，相當於巴菲特所聲稱的兩百五十倍。同時，由於都是未實現資本利得，因此幾乎可以完全避開所得稅的課徵。巴菲特的有效稅率不是百分之十七點四，而是百分之一的百分之六。巴菲特本人則是建議稅率提高至百分之一的百分之十二。所謂的巴菲特法則並不是要對其財產加重課稅，反而是幫助避稅。[82]

儘管如此，巴菲特仍是定期出現在該國最受尊敬的人物名單之中。美國將艾茵・蘭德在雷根時代的夢想謹記在心，並且幻化成「激勵人心」的企業領導力。新政歷史學家詹姆斯・麥格雷戈・伯恩斯（James MacGregor Burns）在其有關領導力的研究中重新提出此一概念，並以鋼鐵大王安德魯・卡內基（Andrew Carnegie）為例，指出他明顯具有領袖氣質，一部分是道德，一部分則是天賦智力，而所有偉大的領袖都具備這樣的特質。資本主義巨擘都已在商場上證明具有呼風喚雨的能力。「格局必須要大，」卡內基寫道，「為了在商業界或是製造廠商之中一展長才，他們的事業必須做大。」實際上，掌控政治權力機器，不過是這些人應得的獎賞。[83]

如今他們再度出現，儘管形象與過去略有不同。他們的治理長才現今不只是表現於股市或工廠內，同時還包含了大銀幕與錄音棚。博諾・休森（Bono Hewson）為什麼不能公開談論發展援助，安潔莉娜・裘莉（Angelina Jolie）難道就不能討論家庭政策嗎？領導就是領導。富人就應該有權有勢，而政治人物則認為反之亦然。「如果美國人民授與你服務他們的榮譽，」[84]美國前總統柯林頓二〇一二年如此告訴巴西廣告公司ＡＢＣ集團（Grupo ABC），「你就算不在其位也應該繼續提供服務。」ＡＢＣ集團為了他的服務付給他四十五萬美元。

這些有錢人是以慈善捐贈的形式來發揮其影響力。由此也可解釋成富人以提供一些有用的東西的方式來「賺取」權勢。不同於其他人，美國人民可以自他們的課稅所得中扣除他們慈善捐贈的錢。捐贈者最多可以扣除他們調整後總收入的一半，而且可以向前推進五年。一位年收入在一千萬美元的政治人物，在此期間的課稅所得可以扣除兩千五百萬元。[85]

久而久之，在法律的演進下，慈善捐贈已不再單純地理解為替無家可歸者提供熱湯，而是就一些在社會上具有爭議性的政治議題，如墮胎、教育、保健政策與槍枝管制等，對公眾進行「教育」。普林斯頓大學的歷史學家奧利維爾・祖茲（Olivier Zunz）寫道，慈善事業，「是資本家以促進社會改善為目的的風險投資，不同於我們所了解的基督教義。」[86]

大部分大手筆捐贈的人都具有某種政治影響力。基金會與龐大的宣傳帝國的慈善事業都是由富人牢牢掌握以在政治上發揮影響力。艾略特・史畢哲[87]的父親自他五億美元的財富中拿出一部分成立伯納德與安娜・史畢哲慈善信託基金會（Bernard and Anne Spitzer Charitable Trust），在他兒子二〇〇六年出馬競選紐約州長時對全國墮胎權行動聯盟（National Abortion Rights Action League）捐贈十四萬美元，尋求該組織的支持。馬克・祖克柏[88]向紐華克的公立學校捐贈了價值一億美元的臉書股票，促成民主黨的市長柯瑞・布克（Cory Booker）與共和黨州長克里斯・克里斯蒂（Chris Christie）表態承諾會提供相同數額的資金，儘管當時布克是否有學校的管理權引發很大爭議（學校董事會反對布克）。後來法院介入此一爭議，布克拒絕公布他與祖克柏間的協議，表示這是在他的公務職權之外的事務。[89]

這些基金會不僅規模龐大，它們甚至還有納稅人的補貼。在稅賦遞增與走高之際，扣除額則是遞減與反激勵。富人不僅是拿這些錢來建立更大的機構，同時還以深度打折的經費來支付這些機構。他們累積慈善權勢的成本遠比一般民眾便宜。「我們都有付錢給基金會，以稅收減損的方式，」史丹佛的政治學家羅伯・萊許（Rob Reich）寫道，「廣義的說，就是為了讓富人公開展示其所偏愛的事物。」萊許估計這些補貼高達五百四十億美元。[90]

這些激勵所造成的危險是將富人推上與我們長期所理解的民主政治完全不相容的政治角色。十九世紀中葉的麻州首席大法官哈瑞斯・格雷（Horace Gray）在傑克森訴菲利浦（Jackson v. Phillips）一案中就直截了當地指出，旨在改變法律的信託基金會與慈善基金會的本質互有不同。格雷指出，慈善基金會能夠與奴役鬥爭：「因為這是（麻州）法律視為反自然權利、反人性、反公義與違反健全政策的行為。」但是爭取婦女投票權牽涉到修憲的問題。因此，爭取婦女投票權其實並非從事慈善事業，「無權獲得他們尋求改變的機構提供的特別優惠與保護。」[91]

但是與此相反的觀點背後卻有巨大無比的利益。久而久之，慈善捐贈的扣除額從卡內基的哲學轉變成華府的法律。在溫情保守主義盛行的那個年代，工程師赫伯特・胡佛（Herbert Hoover）在一次大戰期間成功地運用慈善捐贈填飽了許多歐洲人的肚子，並且藉此入主白宮。將慈善組織帶入政府成為他標誌性的改革政績。他的繼任人富蘭克林・德拉諾・羅斯福（Franklin Delano Roosevelt）大力推行新政，不想與基金會有任何瓜葛。他的高級助理哈里・霍普金斯（Harry Hopkins）本人就是慈善基金會界的老兵，他警告羅斯福總統，慈善組織背後的私人利益團體都是想藉此來掌控組織，而且能夠接管他的計畫。[92]

甘迺迪與詹森政府邀請慈善家重新登上政治舞台。福特基金會（Ford Foundation）當初成立是為因應一九三六年開始實施的遺產稅，目的在確保亨利・福特的家族能夠繼續擁有這家汽車公司的控制權，不過現在已成為民權運動的頂梁柱。該基金會的人員從事社區組織的工作，設立內城（低收入住宅區）社區行動小組，接管「對貧窮宣戰」的工作。「實際上，」後來成為參議員的政治學家丹尼爾・派屈克・莫尼漢（Daniel Patrick Moynihan）寫道，「福特基金會的公共事務計畫將美國政府的水平提升到一個新層次。」[93]

最有效的捐贈是把私人財富槓桿化為政府的力量，而最有效的政府力量則是越來越倚重私人財富。「高瞻遠矚的慈善家，」曾擔任柯林頓助理的麥特・米勒（Matt Miller）寫道，「都了解到所謂的倡議（換句話說，就是重塑公共資源的利用）會為慈善事業帶來最大的回報。」哈理・霍普金斯認為慈善事業最危險之處是民主機制被一批精力充沛與富有的菁英所把持，如今在米勒眼中卻成為對未來的保證。對這個國家的「兩黨暴政」感到失望的他，在歐巴馬當政時甚至公開徵求「一位愛國的億萬富豪」出馬競選總統，以整頓亂局。[94]

在人權革命後的半個世紀裡，富人發揮了促進社會進步的功能，使他們備感榮耀。根據報導，大衛・洛克菲勒（David Rockefeller）、喬治・索羅斯、泰德・透納、比爾・蓋茲、麥可・彭博、歐普拉・溫芙蕾（Oprah Winfrey），還有其他一些富豪組了一個非正式的團體——「好人俱樂部」。[95]他們的基金會、倡議、學校與機構承擔了許多治理社會的責任。在非營利部門的詞彙中，「治理」一詞含有靈活的技術規劃的意思，[96]取代了「統治」一詞，後者寓有行動遲緩的意思。到了二〇〇八年，治理一詞的使用量是半個世紀之前的三十倍。治理遠比統治有利可圖，而且可以為菁英明星提供許多領導的角色。多元性的命令、保留名額的規定與各項平權行動，賦予企業主管、非營利組織領導人以及大學校長重大責任。不過他們也因此承擔起治理的角色，這與其說是負擔，不如說是特權。

看到美國菁英聯手支持種族、性別平等等議題，同時利用相關機制來作為他們財富正當化的管道，哈里．霍普金斯應該不會感到驚訝。菁英其實也是少數族群。荷蘭東印度公司（Dutch East India Company）、英屬印度（British Raj）、貴族與教廷，這些菁英少數與美國黑人、移民或是同性戀等少數族群有所不同，但是他們同屬少數族群，菁英與遭到邊緣化的人，都是生活在民主多數的威脅之下，也都因為法律對民主多數權力設限而獲利。一九六〇年代民權立法為民主大眾帶來「好阻礙」與隨之而來的「壞阻礙」，然而在這兩者之間建立聯繫的公共政治討論卻是進展緩慢。

歐巴馬：無政府治理

姑且不論歐巴馬是否比較鍾意寡頭政治，他是在一個富人政治影響力日益擴大的社會中進行治理。他利用與仿效慈善事業的力量。他的教育改革計畫「登頂競賽」（Race to the Top）並不是直接對各州的教育部挹注資金，而是對於能夠最快採行「共同核心教學標準」的州政府給予獎金鼓勵，共同核心教學標準是比爾・蓋茲的基金會以四百億美元推行的教學方法。[97]

教育家黛安・拉維奇（Diane Ravitch）[98]抱怨教育政策過去是美國政府對草根民主最負責任的部門，然而現在卻是被三個權勢滔天的家族所把持：華盛頓州的蓋茲家族、阿肯色州的華頓家族（Waltons），以及洛杉磯的布洛德家族（Broads）。這些家族收受戴爾、網飛、GAP等大企業所有人與各類基金會的饋贈，這些企業與基金會時而出於政治野心，時而出於政治審慎，為三大家族提供支持，而他們也因此逐漸坐大：[99]例如紐約市長麥可・彭博的家族基金會；勞拉與約翰・阿諾德基金會（Laura and John Arnold Foundation），這是安隆（Enron）一位精明能幹的年輕能源交易員利用其對沖基金的財富所設立的，該基金會支持公益性新聞媒體「為了公民」（ProPublica）反對以大數據來評估更生人是否會再犯罪的做法；普渡製藥（Purdue Pharma）的強納森・薩克勒（Jonathan Sackler），該藥廠藉由銷售無處不在的鴉片類藥物疼始康定持續藥效錠（OxyContin）而致富，以及來自密西根，創立化妝品與保健集團安麗（Amway）的戴弗斯家族（DeVos）。

這些家族不禁令人想起在冷戰時期統治薩爾瓦多的十四大家族（Catorce Familias），或是歷史學家班納迪克・安德森（Benedict Anderson）口中的菲律賓「酋長式民主」，只不過現在這些慈善家習慣以高科技的語言來表達他們的主張。政治人物與「創新者」之間的區別益趨模糊。如今政治決策都是由商業巨擘所制定，他們將自己的財富歸功於諸如「首要之務在於打破陳規」之類的格言。[100]

基金會當然容易做事。政府需要面對問責的壓力，但是億萬富豪可以說這是我的錢，不干你的事。難道說一位慈善家捐錢推動道德崇高的計畫（好比說扶助黑人計畫）還比不上他年輕時販賣網際網路設備的「打破陳規」更具有意義嗎？二〇一一年，彭博聯合他自己的基金會與喬治·索羅斯的開放社會基金會（Open Society Foundations）發起青年行動（Young Men's Initiative），旨在輔導與提升黑人與拉丁裔年輕人的能力。此一計畫是一位精明的政治人物為了選票而進行的標準作業程序呢？或者還是一位碰巧當上市長的好心人的個人善舉，只有心胸狹窄的小人才會認為他另有所圖？

歐巴馬總統決定將彭博此一針對非白人男孩的計畫擴大至全國的規模，重新命名為「我兄弟的守護者」（My Brother's Keeper）。[101]在歐巴馬任內的最後兩年，該計畫是由受政府監管的友好銀行（如美國運通〔American Express〕）與和軍事合約商相關的基金會（如諾斯洛普·格魯曼基金會〔Northrop Grumman Foundation〕）所資助。

然而該計畫卻一直籠罩在妾身未明的迷霧之中——到底是否應該排除白人，或者到底是否為政府的方案。白宮記者會大肆宣揚這是總統種族政策的一部分：「歐巴馬總統發起『我兄弟的守護者』行動：一項新的激勵行動，旨在幫助所有願意力求上進的有色人種青年與男孩。」[102]但是白宮接著又發出一項聲明：「『我兄弟的守護者』的標誌不得使用於會造成美國政府在該計畫上與非政府組織有任何關係聯想的計畫、產品與服務上。」[103]

歐巴馬政府利用它的獨創性來為其計畫提供資金，而不需要依賴國會的撥款。在二〇一二到二〇一四年間，[104]美國的金融執行單位總共自其監管的銀行收到一千三百九十億美元的罰款，[105]金額之大，甚至超過越戰初期的聯邦預算。任何一位曾遭遇小鎮警察超速陷阱的人都應該知道這類罰款可以充當稅金使用。一九八八年，一個由州檢察長組成的團體透過法院沒收了菸草公司價值兩千五百億美元的資產作為損害賠償，就是所謂的總和解協議（Master Settlement Agreement）。此一和解金額在當時可算是天文數字，但是在二〇一三年，光是摩根大通一家銀行就付了兩百億美元的罰款。鑑於該銀行是歐巴馬競選初期最重要的支持者，再加上儘管有如此大金額的罰款，足以顯示這可能是有史來最大規模的金融犯罪，但是卻沒有任何一位主管被關進監獄，不禁讓人懷疑這一協議真的是紀律處分，還是事先已串通的默契。

歐巴馬總統的施政有時受到熱烈擁戴，有時不然，但是他常常會暗示這個社會以相互忍讓為主的民主機制反而會阻礙他的施政。他在一些爭議性的議題上往往會表示要繞過國會，尤其是在槍枝管制上，他也真的這麼做了。他是以行政命令來進行治理，透過法令來延緩他標誌性政策平價醫療法案（Affordable Care Act）的實施。他在二〇一〇年設立的消費者金融保護局

（Consumer Financial Protection Bureau，CFPB），經費是來自半獨立的聯準會，不是國會。歐巴馬任命CFPB第一任局長理查德．柯德瑞（Richard Cordray）是在國會休會期間進行的，因此得以繞過國會。他尋求以他的宣戰權來讓數以百萬計的非法移民合法化，他的支持者為其辯護此舉是援引解放黑奴宣言的前例。[106]

知識分子與權威專家都支持與鼓動他這麼做。他們建議的政策有許多直到最近才被視為具有專制的成分。二〇一一年，由共和黨掌控的國會拒絕提高當時已達十六兆美元的國債上限，紐約時報專欄作家喬．諾科拉（Joe Nocera）便引用了憲法第十四條修正案第四款，在該法條中，規定了在南北內戰之後，重歸聯邦的南方州不得拒絕承擔聯邦在他們脫離時所欠下的債務。[107]諾科拉聲稱第四款授權總統能夠「單方面提高舉債上限」。雖然歐巴馬並沒有聽從此一對憲法怪誕瘋狂的解釋，但是對民主不耐的氣氛已經浮現。

推力與行為經濟學

人類決策的出錯率最近成為社會學家注意的焦點。他們紛紛站出來證明亞當．史密斯（Adam Smith）與阿爾弗雷德．馬歇爾（Alfred Marshall）理論下基於自利的理性計算器「經濟人」（Homo Economicus）是不存在的。二〇〇二年，普林斯頓大學的以色列心理學家丹尼爾．

康納曼（Daniel Kahneman）和他已故的同胞，史丹佛的阿默斯・特沃斯基（Amos Tversky）兩人共同的研究成果獲得諾貝爾經濟學獎。他們在所謂行為經濟學的研究中主張人們總會誤判情勢，人類的理性只有在各項選擇妥善列出後才能發揮作用解決問題。當你問別人阿拉伯數字中前八個整數的乘積時，大部分的人都是根據你所提供的算式來解答：

$1\times2\times3\times4\times5\times6\times7\times8$[108]

或是：

$8\times7\times6\times5\times4\times3\times2\times1$

在給予五秒的計算時間下，大部分的人就第一道算式得出的乘積是五百一十二，第二道是兩千兩百五十。然而都不對，正確的答案是四萬零三百二十。導致他們計算錯誤的原因並非在於一廂情願的想法、迷信或是腐化，這些都是可以透過教育與正確觀念的灌輸來糾正的問題。他們出錯是在於人腦慣性的運作。康納曼與特沃斯基將這些錯誤稱為偏差（見）。有整整一個世代，偏差的出現造成機構受到破壞、聲譽遭到凌遲。如今，「偏差（見）」，此一過去帶來狹隘與邪惡含意的名詞已變成某種「人性」。

在二〇〇八年總統大選期間，歐巴馬來自芝加哥大學的兩位友人與顧問合著了一部書《推力》（*Nudge*），[109]以行為經濟學來證明行動主義國家的合理性。這兩位作者，法學教授凱斯・桑斯坦（Case Sunstein）後來成為歐巴馬在法規事務上的白宮高級顧問；早期曾與康納曼共事的經濟學家理查・塞勒（Richard Thaler）後來則是為英國保守黨首相大衛・卡麥隆（David Cameron）領導行為洞察團隊（Behavioural Insights Team），扮演類似的角色。

塞勒與桑斯坦列舉設計低劣的選擇系統可能造成的破壞性結果，並且提出解決之道。學童排隊選取午餐，他們通常不會考慮拿他們所喜愛的點心，而是取走他們第一眼看到的東西。因此，為什麼不把蘋果與桃子放在馬上可以映入眼簾的位置而不是芝多司或洋蔥圈？企業員工想為退休存錢，但是他們年輕時都低估了退休所需的花費。既然如此，為什麼不將「為明天存更多」計畫列為員工的「默認選項」，該計畫會隨著年資的累積自動增加扣減的薪資？

作者將這樣的方式稱作「選擇架構」或「自由家長制」。沒有人使喚或是強制別人。政府當局只是堅定地引導人民趨向一個明顯較優的選擇。在這樣的方式下，你不必將自己的所得如現在這樣奉獻給社會福利。相對於你違反法律受到罰款或坐監的懲罰，政府會採取其他較具暗示性的手段，例如造成你的不便。不過這樣的方式仍有令人厭惡與造成羞辱的地方。

《推力》挑戰約翰・彌爾（John Stuart Mill）所著《論自由》（*On Liberty*，一八五九年）一書所主張的「傷害原則」。彌爾認為，基本上，國家只有在人民出現可能傷害自己的風險下才應該干預人民的生活。彌爾所持的理由之一是人民應了解什麼是對他們最好的，並且據此做出判斷。桑斯坦不同意這樣的說法：什麼才是對他們最好的，他寫道，「大部分是經驗的問題。」[110]

但是桑斯坦遺漏了最首要的步驟。什麼才是對人民最好的，至少對自由人民來說，取決於他們的優先順序。只有在優先順序確定之後，問題才會成為經驗取向。然而在政治上最關鍵的事務就是由誰來制定優先順序。塞勒與桑斯坦卻是將此一傲慢自大的工作掩飾成溫和與常識性的成果測量工作。

還有一個最有力的說法是讓人們自行選擇而不受國家的干涉，並不是在於他們具有選擇的能力，而是基於作為一個人的尊嚴。難道說一般人的思維在選擇自助餐廳的午餐或是管理退休計畫，就一定會產生劣質的結果嗎？人腦的理性能力會不斷進化，以因應生活中各種不同的挑戰，不是由精算師所設計的時間貼現的結構遊戲。

行為經濟學家似乎不知道非專業性的人類推理有其好處，甚至是在它形成歪曲現實的情況下也是如此。如果人們的計畫經常過度樂觀，包括為退休準備的儲蓄太少，那是因為他們腦中的聲音不僅是要評估現實，同時也要鼓勵他們每天早上起床。

推力的哲學是實踐蘇格拉底的一無所知（Socratic Ignorance）。柏拉圖（Plato）的《申辯篇》（*Apology*）記載，蘇格拉底的好友凱勒豐（Chaerephon）告訴他，德爾菲（Delphic）神諭認為他是最有智慧的人。於是蘇格拉底拜訪一位以智慧著稱的大臣。我們無法確定他為什麼要這麼做，可能是出於想測試自己的智慧，或是尋求建議，或者只是想博得讚美。反正蘇格拉底是失望而歸：

於是我向他告別，並在離開時告訴自己：好吧，儘管我不認為我們之中有任何一位真的知道美麗與美好的事物，但是我比他要好一些，因為他毫無所知，卻自以為知道一切，我雖然也毫無所知，但是我有自知之明。特別是就後者而言，我顯然是比他稍好一些。111

蘇格拉底聲稱自己毫無所知，以二十一世紀的話來說，就是故作謙虛，實為炫耀。它可能貶低了蘇格拉底在「誰比較聰明？」這個問題上的階層，但是它同時也建立了一個新的階層，在此一階層中，蘇格拉底自作主張為自己安排了一個評判智慧的最高判官的角色。一旦此一角色獲得認可，蘇格拉底的智慧就不僅僅是比那位大臣稍好一些，而是遠在他之上。推力也是做出這樣的宣示。

如果沒有經濟人，也就沒有民主人（Homo Democraticus）。在許多語言中，「表決」（vote）是「聲音」（voice）的同義詞（голос, Stimme, voix）。民主是強調人民的聲音是至高無上且不可抗拒的制度。然而推力卻是為這樣的權威設立條件。以此而言，它的原則就是民權法律，只有在掃除偏差（見）的疑慮下，人民的聲音才是至高無上的。如果人們因為偏差（見）阻礙了對人際關係本性的了解，政府當局就有資格，甚至有責任來統治他們。因此，民權並非調和人民至高無上的地位，而是取而代之。我們可以說政治正確就是推動民權下的自然結果，使得對抗偏差（見）成為這個政權正統性的條件。一旦偏差（見）歸屬於人性中「無意識」的一部分，人類生活中就沒有一個部分是不需要政府警惕的。

可是等一下：如果人們的計算都是在偏差（見）的疑慮之下，為何行動主義人士（那些政治人物、教授、行為經濟學家與多元性顧問）的計算，卻是居於蘇格拉底的地位，超脫偏差（見）的疑慮？他們的思慮不是也會出錯嗎？為什麼他們的思慮就是「選擇架構」，別人就只能受制於他們設計的架構？這其實有些玄虛。就像夏德塔（Shard）的觀景台是俯瞰倫敦最佳的地點，完全只是因為它是唯一無法看到夏德塔的最高處，那些干預偏差（見）的人本身的偏差（見）是隱形的。只要沒有人質疑這些對抗偏差（見）的行動主義人士，社會上的「選擇架構」也就沒有舉證責任。

塞勒與桑斯坦為了追求政府效率的改善，不惜打破傳統與固有機制：

> 我們認同固有傳統有其明智之處，但是我們不認為傳統主義人士能夠阻礙自由家長主義。社會實踐與相關法律之所以能夠持續，並非因為它們充滿智慧，而是因為經常面臨自制問題的人們，只是單純地跟隨其他人而已。慣性、因循與模仿，往往主導了我們的行為。[112]

這兩位作者決定推動眾人遵守他們的新機制，但是卻對別人要求尊重舊機制的呼聲置若罔聞，好比說，婚姻。

從同志權益到同志婚姻

當《新共和》[113]的編輯安德魯・蘇利文（Andrew Sullivan）於一九八九年首次公開提議時，同志結婚的概念還被社會視為是十分荒謬的想法，而這不只是因為它與一些可貴的固有印象相牴觸的關係。婚姻是一套關於性規範（sexual regulation）的機制，激進的女權運動人士主張同志應有相同的權益，導致這樣的機制失去合法性與其所代表的傳統男性特質。就某些方面來看，女權主義與同志權益合而為一。

除了幾十年來不斷反對與抨擊廣告與流行文化「物化」女性身體之外，女權運動一直沒有多大進展。不過該運動強調平等的主張也幫助開創了以類似方式來利用與剝削男性身體的文化，不過諷刺的是它可能一開始就是有這樣的企圖。第一場脫衣舞男秀[114]是一九七九年在聖莫尼卡高速公路（Santa Monica Freeway）下一家名為奇彭代爾（Chippendales）的俱樂部演出的，儘管該俱樂部打出「只限女性參加的男性豔舞之夜」的廣告，但是有一些男士為了也能觀賞而不惜提起訴訟。[115]一九八二年，卡爾文・克雷恩（Calvin Klein）[116]為了宣傳其新系列的內褲，在時代廣場的日本勝利株式會社（JVC）唱片與音響店上面租了一塊廣告看板，展示一幅有五層樓高的業餘撐竿跳運動員湯姆・辛特諾斯（Tom Hintnaus）在太陽下閃閃發光的古銅色肌膚，只穿著貼身三角內褲的照片。在一九八〇年代中期，[117]以「二十四種傳統健身運動」著稱的健身器材業者梭羅弗萊克斯（Soloflex）推出一系列的雜誌廣告，展示的不是健身器械，而是這些器械的成果：肌肉發達、身材成倒三角的男人，他們上身赤裸，下身穿著牛仔褲，像脫衣舞者一樣翹起臀部，脫下無袖汗衫，他的手臂撐開汗衫，正好遮住他們的臉。

對非同志而言，同志解放運動帶有性的涵義，以及社會願意容忍，或是接受這樣的同性愛到什麼程度的問題。它意味要忍受公開場合若干的「同性戀愛」，有些可能是像上述廣告中所展現的情慾型態，也有的可能是粗俗鬧劇，例如碰碰姐妹（Sister Boom Boom）與舊金山其他變裝劇團以諷刺政治為主的街頭表演。

但是對於同志權益運動人士而言，這些對性的關注，充其量只是部分事實。和他們之前的民權與女權運動人士一樣，不論是否真的了解，他們所要求的不是容忍，而是給予對等的尊嚴。沒有尊嚴，所謂的融合只不過是讓別人有近距離侮辱此一團體的機會。民權就是如此堅持：尊嚴是他們主張中不可缺少與不可談判的一部分，政府必須予以保護，即使損害到反對民權人士的權益也在所不惜。

然而相對於其他團體，給予同志尊嚴卻是一個遠為複雜與具有破壞性的工作。同性戀不僅是種身分，同時也一種行為，而且是在這個國家許多地方被視為犯罪與名譽玷汙的來源。在一九七〇年代取消徵兵制之前，同性戀和其他所有人一樣都必須接受徵召，但是他們並不受到軍方的歡迎——至少不是以同性戀的身分。如果他們顯露了性傾向，軍方會召集他們，給予他們一生都帶有汙點的藍卡退伍證明，[118]或是以其他難以接受或是不名譽的方式予以解職。艾森豪與甘迺迪年代的戰後同志次文化，宛如與軍工業文化下美德與罪惡色調顛倒的負片映像。進入二十一世紀之後，同志權益與從軍條件緊密結合，對於其他人而言可能有些過分，但是同志不是如此認為。為了給予同志公共尊嚴，主管當局必須改變、去正當化與撤除許多當初人們曾給予大量道德投資的機制。

結社自由是最具主導性的自由（master freedom），如果沒有結社自由，政治自由就無法有效行使。但是在尋找同伴進行結社時，同性戀卻面臨其他少數族群所沒有的問題：首先相互辨識的問題。這就是同志解放運動早期需要歷史學家莉莉安・斐德曼（Lillian Faderman）所謂的空間碎片（slivers of space）：咖啡館、俱樂部、舞廳等可供他們聚會，不致受到警方的騷擾。

同性戀聚會的場所時有騷動。[119]一九五九年在洛杉磯的庫柏甜甜圈（Copper's Dinuts）發生小規模的暴動。一九六五年，在費城的杜威咖啡館（Dewey's Coffee Shop）則因為發傳單的問題與警方發生爆發衝突。一九六九年，黑手黨在西村（West Village）經營的石牆酒吧（Stonewall Inn）發生暴動，震驚全國，有數以百計的男人包圍了當地的警察局。此一事件後來成為傳奇是因為發生的地點就在報紙《鄉村之聲》（*Village Voice*）辦公室附近，該報社年輕的記者將整個事件鉅細靡遺地記錄下來。不過在此一事件爆發時，同志尋找相互聯繫的方式已有多年。他們迫切需要辨識政治盟友，結果適得其反，最終導致一九九〇年代殘酷無情的「爆料」行動，即是針對不願透露自己是同性戀的影視明星，爆料他們的性傾向。

同志積極尋找的避難所，並不僅是建築物，還包括制度。然而人們是經過好長一段時間才了解婚姻可能是同志其中一所避難所。一九七三年，[120]美國公民自由聯盟（American Civil Liberties Union，ACLU）南加州分部的同性戀權益委員會（Homosexual Rights Committee）列出六項長期優先爭取的目標，婚姻不在其中。一九八三年，[121]同志團體領袖有機會詢問當時的民主黨總統與副總統候選人華特．孟岱爾（Walter Mondales）與約翰．葛倫（John Glenn）有關他們在意的議題，但是他們並沒有提到婚姻。一九九一年，[122]全國同性戀工作小組（National Gay and Lesbian Task Force）要求其會員列出他們認為最重要的民權議題，婚姻根本就沒有出現。正如浪達法律基金會（Lambda Legal）法律總監寶拉．艾特布里克（Paula Ettelbrick）在一九八九年所言，「身為酷兒，並不是在於建立家庭，或是尋求國家的許可。」[123]

然而隨著一九八〇年代初期之後愛滋病毒在同性戀人口中大肆傳播，缺少國家的認可形成了卡夫卡式的困境。[124]在愛滋病肆虐時期同性戀也遭逢一種獨特的傷痛。這種傷痛不同於死亡為每個人所造成的悲慟，也不同於愛滋病帶來的痛苦，它是來自於遺囑認證的相關法律與為異性戀者所設計的醫療法規。同志在醫院死去，陪伴他大半輩子的伴侶卻是不准前來照看；由於美國的保健福利金是設計來保護配偶，不是伴侶，同志愛侶因此陷入貧困；儘管同志的遺願是將其畢生積蓄遺贈他的伴侶，他的父母與兄弟姐妹卻有權予以推翻，結果導致他的伴侶一無所有（他們都需要昂貴的實驗藥品）。面對這樣的情況，社會大眾的反應卻毫無憐憫之心。一九八五年，民調顯示大部分的美國民眾支持對愛滋病患實施隔離（根據洛杉磯時報的調查，有百分之五十一的民眾都支持隔離）。[125]

不過與此同時，愛滋病也改變了同志許多造成他們與美國主流格格不入的習慣。愛滋病結束了同志自一九七〇年代以來，起於紐約性愛俱樂部與舊金山澡堂「淫亂濫交」的「同志生活方式」。儘管做法有些殘酷與粗魯，但是透過互相爆料同志的身分，愛滋病將「同志社群」（這原本只是一個口號）變成具有實質意義的社群，擁有強大的凝聚力與從事政治行動的能力。

當同志對探病與其他限制提起訴訟時，[126]他們發現法官對他們的要求遠比公眾寬容。這一發現改變了所有的事情。尋求婚姻的同志們於是將目標轉向法院與民權法律。一九九三年，夏威夷的一個法庭主張將婚姻限定為只有一男一女才能成婚是一種偏見。儘管該州有四分之三的選民都反對，但是該州最高法院在一九九六年依然支持下級法院的判決。兩年後，夏威夷的選民以壓倒性的優勢（百分之六十九對百分之二十八）要求釋憲將婚姻設定為異性戀的機制。但是其他各州的法官毫不退縮。一九九九年，佛蒙特州最高法院命令議員立法給予同志結婚權，「民事結合」法案於是在二〇〇〇年誕生。

一九九六年，在社會公眾的壓力下，比爾・柯林頓簽署了捍衛婚姻法案（Defense of Marriage

Act）。在此一法案下，若是有一些州開始同意同志結婚，其他州的法官有權拒絕對此一憲法所賦予的法律正當程序給予「充分的信任與尊重」。到了二十一世紀，在有民事結合立法的州中，沒有任何一州的選民支持同性婚姻。在二〇一二年之前，當緬因、馬里蘭與明尼蘇達等州同意對同性婚姻進行公民表決後，此一議題三番兩次在公投中遭到挫敗（實際上一共是三十一次公投），儘管支持同性婚姻的勢力動用了龐大的經濟資源與遊說網路。

他們還有其他的優勢。雖然同性戀愛（homosexuality）並不會有後代，但是同性戀者（homosexuals）有時會有。行政當局與法官越來越傾向允許給予之前曾結婚的同性戀者完全的父母權，他們很快就准許同志伴侶可以收養他們伴侶的親生子女。最終他們也允許同志伴侶完全可以收養小孩，而同志組成的家庭有十分之九都是此一類型。同志的命運從此與家庭緊密結合，這是以前所沒有的。

時至今日，訴諸法庭的主要問題是結婚還是未結婚的同志伴侶比較適合養育小孩。在眾多案子中有一樁是二〇〇三年，希拉蕊・戈瑞奇（Hillary Goodridge）等人訴公共衛生部，這是麻州七對同志伴侶針對同性婚姻權利提起訴訟，其中四對有養育小孩，有的是收養，有的則是來自之前的婚姻。

麻州最高上訴法院法官瑪格麗特・馬歇爾（Margaret Marshall）針對此案宣布，沒有合理根據拒絕同性戀者享受婚姻的果實。然而此一判決另有乾坤：馬歇爾的論述是「來自」婚姻的重新定義，不是「對」婚姻本質的重新定義，因此它並非早在政府之前就已存在，由政府認可的社會基石；而是由政府建立的福利機制，其性質就和愛犬公園與退伍軍人醫院一樣，是「有巨大利益的聚寶盆。」[127]有鑑於此，關於婚姻的本質是什麼的重大人類學問題，也可以被另外一個不同的問題所取代：平等獲得國家優惠待遇與其說是基於同性戀個人的權益，倒不如是基於他們所組成的家庭。

此一方式逆轉了法庭上所有有關同性戀婚姻的舉證責任。大約在十年之後，也就是二〇一五年，一樁指標性的同性婚姻官司送上最高法院，同志權益運動人士與法學教授大衛・科爾（David Cole）針對此案大談「基於性傾向的歧視，例如奧貝格費爾（Obergefell）一案對同性婚姻的禁令。」[128]禁令？若說婚姻的觀念陳舊落伍，需要與時俱進，這是一回事，但是若說傷害同性戀的「意圖」（既然是『禁令』，顯然就先有意圖）是當初建立婚姻此一機制的原因之一，就是另外一回事了。在此之前，人們談到禁止同性戀結婚，其實就像禁止男性哺乳一樣自然。「他們必須找出保存傳統婚姻的理由，」科爾說道。「還有為什麼認為同性婚姻就會破壞婚姻本質的理論。」

馬歇爾對於此一爭議的重新定義同時也帶有過多的承諾。就感情的層面而言，首次挑戰來自於一九九〇年代中期的麻州議員巴尼・法蘭克（Barney Frank）。[129]他問道「兩位相愛的人怎麼會對異性婚姻形成威脅？」他的問題就是關於同性婚姻的最大爭議，然而也是一個無法回答的問題，尤其是對一個充滿愛意，成員中有同性戀的家庭而言。在戈瑞奇一案後，同性婚姻明顯帶來威脅，這是因為，如前所述，它顛覆了婚姻先於政府認可的認知。婚姻的不可侵犯性與家庭都是植基於此認知之上，至於他們的生活習慣，他們如何建立自己的小社群，都與政府無關。

顛覆此一認知並沒有立即對異性婚姻造成傷害。但是它已使得婚姻作為社會機制的機能日趨弱化，並且備受威脅。

溫莎：菁英薈萃

建立同性婚姻相關法律的法庭訴訟，幾乎沒有一樁是由突然決定受夠了而衝進市議會的同志伴侶所提出的。這些案子都經過精心設計，甚至可以說是編有一套劇本。它們主要是出自免稅的基金會、公共利益律師事務所，以及曼哈頓與華盛頓提供免費公共服務的企業律師之手。由於社會觀感對同志並不同情，更懷疑他們彼此之間的忠誠，因此原告大都聘請上流階級人士來為他們辯護。要說服法官或是博取公眾的同情，作為原告的同性伴侶應該扮演一種「人們希望自己的兒子或祖母是如此」的模範，所以他們必須避免在公眾面前談情說愛[130]或是談論性事。[131]

談話性節目主持人瑞秋．梅道（Rachel Maddow）在談到這類案子時，曾大讚美國訴溫莎（United States v. Windsor）一案的舞臺監督，認為「戰術高明」，[132]該案主要是以打擊柯林頓的DOMA其中部分內容為目的。半個世紀之前，赫伯特．韋克斯勒（Herbert Wechsler）與哈里．

卡爾文二世等人還指責NAACP的訴訟策略是「對憲法發動幾乎等同於軍事作戰的攻擊。」[133]然而時至今日，這些紛紛擾擾所造成的疑慮與不安都已隨風而逝。

當私人團體變得能夠編撰令法院依循的劇本時，法院還能發揮其應有的功能嗎？NACCP戰勝司法的訴訟文化使得上流社會不再出現這樣的問題。但是儘管如此，這樣的疑問依然存在，難道基石穩固的憲法權利也需要「高明的戰術」來辯護。

沒有一位原告會比艾迪絲・溫莎（Edith Windsor）更具有魅力，她平易近人、性情溫和，高尚雅緻。她在一九六〇年代與一位名叫蒂亞・施皮爾（Thea Spyer）的女子墜入愛河，從此兩情不渝。他們一直希望能夠結婚，並且也公開表達這樣的希望。幾十年來，溫莎一直在照顧施皮爾，後者患有多發性硬化症，在他們兩人二〇〇七年於安大略省結婚時，她已四肢癱瘓。但是在DOMA下，聯邦政府並不承認他們的婚姻。因此，當施皮爾在結婚兩年後，於七十七歲去世時，她的房產不能免稅遺贈給溫莎，使得七十九歲的溫莎必須負擔三十六萬三千美元的遺產稅。[134]

如果你從戈瑞奇一案的角度視婚姻為一政府制度，溫莎一案所形成的不公平確實意味DOMA違憲。正如溫莎案的律師所言，「如果蒂亞（Thea）是提奧（Theo）的話，艾迪絲可能就不需要繳一毛錢的遺產稅。」[135]

但是還有另外一個角度。只有富人的遺產才會產生遺產稅。[136]在二〇〇九年，全國只有五千七百座房產，相當於最富有的百分之一人口中的前五分之一，需要繳交遺產稅。除了流動性資產外，[137]這對伴侶在曼哈頓擁有一間公寓，並在長島東端的漢普敦擁有一棟房子。從這個角度來看，他們的稅務問題並不是在於他們是同性戀，而是因為他們是有錢人。尋求推翻ＤＯＭＡ的同志權益運動人士一度對於此案是否合適達成目標看法紛歧。

隨著聚焦於婚姻，同志權益運動成為一堆政治格言的奇妙組合，它一方面利用受壓迫的少數族群慣用的排斥性修辭，另一方面，同性婚姻又成為聯繫全球最富有與最顯貴人士的管道。同志權益運動對這些人的政治影響，使其串連的能力，甚至超過稅率或金融法規。從事遊說與推動同志權益立法的人權戰線（The Human Right Campaign）資助者包括亞馬遜、美國航空、蘋果、花旗銀行、可口可樂、戴爾、高盛、谷歌、好時（Hershey）、凱悅（Hyatt）、ＩＢＭ、英特爾、凌志（Lexus）、梅西百貨、萬事達卡、微軟、摩根士丹利、全國保險（Nationwide）、耐吉、諾斯洛普·格魯門、軌道（Orbitz，參見GayOrbitz.com）、百事可樂、陶瓷大庫房（Pottery Barn）、保德信（Prudential）、殼牌（Shell）、星巴克、目標百貨（Target）、泰諾（Tylenol）、優比速（ＵＰＳ）、惠而浦與威廉斯－所羅莫（Williams-Sonoma）——這些都還只最大的資助者中的一部分而已。[138]人權戰線已將其一百五十位職員與其總部遷到聖約之子會（B'nai B'rith）的舊址，位於華府心臟地帶，在杜邦圓環（Dupont Circle）與白宮之間。這兒是任何一家遊說公司都希望能夠租下一層樓的地位象徵，人權戰線則在這兒擁有一棟九層樓雙廂房（two-wing）的建築物。

投資大戶喬治・索羅斯與麥可・彭博、科技富豪比爾・蓋茲與傑夫・貝佐斯（Jeff Bezos）、娛樂界名人大衛・葛芬（David Geffen）與布萊德・彼特（Brad Pitt）、共和黨金融家保羅・辛格（Paul Singer）與賽斯・克萊爾曼（Seth Klarman）都以百萬美元的捐款來支持同性婚姻。矽谷乎是全面支持同性婚姻。谷歌員工有百分之九十六的捐款、[139]蘋果員工有百分之九十四的捐款，都是投入反對加州反同志婚姻的第八號提案的行動中。然而他們所面對的卻不是旗鼓相當的對手。二〇一四年，人們發現網路瀏覽器火狐（Firefox）的設計人與謀智（Mozilla）執行長布蘭登・艾克（Brendan Eich）六年前曾捐給支持第八號提案團體一千美元，結果他在各方壓力下被迫辭職。

同樣的模式也出現在社會名流與菁英人士志願提供他們的時間與服務上：他們都站在支持同性婚姻這一邊。路透社（Reuters）的調查顯示，[140]二〇一四年，在全國最大的兩百家律師事務所中有三十家都代表原告對DOMA提起訴訟，沒有一家是為此一法案辯護。同志權益運動人士與律師羅蓓塔・卡普蘭（Roberta Kaplan）免費代表艾迪絲・溫莎打官司——這等同於一場反叛，因為如此也讓溫莎得以利用卡普蘭所屬公司保羅暨魏斯（Paul, Weiss）律師事務所龐大的律師助理與社會資源。[141]

卡普蘭兵強馬壯的修憲部隊已在摩拳擦掌，然而他們所攻擊的，卻是一座空城。在溫莎案進行中途，歐巴馬的司法部通知卡普蘭，政府不會為該法提出辯護。當該案最後演變成霍林斯沃斯訴佩里（Hollingworth v. Perry）的官司時，加州總檢察長傑瑞·布朗（Jerry Brown）也選擇不為該州的婚姻法提出辯護。當老牌的共和黨最高法院辯護律師保羅·克萊蒙特（Paul Clement）應國會一個顧問團體所請為婚姻法辯護時，同性婚姻支持者立刻向他的法律事務公司，位於亞特蘭大的金恩暨史帕丁律師事務所（King & Spalding）的客戶施壓，不但要求他們不要支持克萊蒙特，甚至要他們與他斷絕往來。[142]

儘管在世紀之交，同性結婚有如痴心妄想，由民意調查也可看出當時社會公眾對它的支持極不穩定，但是時至今日，在全國最富有的百分之一的階層中，幾乎已不可能找到對同性婚姻嗤之以鼻或多所懷疑的人。支持同性婚姻的一方，在新聞界、基金會、律師與法官之間有一個類似連結董事會的團體。卡普蘭曾經寫道，[143]全國公共廣播電台（NPR）的法務記者妮娜·托騰柏格（Nina Totenberg）在她要為溫莎一案進行口頭辯論前幫她挑選合適的衣著；紐約客雜誌（New Yorker）負責報導溫莎案的記者愛麗兒·利維（Ariel Levy）在得知此案最終結果時不禁喜極而泣；二〇一五年奧貝格費爾一案的口頭辯論「有如LGBT權益運動人士在最高法院的老友聯歡會，」[144]曾在二〇〇四年非法給予同性婚姻註冊許可的舊金山市長蓋文·紐森（Gavin Newson）與戈瑞奇一案的麻州法官瑪格麗特·馬歇爾並肩而坐。這樣的聯結力量強大，卡普蘭因此得以不顧同僚對艾迪絲·溫莎在此備受矚目的官司中作為原告可能太過富有和具有特權的憂慮。「相對於那些法官，艾迪絲的生活並無二致，」[145]她後來寫道，「老實說，他們也是我們唯一需要說服的人。」

全國公眾的反對向來不是放棄爭取同性結婚權益的原因。一九六〇年代的改革已創造出一套迫使社會變革，甚至與選民以民主方式表達之意願對立的機制。正如羅莎・盧森堡（Rosa Luxemburg）針對俄國革命所言：「真正的革命辯證法顛覆了國會中一成不變的陳腔濫調，革命之路不是經由多數人發動革命，而是將革命實施於多數人身上。」[146]

同性婚姻的爭議也是依循此一道路。一九九〇年代，反對同性婚姻的聲浪高漲，反對者的數目是支持者的兩倍、三倍，甚至四倍，但是後來似乎都已改變看法。在指標性的奧貝格費爾一案於二〇一五年宣判後，蓋洛普的調查顯示有百之五十八的人支持該案判決。

不過蓋洛普提出的問題在措辭上，是以一種解除美國民眾從道德角度觀看改革的方式為之。它先假設同性婚姻已具有合法性，而不是詢問同性婚姻是否具有合法性，如此一來，促使堅守合法原則的人都站到支持的行列中。（你認為同性婚姻是否應具有與傳統婚姻一樣的法律有效性？）[147]它也代表了某種意義。美國民眾的思想往往會受到法官、官員與記者說法的左右。對於官方說法，他們大都會順從，了不起就是發發牢騷而已。他們包括了為數不少的保守派共和黨人。他們的意見若非有些陳腐，就是由於美國民主正在進行一場劃時代的變革。

比爾・柯林頓曾在世紀交替之後不久表示：「回顧六〇年代，如果你認為其中利多於弊，你可能是民主黨。如果你認為弊多於利，你可能是共和黨。」[148]民主黨的柯林頓此一談話主是是指少數族群在大多數人都不理不顧下爭取與維護自己的權益。但是他們並非在那段時間唯一利多於弊的族群。在雷根鼓勵下興起的新「資本家」菁英並未如他所願推翻舊菁英，反而是兩者合而為一，雙方的力量更為強大。這批人都是屬於民主黨。在二〇〇八年的總統大選中，美國二十個最富有的區域中，有十九個都給予歐巴馬大量捐款，選舉結果並且顯示歐巴馬在其中大部分地區都獲得壓倒性勝利。[149]

歐巴馬離開白宮時，美國前十大政治捐獻者一年的政治捐款高達三億兩千三百萬美元，而且大部分都是捐給民主黨。有不少人抱怨堪薩斯州的科赫（Koch）兄弟對共和黨影響力強大，但是大衛・科赫（David Koch）根本還不夠格名列十大捐款人的名單之中，[150]他的捐款（六百二十萬美元）還不及舊金山對沖基金經理人與環保人士，民主黨的湯姆・史提爾（Tom Steyer）（七千四百三十萬美元）的十分之一。在這十大金主中，民主黨人士就占了大部分。

與此同時，根據作家傑克・謝弗（Jack Shafer）與塔克・達赫第（Tucker Doherty）指出，網際網路奪走了媒體業在地域上與意識形態上的多元性。根據勞工統計局的資料顯示，在一九九〇年，有四十五萬五千人從事記者、文職職員、廣告銷售員、設計師等工作。然而在四分之一個世紀之後，從事這些職業的人只有十七萬三千九百人，而且工作內容已和過去大不相同。

過去的媒體工作分布全國各地，而且與他們讀者的政治文化相結合。「『蘇瀑』（Sioux Falls）的《阿格斯領袖報》（*Argus Leaders*）就只會待在南達科塔州，就像水力發電站的所有人只會待在洛基山脈一樣。」[151]謝弗與多赫第指出。但是二十一世紀的網際網路媒體工作有四分之三（百分之七十三）要不是在東北走廊、西海岸，就是在芝加哥。這些地方富有，而且大都支持民主黨：從事新聞業的人有百分之九十都是住在二〇一六年總統大選民主黨獲勝的地區。如今社會頂層人士已鮮少會與和他們意見不同的人對話。

奧貝格費爾：實質（非官方）憲法的勝利

同性婚姻的支持者往往把不同意他們的人視為食古不化與惡毒。對於卡普蘭來說，DOMA就是「惡法」。[152]就道德來說，這不是一場開放式的辯論，而是朝向已知的民權真理井然有序並且無可避免的行軍，唯一的問題是並肩同行的法官與同性婚姻運動人士是否需要偶爾放慢改革的腳步，以避免挑起民主「反彈」。在其正在撰寫的同性婚姻運動史中，哈佛法學教授麥可．克萊爾曼（Michael Klarman，金融家賽斯的弟弟）寫道，「最高法院若是在二〇一二年或二〇一三年做出有利同性婚姻的判決，勢必會導致國家分裂。然而由公眾意見很快就轉向有利同性婚姻的情況來看，在十年或二十年間，這樣的判決可能就會具有時代象徵的意義。」[153]

全國所得最高的前百分之一階層一致支持同性婚姻，這樣的情況顯示圍繞該議題的爭議其實可以輕鬆消滅，已逝的麻州大法官瑪莎．索斯曼（Martha Sosman）之前就已預見這樣的情況，她對戈瑞奇一案的判決表示異議，並且警告：「此一變革會衝擊……我們社會結構的承重牆。」[154]此一警告對於美國最高法院大法官安東尼．甘迺迪（Anthony Kennedy）二〇一五年對奧貝格費爾訴霍奇斯案（Obergefell v. Hodges）一案的判決依然適用，該判決使得同性婚姻成為全國性的法律。美國最高法院另一位大法官安東寧．斯卡利亞（Antonin Scalia）對於此一判決提出異議，其焦點是放在甘迺迪論點的前後不一致上：在溫莎一案中，甘迺迪以「在我們的歷史中，聯邦政府會為了顧及國內關係而推遲國家法律政策的決定」的觀點做出DOMA無效的判決，但是在奧貝格費爾一案中，他卻判決將聯邦標準普遍施行於各州。[155]

不過，這只是斯卡利亞的異議中相對次要的重點，更具重要性的是他指責此一判決「不民主」。這是首次有人根據體制來批判一位菁英人士綁架民權相關語言，並且用來改變國家的本質。「當政府體系使得人民必須服從一個由九位未經民選的律師組成的委員會，」[156]斯卡利亞寫道，「這不配叫做民主。」他將這樣的判決稱作上層階級的「叛變」，並且強調最高法院的每一位成員不是來自哈佛法學院，就是耶魯法學院。他指出：

> 這個沒有任何代表性的團體對今日此一社會動盪所做出的表決，與他們作為法官，回答關於美國人民是否同意一套禁止婚姻傳統定義的憲法毫無關係。當然，今天大多數的法官不會以此作為判決的依據，**他們說他們不會**。[157]

他的論點沒錯。在同性婚姻人氣上升之際，甘迺迪也明確地否定了民主中某些直到最近還被視為神聖不可侵犯的部分。「同性婚姻的倡議是否有享受或是缺少民主程序的支持並不重要，」[158]他寫道。除非有人期待法院對「布朗訴托彼卡教育局」一案道歉，這種以民權之名阻止多數人統治的行為正是法院的職責。甘迺迪套用一樁平權行動案，二〇一四年的「舒特訴捍衛平權行動聯盟」（Schuette v. BAMN）（BAMN意指 By Any Means Necessary，採任何必要行動），來主張「個人權利不得受到非法行使政府權力的傷害。」

為了預防斯科利亞指責該判決反民主，甘迺迪只能表示美國人民數十代以來所遵從、結婚與繁衍的婚姻法其實一直就是非法的：「非法行使政府權力。」由此再一次顯示，在甘迺迪，以及想法和他一樣的人士心中，一九六四年的民權法案並非如過去人們所了解的強化憲法，而是取代憲法。這也使得整個爭議變成深奧的憲法問題。

歐巴馬是第一位了解到這一點的總統，民權法案就是實質上的憲法，因此可以繞過法定的官方憲法，並根據此一新憲法來領導國家。他在二〇一二年連任後的就職演說中就將焦點放在此一新憲法上而再三強調「我們人民……」，並且推崇「塞內卡福爾斯會議（Seneca Fall）、塞爾瑪（Selma）與石牆」（意指婦女權利、民權與同志權利）是當代最偉大的憲法成就，而國會外的抗議與最高法院的判決是通往此一成就的道路。

沒有人會把布朗訴托彼卡教育局一案說成艾森豪的政績，或是把羅訴韋德案視作尼克森巧妙處理國內政策的汙點，因為行政行動與憲法審查各有獨立的領域。但是在歐巴馬治下的同性婚姻訴訟案（霍林斯沃斯案、溫莎案與奧貝格費爾案）卻有所不同。歐巴馬不僅僅是一位證人，同時也是最終促成最高法院將婚姻法自民主審查中刪除的訴訟策略大元帥。他在任期接近尾聲時告訴《滾石雜誌》的總編輯楊恩・維納（Jann Wenner），他多年來一直採取這樣的策略，儘管他在競選時表示自己是傳統婚姻擁護者。

維納：您站出來表示支持同性婚姻合法化，您接著又大力推動此一運動……[159]

歐巴馬：呃，你知道，不是這樣的……如果你還記得那時候的經過，首先，非常系統地，我修正有關同性伴侶醫院探視的法律。我接著下令國防部研究廢除「不問，不說」政策的可行性，說服參謀長聯席會議最終廢除「不問，不說」的政策。之後我們又提出一份關於加州第八號提案的簡報。最後，在完成許多基礎工作之後，我才站出來。

無庸置疑，歐巴馬在其政治生涯中沒有一刻是不支持同性婚姻的。莉莉安・斐德曼二〇〇六年在他新書巡迴發表會上曾直接問他這個問題。「我怎麼會反對同性婚姻？」[160]他回答，不過他又補充說道，「……但是如果我主持這項運動，我不會一開始就主張同性婚姻。」一年後，他展開競選總統之旅，他確實沒有這麼做。他自承相信婚姻是一男一女之間的事情。

歐巴馬並非「進化」了，他只是在偽裝自己。這樣，他才能將他支持同性婚姻的訊息傳達給同志團體，同時又能將支持傳統婚姻的訊息傳達給全國反對同性婚姻的民眾。每當總統公開表示反對同性婚姻，同志團體對他的批評卻是溫和且形式化，但是如果其他人也表達出同樣的立場，卻立刻會招來嚴厲責備。二〇〇九年夏天，加州小姐凱莉·普雷讓（Carrie Prejean）告訴美國小姐一位評審她認為婚姻應是一男一女的結合，結果這位評審在其網站上痛罵她是「笨婊子」。[161] 總統關於爭議性議題的公開表態不會受到任何批評，然而一名無權無勢的大學女生表達出與總統完全一樣的觀點，卻招來厭女症惡毒的毀謗。這樣的雙重標準沒有任何道理可言，除非有一套政治體系在幕後操作，以假面貌在公眾面前掩人耳目。

再一次地，在幕後操作的正是民權。自一九六四年頒布實施後，民權就意味部分廢除美國憲法第一修正案的內容。它取消了長期隱含在集會自由中的結社自由。但是時至今日，每當政府當局與法官在推動民權上遭遇困難或是阻礙，也許是基於他們自信是在發揮民權「精神」，他們都會傾向擴大廢除第一修正案的內容。民權意味平權行動，民權代表政治正確。同時，在法院判令同性可以結婚下，民權顯然也意味法院准許同性婚姻。

奧貝格費爾一案在後續多年間引發的爭議，會讓一九六四年的第一修正案律師大感訝異，例如是否能夠迫使西點師父為同性婚姻製作蛋糕。在二〇一五與二〇一六年間，各州都收到通知，要求它們允許跨性別學生以他們自認的性別使用高中廁所。北卡羅萊納州立法拒絕執行這項命令，與歐巴馬政府的司法部民權小組爆發嚴重衝突，民權小組威脅要對北卡羅萊納實施經濟制裁，彷彿北卡羅萊納州是第三世界一個好戰的流氓國家。企業與名流也支持政府發出的威脅：沃爾瑪、PayPal、德意志銀行（Deutsche Bank）與布魯斯・史普林斯汀（Bruce Springsteen）。[162]

根據在二十一世紀初成為官方態度的漸進式理解，美國歷史是「憲法權利持續擴張與為之前受到忽略與排斥的人民提供保護的故事。」[163]舉例來說，投票權，在殖民時代，限定只有男性地主才擁有投票權，之後成為所有的成年男性都擁有，接著是婦女，然後是黑人。這是美國憲法傳統中，歧見的趨勢依循著，並於民權運動中達到頂峰的路徑。

但是民權現在已非某種歧見的趨勢，它已是憲法傳統，若根據歐巴馬連任的就職演說，它全部都是。今天的民權就和它之前的憲法傳統一樣，注定要將其保護、權利與邏輯施行於之前受其忽略的民眾身上。民權最初是為黑人設計的，但是其內容後來證明對其他許多族群都十分有用，然而在民權法案通過之初，這些族群其實都未遭受黑人所遭遇的虐待：最先是移民，接著是婦女，然後是同性戀。之後，隨著二〇一四年好必來（Hobby Lobby）一案送入最高法院，現在輪到基督徒了。

民權有一個可怕的反諷，顯然打從一開始就已存在，但是從來沒有人提起，隨著二〇一六年總統大選的來到，逐漸浮現出來。民權的政治手段包括利用訴訟、公開羞辱、以街頭力量壓制民主政治。它鼓勵（不是，是要求）與其類似的團體聯合起來對抗廣大社會以維護自身的權益。然而現在演變成任何一個團體或組織的成員覺得自己受到鄙視或貶低，就可以同樣的方式來捍衛權益。即使是白人，也是如此。

第八章　輸家

茶黨的崛起；美國白人的減少；種族已成文化的全部；黑鬼與白人至上；瑪格麗特．塞爾澤、瑞秋．多爾札爾以及白色惡魔；男子氣概與犯罪；弗格森暴動；黑人的命也是命；耶魯暴動；作為美國人，我們是誰

茶黨運動始於歐巴馬當政的頭一個月。屬於茶黨的美國人相信他們被政府矇騙了。然而他們從來就沒有一個被誰欺騙與如何被騙的共識。他們時而抱怨健保制度，時而抱怨國家權利或是政治正確。不過這些都不是他們被置之不理的主因。

共和黨在那時的支持基礎，是由自我感覺良好的中產階級構成，對為了上層與下層階利益而建立的新體制一無所知。在某些方面，他們一直沒有推出廣受好評的政策，例如網際網路密碼保護、單性廁所、減排戴奧辛或是越野自行車。不知這是源自樂觀還是愚昧，反正幾十年來，共和黨一直都是這樣。

儘管民主黨已成為推動資訊科技與金融發展的政黨，還主導了校園，包括所有菁英大學的學

生團體，但是共和黨人直到一九六〇年代都依然相信他們出身高貴，教養良好。到了紐特．金瑞契領導該黨的一九九〇年代，他們與活力四射的雷根信徒決裂，透過發動「文化戰爭」，警告美國正在沉淪之中。共和黨人直至當時依然幼稚的相信這樣的主張有助於贏得選舉，而贏得選舉就可以改變國家。共和黨人曾是一群「快樂戰士」（Happy Warriors），可現在一切都不同了。

茶黨的崛起

茶黨此一名稱是消費者新聞與商業頻道（CNBC）商業記者瑞克．桑特利（Rick Santelli）在一九九〇年某個週四上午，在鮮少人觀看的談話節目中所取的。[1]當時桑特利指責歐巴馬政府對「失敗者的抵押貸款」提供補貼。他站在芝加哥商品交易所的大廳內，以帶有芝加哥人特有的鼻音召喚「芝加哥茶黨」的出現。在那時，人們往往把茶黨誤會是雷根主義下的小政府支持者而暗中竊笑。歐巴馬總統就曾引述一位老婦人給他的警告信而引來一片笑聲，那封信中寫道：「我不要政府主持的健保制度，我反對將醫藥社會化，你別碰我的聯邦醫療保險。」[2]

但茶黨從來不是雷根經濟學或是雷根時代的共和黨操作下的產物。即使是向來關注商業的桑特利最終也看出這一點。「那時候我心中的茶黨，」他在五年後解釋，「還只不過是一個理論。」[3]然而這是一個悲觀的理論，它主要源於一九九二年總統大選時布坎南的共和黨與羅斯．培洛

（Ross Perot）的第三黨，兩者都是雷根主義的產物。布坎南的支持者與顧問，已故的專欄作家山姆．弗朗西斯（Sam Francis）那時就認為，儘管保守派當時慶祝自己的優勢，然而他們事實上已在衰敗。就某種意義而言，此一漫長且毫無根據的慶祝，就是現代保守主義的全部。「『老右派』（The Old Right），也就是主要由一九五〇年代中期，圍繞著《國家評論》雜誌組織成的保守反對力量，[4]無法了解革命已經爆發，」弗朗西斯寫道，「那些固守老右派教條的人已無法保存任何東西。」這也許是對《國家評論》過度悲觀的看法，畢竟，該雜誌的創辦人暨總編輯小威廉．巴克利是以其著作《耶魯的神與人》（*God And Man in Yale*，一九五一年）展開他的事業的，而在該書中，他坦承西方的一些傳統已被推翻，並且尋求保存與重建之道。

但茶黨的追隨者（該黨從來沒有領袖）把弗朗西斯的觀點銘記在心。自巴克利的時代以來，又爆發一場革命，保守派再次是輸的那一方。他們的抱怨與歐洲保守派所興起的主張類似。二〇一四年七月，匈牙利總理維克多．奧班（Viktor Orban）對美國自冷戰結束以來一直向世人傳播的以人權為本的自由民主運動的結果表示遺憾。在一九八〇年代的共產主義下，奧班無所畏懼地捍衛他所認為的英美自由概念，然而現在他卻認為這是一種糟糕的悖論。「自由之社會，」[5]他說道。「乃是植基於我們有權不去做任何侵害其他團體自由的概念。」這也是匈牙利在冷戰結束後二十年間重建的基礎。但是奧班現在卻意識到其核心有一個嚴重的問題：

> 雖然這個概念很吸引人，但是卻無法確定該由誰來定奪侵害自由的界線。有鑑於界線不會自動出現，因此必須由某人決定，又由於並無法指派任何人做此決定，故我們的日常生活經驗就是最有力的判準。然而，我們日常所經歷的，卻是弱者總遭到踐踏。關於接受彼此的自由所引致的爭議，並非依據一些抽象正義原則決定，在現實中，爭議的結果反而總是由強者獲勝。

不論他說得有多麼委婉，這都是一個黯淡的觀點。奧班的批評者指他的演說是「非自由民主」（illberal democracy），相當中肯，因為奧班自己也曾使用這一形容詞。但是更重要的是他對西方民主已變得非民主的診斷，與許多關於權利的美式教條（American doctrines）所產生的問題。在二〇一四年之前的半個世紀中的某一個時間點起，美國已不再是一個典型的開放式民主共和國，她同歐洲一樣加入了一些「管理式民主」（managed democracy）*的特質。[6]

在該年秋天，肯塔基參議員候選人蘭德・保羅（Rand Paul）自詡為最具茶黨觀點的主流政治人物。「我要傳達一個訊息，」他在接受提名的當天晚上說道，「一個來自茶黨的訊息。」改革派人士自認他們非常清楚保羅所要表達的是什麼。因此，先是路易維爾（Louisville）的《信使日報》（*Courier-Journal*），接著是全國公共廣播電台（National Public Radio），然後是MSNBC的瑞秋・梅道，都咄咄逼人地質問保羅有關一九六四年民權法案的問題。保羅自陳他

「痛恨種族主義」，並且百分之百同意該法案十分之九的內容，但是反對該法案撤銷企業主決定與誰做生意的權利。「飯店老闆真的擁有他的飯店嗎？或者還是政府擁有他的飯店？這是一個有關哲理的重要辯論，不過也是一個很實際的討論。」[7]

可是它並不實際。在憲法規範下，民權已根基穩固，並且已贏得它當初計畫賦予權利者的忠心：黑人幾乎是一致投票給伸張民權的政黨，而在二〇〇〇年後的各屆總統大選中，對民主黨的投票率分別達到百分之九十、八十八、九十五與九十三。民權體制也贏得其他少數族群的忠誠，包括非白人、非男性、非異性戀等團體。它也為這個國家的富有領導階層保留了一個特別的角色，在自由散漫的民主體制下為此一階級提供了夢寐以求的避險天堂。最終，民權，相較於自禁酒令之後美國所有的政治運動，更是建立在邪惡的概念之上。它含有道德主義，甚至宗教信仰的本質，成為凝聚圈內人與恐嚇、侮辱外人的有力武器。它的推動者視他們的敵人為邪惡的化身。

在桑特利發表他那篇有關茶黨的高論的前一天，美國司法部長埃里克．霍爾德（Eric Holder）也表示自己煩透了。「雖然這個國家驕傲地認為自己是一個民族大熔爐，」[8]他在非裔

＊編按：管理式民主意指由少數菁英或單一領導人主導的民主模式。在此種模式下，人民儘管享有投票權等民主權利，但實際上的政治權力多由領導者掌握與控制，可能透過壓制反對派與操弄選舉或輿論來達成。這樣的民主模式事實上接近獨裁專制，其中一個主要的案例是當代俄羅斯。

美人歷史月的一個慶祝活動上感嘆，「在種族方面，仍有許多尚待努力的地方，我們本質上就是一個懦弱的國家。」

在這個時候說這樣的話實在是匪夷所思。白宮、國會參眾兩院、全國各地各層級的聯邦法院，現今都是在民主黨的掌控之中，而且在民權方面，該黨更是呈現有史來最為團結與堅持的精神。在此一情況下，別人只能噤若寒蟬。不屬於民權人士的美國民眾都已學會躲藏與掩飾。如前所述，即使是共和黨最為保守的政治人物也學會自保，一方面讚揚民權，一方面又感嘆某些地方遭到「綁架」。這樣的行為與其說是「懦弱」，不如說是「謹慎」。不過不論你怎麼形容，對於霍爾德的民權觀點，它並非障礙，而是先決條件。部分出於謹慎，部分是因為茶黨既沒有組織與領袖，也沒有政黨宣言，導致此一新的政治運動精神也難以辨識。

也許在美國選出首位黑人總統幾個星期後才興起的茶黨運動，其實與種族並無關係。畢竟，二〇〇八年的總統大選正值三個世代以來最嚴重的金融風暴肆虐，政府開始追究責任之際。但是到了歐巴馬任期結束時，各政黨因種族議題而分裂的情況前所未有的嚴重。[9]在民主黨方面，百分之八十四對百分之十二，認為種族歧視是比政治正確還要大的問題。但是在共和黨方面，則是百分之八十對百分之十七，認為政治正確是比種族歧視要大的問題。

此一圍繞民權兩極化的情況，與當年奴隸制度所引發的兩極化情況類似，但是後者是直到一八四六年對威爾莫特但書（Wilmot Proviso）*進行投票時才展現在公眾面前。平權與身分認同也出現相同的問題。共和黨擁有大部分白人的忠誠。該政黨幾乎促使五十年前支持新政與反新政的聯盟團結起來。至於民主黨所關心的議題，在一九六〇年代之前都未曾出現在美國的政治生命之中（黑人、同性戀與婦女）以及數以千萬計的移民與他的後代子孫，他們在那個時代根本就未曾踏足這個國家。然而在公眾討論與媒體尚未考慮清楚之際，民權文化已成為美國政治的全部，儘管美國人民談起此一議題仍有困難。

自一九六四年美國民權法案問世以來，白人就被一種他們從不了解的方式「種族化」。他們已非美國政治所關心的人民。在民權法案下，他們已被排除在外——至少在主張權利方面是如此。隨著民權的伸張擴及黑人以外的族群，「有色人種」此一名詞也將白人排除在外，使得白人成為唯一被合法排除的人種。就此而言，美國已將民權法案當初所解決的問題又重新創造出來：兩種不同類別與階級的公民。

漢娜・鄂蘭（Hannah Arendt）在一九五〇年代曾經指出，由於國籍已是現代人獲得權利與尊嚴的方式，因此若是剝奪一個人的公民資格，使其成為無國籍的人，無異是對其人性的攻擊。[10]無國籍的人被摒棄於法律之外，[11]即使是從事一些無害的事情也會受到當局懷疑的眼光，而且必須接受享有國家權力者的擺布。同樣的，當種族取代公民資格成為人們享有權利的途徑，一個人

＊編按：為試圖禁止美國奴隸制的一項法案附帶條款，由於參眾議院的立場不同，數次表決後並未通過。

必須要有種族，不論你是否願意。然而在此一法律之下，白人變成「無種族」的人。

這是民權運動最大的致命傷。它最終引發白人的群聚效應，他們設想自己是一個種族，不論是否真的希望如此。大部分美國白人對於此一情勢變化的理解過程並不快，但是殘酷無情。此一過程總共花了五十年的時間，他們看到自己的社會地位年年下降，生活方式也是每況愈下。

美國白人的減少

美國二〇一〇年十五個最普遍的姓氏是史密斯、強生、威廉、布朗、瓊斯、賈西亞、米勒、戴維斯、羅德里奎茲、馬丁尼茲、赫南德茲、羅培茲、岡薩雷茲、威爾森和安德森。[12]在一九九〇年的人口普查中，西班牙裔的姓氏還未曾出現在名單上。六個西裔的姓氏*擠掉了摩爾、泰勒、湯瑪士、傑克森、懷特和哈理斯。現在這個國家姓阮的人要比貝克、透納、古柏和庫克都要多，姓帕特爾的也比鮑威爾要多，姓黃、王與楊的人也多過大衛森、皮爾森和班森。

這些在外國出生，住在美國的人大約有四千萬，加上他們眾多的子孫，為美國帶來一場種族大轉型。樂觀派人士，如社會學家班・華頓伯格（Ben Wattenberg）認為他們的來到促成了「第一個普世國家」（First Universal Nation）的誕生，並且以此作為他一九五一年著作的名稱。第二年，《國家評論》的編輯彼得・布里羅姆（Peter Brimelow）出版了一本書，直指普世國家的概念是一種矛盾語法。每一個國家都有自己的特色。如果一個國家不在乎誰適合這個國家，誰又不適合，毫不顧及國家既有的特質，最終將是國不成國。結果將和布里羅姆這本書的書名一樣，變成「異族國家」（An Alien Nation）。

大部分的歷史經驗可能會導致人們擔心這樣的悲觀論調是對的。然而曾經歷一八八〇年與一九二〇年間大移民潮的美國，卻混淆了類似的預測。「在美國最大的十五座城市，」歷史學家亞瑟．史列辛格（Arthur M. Schlesinger）在一九二一年警告：[13]

> 外國移民與他們的子女人口超過了美國本土白人，而且基於同樣的原因，外來種族在聯邦中的十三個州也占了大多數……不論這些地方未來的歷史會如何演進，絕不會是「盎格魯－撒克遜」傳統下的產物，而是這些新進的種族彼此間的互動與他們對美國的集體反應。

史列辛格的數目沒有錯，但是直覺錯了。到了一九六〇年代，所有這些「外來種族」不知怎地都變成了「占美國人口百分之九十的白人」一分子（他們高度的同質性，使得這個國家在他們

＊編按：指賈西亞、羅德里奎茲、馬丁尼茲、赫南德茲、羅培茲與岡薩雷茲。

後代子孫的眼中顯得單調與僵化）。然而可能是出於運氣、政治家的風範或是神的眷顧，美國儘管出現種族上的變化，但是仍能維持同質性的群眾。

當然，將國家的生存押注在出現第二次可能性的運氣上，並非明智之舉。在上一次的大移民潮，外來種族其實遠比史列辛格所說的要少。它將歐洲人，而且只有歐洲人帶來這個百分之九十八都是歐洲人後裔的社會。[14]是的，百分之九十八，之所以要如此強調，是因為人們往往會忘記或忽視我們今天所謂的國家多元性，在當時只是集中在南部與西部等大移民潮經過的地區。

在二十一世紀之交的移民潮則是大不相同。雖然政府使用語言學上的名詞（西班牙裔）作為此一陰雲密布的種族議題的代名詞，但是此一移民潮確實在種族上改變了這個國家。如果這一波移民潮與一個世紀前歐洲人遷往美國東北部的移民潮大相逕庭，反而類似之後較不成功的、由南方黑人為主的北方遷徙，這樣一來，會是什麼情況？

新一波移民潮來的時間不巧。他們並未為人口帶來增長，而是填補正在萎縮的人口。這個國家的傳統人口沒有絲毫活力可言。在本世紀初，這個國家三千一百個郡縣有一半以上（百分之五十三）的白人人口都在減少，[15]在五十州中有四十六個州的白人兒童數目也在減少。不過十年的光景，佛蒙特州的白人人口就減少了百分之十二。[16]在二〇一六年總統大選的時候，白人人口在全國各地都呈現下降的趨勢。[17]自一九九〇年以來，紐約與洛杉磯大都會區的白人人口都減少上百萬人。

大部分西方國家人民的預期壽命幾十年來都穩定上升，然而美國自二〇一四年開始卻年年下滑。此一統計傳達兩件事：一，所有的非白人族群的預期壽命都增加；二，白人的預期壽命大幅下降，遠遠落後亞裔與西裔的民眾。與此同時，白人的死亡率則上升，主要集中在二十五歲到五十四歲之間，即所謂的「盛年」之際。普林斯頓大學經濟學家安妮．凱斯（Anne Case）與安格斯．迪頓（Angus Deaton）在二〇一五年的一項研究中，首次讓這些數據公諸於世，白人從事日常工作的能力正在退步之中。白人越來越感到痛苦，無法勝任工作，也無法再像他們前一個世代的人願意面對其他人。

凱斯與迪頓提出一個解釋：白人死亡率的上升，「大部分應歸咎於因毒品與酒精中毒、自殺、肝病與肝硬化而死亡的人數增加所致。」[18]一九九六年之後，新型鴉片類藥物合法化與大量上市，主要是普渡製藥的疼始康定持續藥效錠，引發美國有史來最嚴重的藥物成癮災難。無力負擔（或是無力持續負擔）這類藥物的成癮者，轉而開始注射海洛因。毒販後來又開始以中國的合成毒品吩坦尼（Fentanyl）取代海洛因，吩坦尼是一種效用強大、難以正確注射與致命的藥物。在二〇一六年，總共有六萬三千六百人因注射過量而死亡。[19]這已不是一個在貧民窟的問題。白人居住的地方，也就是五十年前被人稱為「有益身心」的郊區與鄉間所受打擊最大。

有鑑於這個國家的領袖們五十年來不斷警告一次又一次的藥物濫用，二十一世紀的藥物濫用災難有必要從全局著眼。越戰結束時大批海洛因成癮的美國大兵返回國內，然而也正是美國住家遭逢毒品肆虐之際，使得因施打毒品過量而死亡的比率增至每十萬人就有一點五人。[20] 尼爾．楊（Neil Young）一九七二年的假聲輓歌〈針頭與傷害〉（The Needle and the Damage Done）；寇帝．梅菲一九七三年的靈魂民謠〈弗萊迪之死〉（Freddie's Dead），史提利．丹樂團（Streely Dan）一九七四年大受歡迎的鋼琴歌曲〈查理怪胎〉（Charlie Freak）都是圍繞毒品此一主題。毒品氾濫已不僅是一場災難，同時也是文化的衝擊與道德的淪喪。然而在此同時，美國中產階級卻忽視這個問題，並且否認了那些生活在「貧民區」中的人的人性。

一九八〇年代，經過濃縮，可以吸食的「快克」古柯鹼大行其道，老布希甚至為此對全國發表演說警告此一毒品的盛行。如果說這場危機也產生了一些令人難忘的歌曲，那就太輕描淡寫了。它孕育了一整個橫跨全球的全新類型歌曲：幫派饒舌（Gangsta Rap）。此一類型的音樂在巴黎郊區與西非塵土飛揚的小村落都引起迴響，並且也讓圖帕克．夏庫爾（Tupac Shakur）與大個小子（Biggie Smalls）搖身一變成為內城區（低收入戶居住區）暴力、浪漫、勇氣與智慧的象徵。饒舌音樂也取代了搖滾樂，成為全美所有種族年輕人的音樂。快克氾濫至少是與一九七〇年代的海洛因一樣嚴重的問題，吸食過量的死亡率達到每十萬人近兩人。[21]

到了二〇一六年總統大選時，由疼始康定持續藥效錠肇始的鴉片濫用情況，造成的死亡率已不是每十萬人一點五人或二人，而是二十位美國人民。[22] 在新罕布夏州、俄亥俄州和賓州，幾乎是每十萬人就有近四十人死亡，在西維吉尼亞州，更是達到五十人。然而直到共和黨的候選人提出此一問題之前，所有的電視廣播與報紙都保持沉默。凱斯與迪頓也指出，科學圈對白人死亡率普遍上升的情況「關注有限」。[23]

相較於一九八〇年代初期的愛滋病，這是一個更為緊急與嚴重的健康問題。這種不冷不熱的反應顯然是因為毒品牽涉到種族與階級的關係。由於對海洛因感到擔心就意味美國貧困白人出現警訊，美國民眾並不願意（或者該說是害怕）有這樣的想法。不像越戰結束後幾十年間的黑人，二十一世紀住在郊區與鄉間的白人並非這個國家官方道德敘事的主角。的確，他們幾乎沒有被包含在內。

在毒品還是黑人問題時所發展出來的應對方法，如今已耳熟能詳，然而卻都成效不彰。一九八六年九月，美國政府發動所謂的「毒品戰爭」，南希．雷根（Nancy Reagan）鼓勵年輕人對毒品「說不」。在這場戰爭中，由於聯邦與州政府加強執法，監獄人口大增，使得人口占全球百分之四的美國，十年後的監獄人口占了全球的四分之一。毒品戰爭也為警方在黑人社區進行軍事化行動提供了方便與無關種族的藉口，從而促使內城區的犯罪率銳減，諷刺的是該政策同時也帶動種族的融合，效益之高，超過自一九六〇年代以來所有的相關政策。

不過隨著新世紀的到來，出生於嬰兒潮之前的選民有許多都已死去，他們大都支持強硬派作風，影響所及，美國監禁率自高峰滑落。[24]到了二〇一二年，科羅拉多州將大麻合法化，老一輩被新一代的人取代，這些新興世代認為一九六〇年代的藥物實驗是一件相當酷炫的事。受到蜜雪兒・亞歷山大（Michelle Alexander）著作《新吉姆・克勞》（*The New Jim Crow*，二〇一〇年）的影響，歐巴馬加速進行減少大規模監禁的行動，該行動是小布希二〇〇一年上台時所推出的。

毒品只是白人人口減少的近因。現今人們討論鄉間貧困白人，就像一個世代前討論黑人一樣，視其為嚴重的社會「問題」。一如既往，關於此一問題人口，主要有兩種理論：責怪民眾，或是責怪他們受社會壓迫的生活環境。面對這樣的情勢，保守派人士發現自己處於一個非常尷尬的位置。當黑人受到毒品肆虐時，他們大部分都主張實施鐵腕政策。現在他們看來必須選擇以同樣的方式來對待白人（可是這樣顯得冷酷無情），或是採取相對溫和的方式（這樣又意味種族歧視）。大部分人最終選擇了冷酷無情的方式。《國家評論》的凱文・威廉森（Kevin Williamson）告誡對紐州上州、肯塔基東部、德州西部等貧困白人居住地區感到興趣的讀者，「好好看看當地的情況：重度依賴社會福利、毒品氾濫與酗酒、沒有家庭的無政府狀態。在這裡，孩童只剩下流浪狗的尊嚴與智慧。」[25]

社會學家查理斯・莫瑞（Charles Murray）在其頗具影響力的著作《分崩離析》（*Coming Apart*，二〇一二年）[26]中將貧困白人的問題歸咎於家庭結構，就像當年年輕的白宮助理丹尼爾・派屈克・莫尼漢（Daniel Patrick Moynihan）一九六五年的《黑人家庭》（*The Negro Family*）報告一樣。一九六五年詹森在哈佛大學發表演說，為平權運動背書，他引用了助理莫尼漢有關黑人家庭的理論，不過他也補充表示，「關於這一點，最重要的是，美國白人必須承擔起責任。此一責任來自於幾個世紀對黑人的迫害，來自於多年來對他們的貶低與歧視，打擊他們的尊嚴與剝奪他們為家庭提供溫飽的能力。」[27]如果說破碎的家庭應歸咎於別人的「迫害」、「貶低與歧視」，那麼現在又是誰在迫害貧困白人與打擊他們的尊嚴？

也許是經濟。美國經濟周期研究所（Economic Cycle Research Institute）的拉克什曼．阿舒丹（Lakshman Achuthan）指出，在二〇〇七年十一月到二〇一六年底的前次經濟高峰期間，美國總共創造出近九百萬個工作，這段時間也正是歐巴馬擔任總統期間。[28]但是若拆解這些數字可以發現在這些年間非白人共獲得近一千萬個工作，白人卻喪失了七十萬個工作。這樣的情況並不必然經過事先規劃。在城市人口快速增長時，白人卻多住在郊區與鄉間。[29]他們占了鄉間人口的百分之七十八，但是在主要都會區的人口比率卻只有百分之五十六。

在一九七〇年代，美國鄉間被視為這個國家的美德所在。羅伯．波辛格羨慕住在鄉間小路旁的人家「活在當下」。亞歷山大．索忍尼辛（Aleksandr Solzhenitsyn）一九七八年六月警告哈佛畢業生不要頹廢與失去信仰，不過他也對想像中的鄉間充滿樂觀的憧憬。「漸漸地，另一個美國映入我的眼簾，」[30]他寫道，「這是一個充滿活力的小鎮，是我寫下這篇演講稿與稿中所期待的美國中心。」也許索忍尼辛與波辛格在一九七〇年代所嚮往的美國其實是一九五〇年代的美國。那時候的美國單純地說就是還未遭逢一九六〇年代的改革之手。現在已沒有這樣的地方了。老一代的美國已消失殆盡。在一九七五年時，美國鄉間意味班鳩琴、魚餌店與玉米麵包。到了二〇一六年總統大選時，美國鄉間代表糧食券、網路色情與疼始康定持續藥效錠。

相反地，城市與郊區，不論繁華與否，都受到少數族群與受過高等教育的群體控制，這些人就是洛杉磯時報記者羅恩·布朗斯坦（Ron Brownstein）經常提到的「菁英聯盟」。[31]他們的利益不可避免地與直線墜落的人大相逕庭。白人正在老化之中，[32]他們只知享樂，不思進取。新一代的美國人則是年輕、勤奮與活力充沛。如今有百分之十六的白人都在六十五歲以上，反觀少數族群只有百分之七。他們之間對於社會資源該如何分配與應由誰來領導，看法完全不同。白人要的是便宜的醫療保健、優厚的養老金，以及一個年輕人願意不計酬勞地來為他們推輪椅與做飯的勞動市場，然而移民所要的是為他們的子女興建學校、政府出資的托兒所與所謂的維生工資。

種族已成文化的全部

在美國人口改變的同時，一種「明日必屬於我」的氛圍也油然而生。火炬已傳到新一代美國人手中，他們對前輩傳遞了一個訊息，這個訊息就是：「去死吧。」「我們常常公開談論，」[33]CNN的評論員格蘭德森（LZ Grandson）在二〇一四年說道：

有關不同世代對同性婚姻的看法，我們總是會隨意地說，只要老一輩的人死去，這些恨意與看法也會自我們的國家消失。我不得不說，在種族方面也是相同的情況。在談到不同種族的某些方面時，有一些看法與觀念也到了該消失的時候了。我不是說有這些看法的人必須去死，但是這樣的態度必須去除。

白人歧視、白人失敗與單純是白人之間的界限已是模糊不清。「隨著白人逐漸變成少數族群，在廣大選民中所占比率也是益趨下降，」[34]英國衛報的加里．尤恩格（Gary Younge）寫道，「這樣的訊息必然變得更加直接與粗魯，尤其是現在還有一位黑人總統。」評論員法里德．札卡利亞（Fareed Zakaria）將美國白人勞工階級與蘇聯解體後的俄國人比較：「他們原是美國經濟與社會的中心，這是他們的基本地位，」[35]他寫道，「但是他們現在不是了。」他還引述普林斯頓大學一位社會學家的論調，美國白人是被寵壞了才這麼愛抱怨，他接著又將美國白人與貧困的黑人與移民做了不利的對比，後者「認為整套體制不是為他們設立的。」

但是難道一個共和國的公民不應該認為體制是為他們而設的嗎？蓋茲堡演說就指出它是為他們而設的。白人政治人物開始表明，他們從未忘記說過這樣的話。在此同時，主流政治的言論中也出現了自一九六〇年代以來就未曾有過的挑釁與好鬥的語調。緬因州州長保羅．勒佩吉（Paul LePage）在布里奇頓（Bridgton）一次冬至市政會議上解釋毒犯如何利用鴉片危機賺錢獲利，並且造成當該地年輕人喪命。他說：

這些名字叫做狄馬尼（D-Money）、史默西（Smoothie）與希弗帝（Shifty）的人，就是這種傢伙。他們來自康乃狄克州與紐約，他們到這裡來販賣海洛因，然後他們回去，在離開前還順道讓一位白人女孩懷孕。這實在是一件可悲的事情，因為我們一路上還有另一個問題需要處理。[36]

勒佩吉的發作令人意想不到，不只是因為他所傳達的訊息，還有他冷漠無情的態度。在當時種族就是一切的新型態下，任何對種族的暗示或影射，都是一種冒犯，除非是出自沉悶的官員談話。「在保德信，我們堅信所有的才能來自所有的種族、性別、起源、宗教與性向，」[37]這是二十一世紀典型的宣示，「因此，我們會從各方尋覓我們的員工、供應商與商業夥伴。」在一個任何一家企業的人力資源部門會因為在種族方面自陳有其他的信念而被告進法院的時代，這樣的宣示到底是否具有誠意，不無疑問。

民權承諾帶給非黑人（non-blacks）的一個禮物，是讓種族這個令人厭煩的主題從此消失。大家都受邀「自精神奴役中解放自我，」[38]巴布．馬利（Bob Marley）在他短暫的生命接近尾聲時唱道。他此一歌詞是引用黑人民族主義人士馬科斯．加維（Marcus Garvey）一九三〇年代在新斯科細亞（Nova Scotia）的一次演說內容。在經過幾年的自我否定之後，美國民眾終於可以互相公開談論敏感話題，但是卻不知怎麼回事，他們對於種族與性別，卻是採取敬而遠之的態度。

民權初始的目的是要杜絕南方對種族與「血」的執迷不悟，然而現今民權卻將其概念散播至這個國家的每個角落。整個文化、所有的新聞媒體、藝術與書籍都沉浸其中。

在勒佩吉發表此一關於毒販的談話幾週後，[39]距離當地有一小時車程的鮑登學院（Bowdoin College）大學有一場龍舌蘭酒派對，主持人在派對中分發小型的墨西哥闊邊帽，然而此舉卻被校園內一些種族激進分子視為一種貶低墨西哥人的文化挪用行為。「文化挪用」（Culture Appropriation）此一定義並不明確的概念最近才開始流行起來，主要是與種族或民族文化的剽竊有關，牽涉到強勢文化對弱勢文化的利用與剝削。在龍舌蘭酒派對事件中，有兩名學生因為這樣的行為被判緩刑，還有兩名學生因為參加派對而被趕出學生自治會。有幾位學生接受華盛頓郵報記者的採訪談論此事，他們都要求在報導中不要公布他們的名字。[40]

文化挪用為什麼是一件壞事，原因從來不明。這不就是所有人在成功的文化風格與產品上所做的事情嗎？

事實上，他們現在就在這麼做。許多流行文化都會重新詮釋與刪改自文藝復興到共產主義崩潰之間五百年的文化與歷史，讓它們符合二十一世紀多元化的意識形態。二〇一五年的《星際大戰七部曲：原力覺醒》（*Star Wars VII: The Force Awakens*）為一九七七年原創的《星際大戰》添加了多位多種族演員；二〇一六年翻拍一九八四年喜劇電影《魔鬼剋星》（*Ghostbusters*）的影片，其中主角都換成女性。英國廣播公司（BBC）最近宣布要重拍肯尼斯·克拉克（Kenneth Clark）與大衛・艾登堡（David Attenborough）一九六〇年代末期製作的經典系列《文化》（*Civilisation*），[41] 新系列的文化會更為多元（新系列的名稱是《多種文化》〔*Civilisations*〕）。

在二〇一五年的某一個時間點，華盛頓郵報稱黑人煽動家塔—尼西斯・科茨（Ta-Nehisi Coates）是這個國家「最重要的公共知識分子。」[42]它可能是對的，因為種族已成為這國家精神生活的全部。華盛頓郵報與紐約時報的專欄作家每天都對種族此一主題大發議論，這並不是因為他們的讀者多是瘋子，而是這麼做，對於從哥倫比亞特區克里夫蘭帕克（Cleveland Park）的助理國務卿到布魯克林區威廉斯堡（Williamsburg）的時髦信託基金經理人等新的權勢集團都有好處。

現在大家都會有一種感覺，即是種族歧視與性別歧視無所不在。熱心的公民必須將它們揪出來，就像一九五〇年代反共產主義的強硬派一樣，只是規模還要更大。偶爾真的揭露一些事情，就會當作是敵人所施的詭計。但是不像共產主義有實際的組織與成員，種族歧視的定義卻是充滿彈性。社會學家安德魯・哈克（Andrew Hacker）就指出，共和黨普遍有一個看法：「如果黑人多努力一些，他們就會和白人過得一樣好。」[43]這就是種族歧視的證據。但是，當然，如果不同意這個說法，那麼更是種族歧視了。

然而對於種族歧視的舉證責任卻是輕如空氣。哈佛出身的電視與廣播節目主持人法瑞・奇德亞（Farai Chideya）二〇一五年在衛報上寫道：

> 本週的十二年前，我的祖母死於大腸癌，享年八十二歲，有人可能認為這已是高壽。但是我知道，由於缺乏適當的醫療照顧，她走得太早了。我同時相信種族是一個關鍵因素。鑑於有許多證據顯示黑人壽命因為得不到適當的醫療保健而縮短，我只能如此推斷。在閱讀了塔－尼西斯．科茨大獲好評的新書《在世界與我之間》（*Between The World and Me*）與諸多迴響之後，我雀躍不已，然而又心懷悲憤，人們終於開始注意到美國黑人所遭遇的經濟與肢體暴力了。其中部分肢體暴力就是來自醫院之手。[44]

這已經超越感嘆某人處境或是遭到不公待遇的界限。奇德亞是在暗示醫治她姐母的醫師對她施以「肢體暴力」，並且明白表示醫師對黑人施以肢體暴力已是常態。內森．格萊澤（Nathan Glazer）早在一九七〇年代就曾預見會有這樣的誤會，某些激進的民權人士會認為「任何在統計均等上的偏差，可以也應該為違憲的歧視。」[45]所有的差別與所有的不公，都成為可以起訴的原因。但是現在根本就不需要差別或不公。種族主義已成為報紙、電視與網際網路的官方敘事。任何曾與其接觸的都會銘記在心。

美國民眾對黑人人口過度高估。根據美國人口普查，在本世紀交替之際，黑人占全國人口的百分之十二左右。但是一項蓋洛普調查顯示，美國一般民眾認為美國人口有百分之三十三是黑人。[46]有六分之一的美國民眾更是認美國是一個人口大多數為黑人的國家。碩士以上學位的人對美國人口的估計最接近事實，但是即使他們也猜測美國黑人數目是實際數字的兩倍。他們怎麼可能猜對呢？大部分民眾不會把整天的時間花在人口統計或是計算黑人的數目上。如果黑人在美國人口中僅占八分之一，那麼政治人物與新聞界如此著迷於種族議題也就沒有什麼道理可言。

在同性戀的議題方面，政治人物與新聞記者也是如此。在本世紀的第二個十年，[47] 平均而言，美國民眾都認為全國人口中有百分之二十三到百分之二十五的同性戀、雙性戀與跨性別者，大約是一比四的比率。同樣地，以總統與法院大張旗鼓地推動同性婚姻，還有報紙與電視報導對於此一議題的任何進展都採取緊迫盯人的情況來看，他們怎麼不會如此認為？誰又會想到實際上美國人口中僅有百分之三點八的同性戀、雙性戀與跨性別者，大約是一比二五的比率？美國民眾顯然對於社會現實的看法錯亂，這一點由他們的語言就反映出來。

黑鬼與白人至上

一九七六年的秋天，搖滾歌星與詩人派蒂．史密斯在斯德哥爾摩音樂廳演出前接受瑞典廣播電台一位記者採訪，問自由對她有何意義。她回答：

> 自由在我心中。它意味我不會人云亦云，懂嗎？我在社會之外，我是一位藝術家，搖滾

樂是我的藝術。我是宇宙黑鬼。我能叫能跳，我是自由的。我可以高舉拳頭。我什麼都不在乎，懂嗎？我不怕死，我什麼也不怕……除了恐懼本身。[48]

幾乎在美國歷史的任何一年，史密斯口中的黑鬼一詞都會使聽者大為震驚。在她之前的四十年並非如此，委婉地說，這是最適合出現在關於美國自由的討論中的名詞。然而在史密斯接受採訪的四十年後，在任何場合下，美國民眾口中都不能吐出這個名詞，大家都非常認真地執行不得說「那個以N開頭的詞」的誡律。二〇一五年，在南卡羅萊納教堂發生出於種族動機的屠殺慘劇後，美國總統在一次旨在鼓舞民心的採訪中使用了這一名詞，福斯新聞與MSNBC在報導中都以嗶嗶聲將其消音。[49]這簡直就是神權戒律。沒有一個殖民地的喀爾文主義者或反律法論者比這個更能完美展示他對第三誡的服從。

史密斯此一受訪正是處於大局變化的歷史轉折點。黑鬼（Nigger）看來已在成為古代名詞的邊緣，例如教會屬地（glebe）、蹄鐵工（farrier）與上桅帆（topgallant），雖然仍保有它們在字典上的意義，但是已失去其生活文化背景與它們大部分的情感影響。詆毀與貶抑是特殊情況，但是也是在進行某種變化之中。現在的拉丁美洲人，儘管有其自身的奴役與壓迫的歷史遺產，但是仍能稱某人是小黑人（negrito）、拉美混血兒（cholo）或是老中（chino）而不致引發衝突。電視電影《挑戰不可能》（*Brain's Song*，一九七一年）是講述芝加哥熊隊（Chicago Bears）跑衛蓋爾・塞耶斯（Gale Sayers）與他英年早逝的白人隊友、室友以及好友布萊恩・皮科洛（Brain Piccolo）之間的友誼，皮科洛想叫塞耶斯黑鬼，但是又叫不出口，結果被塞耶斯取笑一頓。

不過這些詞與諸如「酷兒」等經過重新評價的新名詞都存在模擬兩可與語意不清的危險。美國公民自由聯盟主席納迪娜・斯特勞森（Nadine Strossen）在一九九〇年代初全國掀起反省言論自由與政治正確的「百花齊放」短暫時期寫道，「雖然這些詞在同一個團體的成員之間有親密的暗示意思，但是對於不屬該團體的成員，一般是不『允許』使用的，換句話說，就是某種適當的敏感與尊重。」[50]斯特勞斯的觀點是正確的，但是將允許當作敏感就不對了。不，允許就是允許。

在過去，黑鬼一詞是依據種族的界限來劃分賦予權利之人與權利遭到剝奪之人。隨著種族之間的壓迫減少，此一名詞的侵犯性也有所降低，它甚至可能變成解放與同胞的象徵。對於當時站在民權樂觀主義頂點發言的史密斯而言，它的確是一個象徵。對她來說，黑鬼就是創意、抗爭與勇氣的徽章。它是一個美好的詞。

但是也有一個問題。賦予權利與權利被剝奪之間的界線也是清白與有罪之間的界線。散文作家謝爾比・斯蒂爾（Shelby Steele）認為白人輕易挪用此一名詞並非是一種新的開放態度，而是自私的遺忘。例如他指責富有的女權主義人士會說「婦女有如黑鬼，」「依附在黑人鬥爭的道德權威與得來不易的合法性上。」[51]斯蒂爾顯然不容許白人如此貶低道德權威，不論他們的企圖是什麼。

然而由此也產生一個矛盾。在白人已經很久沒有使用此一名詞的原始含意的同時，民權人士卻用它來凸顯白人的態度。如今反而是黑人越來越常使用「黑鬼」一詞，但並非以此來說出自己的想法，而是用來責怪白人惡毒的企圖。在一九八六至一九八七學年度，史丹佛大學發生是否要將「西方文化」自課表中移除的爭議，該校黑人學生聯盟的主席在史丹佛日報（Stanford Daily）撰文指責兩位捍衛傳統課程的人，「他們對我、女性與所有有色人種傳遞了一個響亮的訊息：『黑鬼滾回去。』」[52]塔－尼西斯．科茨在一篇試圖分析二〇一六年總統大選結果的文章中指出，該結果有部分是在報復「黑鬼總統、黑鬼保健、黑鬼氣候協定與黑鬼正義改革。」[53]此一過去嚇唬黑人的名詞現在則是用來嚇唬白人。

在替代性的詞「老黑」（Nigga）風行下，音樂主管可能希冀以此來避免遭到下流猥褻的起訴。一時之間，此一名詞在幫派饒舌中無處不見。如果沒有此一名詞的出現，就不能算是幫派饒舌，而它的出現往往是在暴力的背景之下。在二〇一五年的秋天，若是在高速公路上駕車奔馳，收聽的可能是天狼星XM電台（Sirius XM）的嘻哈之國節目（Hip Hop Nation），你會聽到饒舌歌手YG演唱的〈扭曲我的手指〉（Twist My Fingaz）：

> 你應該看看一個老黑是如何中途打住
> 有兩個爛人要和我到外面幹架[54]

接著聽的是未來小子（Future）的〈真實姐妹〉（Real Sisters）：

玩家轉向哥吉拉的朋友
在牢籠裡叫賣海洛因，我是一個狗老黑[55]

然後是小昌西．霍利斯（Hit Boy）的〈熬夜〉（Stay Up）：

她已習慣老黑說謊，幫她搞定
他們永遠不會給她套上幹他媽的戒指[56]

同時發展兩套完全不同的語言代碼，一套是白人專用，一套是黑人專用，並不是一件好事。美國現在的公共禮儀有如中世紀的律法，只准許貴族才能攜帶武器與騎馬，或是禁止某一階層的人民不得以特定名稱來稱呼別人。

白人至上（White Supremacy）一詞也有同樣的矛盾——它存在的越少，被挪用的也越多。在本世紀之交，該詞使用的頻率創下美國歷史新高。「白人至上主義者」[57]的稱號的使用頻率是前次高峰期的五倍。附帶一提，前次高峰期不是在吉姆．克勞的時代，而是一九六〇年代末期。

如果觀察自十七世紀第一位移民踏上這片土地以來的所有時間，二十一世紀初期絕不可能是擔心白人會變得自高自大的時期。二〇一六年總統大選結束幾週後，莎莉．博因頓．布朗（Sally Boynton Brown）出馬競選民主黨全國委員會主席，她在一次候選人論壇上談到白人的道德地位，「我的工作是傾聽與扮演發聲的角色，」她說道，「我的工作是當其他白人想干擾時，請他們閉嘴。」[58]博因頓．布朗的這一番話也受到干擾——一片掌聲的干擾。

瑪格麗特．塞爾澤、瑞秋．多爾札爾以及白色惡魔

人們都希望與他們國家的英雄看齊，而不是惡棍。如果不是如此，一定有哪裡出錯了。在布朗訴托彼卡教育局一案中原告提出的一份證據就能說明這一點，一項由兒童心理學家肯尼斯．克拉克（Kenneth Clark）所做的玩偶研究顯示，有百分之六十三的黑人孩童，若是讓他們選擇的話，都會選擇白人玩偶，而不是黑人玩偶。[59]姑且不論此一情形有何意義（存在各種解釋），大部分的人都同意這些孩童與他們的父母需要更多的關懷與支持。

時隔半個世紀，又出現了這種涉及自尊的謎團。摩城音樂（Motown）、靈魂音樂、迪斯可與嘻哈；美式足球外接員（一度是白種男人的禁地）挑釁動作所散發的英勇威武男子氣概；魔術強森（Magic Johnson）與勒布朗．詹姆斯（LeBron James）的體面；說教性質的放學後電視電影

特別節目、馬丁．路德．金恩紀念日，更別說官方處罰的威脅與社會排斥……這些因素（也有多種解讀）使得許多白人後悔沒有生為黑人。

文學界在二〇〇八年曾爆發一樁醜聞。[60]一位名叫瑪格麗特．瓊絲（Margaret Jones）的作者寫了一本書，書名是《愛與結果》（*Love and Consequences*），是一位一半為白人血統、一半為印地安人血統的女孩，講述她在幫派橫行的洛杉磯寄宿於一個倒霉的黑人家庭的回憶錄。紐約時報的角谷美智子（Michiko Kakutani）盛讚瓊絲「以作家的眼光來描述心理層面的細節。」確實是作家的眼光沒錯：「瑪格麗特．瓊絲」是一個假名字，是由一位三十三歲，住在市郊的中產階級白人瑪格麗特．塞爾澤（Margaret Seltzer）所創造出來的。塞爾澤從小在私立的美國聖公會學校接受教育，曾上過多堂寫作課，此一回憶錄完全是她編造的。

此一事件引起軒然大波。「承擔風險」或許是每一位文學評論家都讚賞的，但是顯然只僅於不真實的風險。如今塞爾澤／瓊絲的書受到重新評估，然而並非以一場高明的文學騙局視之，甚至不認為是求助的聲音，而是視其為邪惡的褻瀆行為。當初評論家對此一作品的讚美之詞早已被人淡忘。海邊出版社（Riverside Press）將這本書自市面上全部回收並且重新製成紙漿。在此一事件中，塞爾澤犯了一個極大的忌諱：少數種族的道德權威絕不容許造假與妥協。

一旦了解這一點，我們也許可以試著去猜測塞爾澤當初為什麼會以少數種族幫派分子的身分來寫這本書。她做的事情與一個世紀前來到這兒的移民將名字由史文森改為史旺森，或是將貝里尼改為貝爾，具有同樣的道理。她是以一部分的身分來交換道德權威與歸屬感。她盡可能來隱瞞自己在聲望低落的種族群體中的身分，希望能在全國種族的對話中有立足之處。

在此一醜聞發生七年後，政界也出現了類似的情況。全國有色人種協進會（NAACP）斯波坎分會（Spokane chapter）主席，古銅色皮膚，留有一頭非洲裔特有捲髮的種族激進分子瑞秋·多爾札爾（Rachel Dolezal），[61]被她屬於基督教基本教義派的父母揭露其實是一名白人——具有捷克、德國與瑞典的血統。然而這原本不應算是醜聞，因為NAACP建立的宗旨就是為促進黑人與白人的融合。

多爾札爾所犯的錯誤是她自稱是一位黑人，[62]此一欺騙行為使她受到紀律處分與公開譴責。她也因此丟掉在東華盛頓大學（Eastern Washington University）非洲研究的教職。《每日郵報》（*Daily Mail*）屢次稱她為「臭名昭著的種族騙子」。《浮華世界》（*Vanity Fair*）雜誌一年前還教訓讀者，若是認為奧運十項全能冠軍布魯斯·詹納（Bruce Jenner）要成為他所說的真正的變性女人，就必須動手術移除生殖器，是一個「錯誤的觀念」，但如今則是指責多爾札爾「拒絕為自己扯謊、假裝黑人道歉。」

扯謊？多爾札爾已經三十七歲。任何一位與她同年齡的人都知道扯謊是一回事，而在建構自己身分上爭取發言權則是另外一回事。在接受採訪時，她並沒有否認事實。她只是背誦你有權追求夢想與選擇自我等之類的口號，好像每一個人都應該聽懂她所要表達的意思。「你知道，種族並沒有創造種族主義，」她在國家廣播公司的今日秀（Today Show）說道，「是種族主義創造了種族。」[63]大家都這麼說，若非如此認為就是種族主義分子。選擇作為一位黑人，多爾札爾依循社會上最為珍惜的反種族主義格言與口號，並且由此做出最合於邏輯的反種族主義結論。

如果有人真的有權做出這樣的選擇，其實也就只有她了。多爾札爾有四位兄弟姐妹，都是黑人，是她父母在她還小時收養的。[64]隨著年歲增長，她經由《國家地理雜誌》（*National Geographic*）對黑人越來越感到興趣。她後來嫁給黑人，育有自己的小孩。她飽覽黑人文學，並且擁有相關的學位。她幫助黑人爭取權益，她備受黑人學生的愛戴。她後來改名為恩基・阿瑪蕾・迪亞洛（Nkechi Amare Diallo）。

你或許認為想做一位黑人而不是白人，對白人是一種侮辱，同時也太抬舉黑人了。其實不然。「火冒三丈、爆跳如雷」恐怕還不足以形容黑人群體對這種情況的反應。《紐約時報》的專欄作家查理斯・布洛（Charles M. Blow）對這種事幾乎喘不過氣來。「這個，」他寫道，「涉及特權與欺騙的行為，是利用鬥爭的語言與將學術界的權威性注入複雜的邏輯性中，依賴跨性別者的鬥爭與跨種族收養者來捍衛自己的欺騙行為，藉此躲避真相與懺悔。」[65]

當然，多爾札爾並沒有說出所有的真相。她曾經宣稱自己是多起仇恨犯罪的被害者，包括絞索、納粹黨的十字記號、鞭刑與綁架等威脅。[66]但是這都不是她受到公開譴責的原因。她之所以受到公開譴責是因為她想藉此矇混過去。「她這些主張並沒有生物學基礎。」[67]南加州大學（USC）的法學教授卡米耶・吉爾・瑞奇（Camille Gear Rich）告訴《洛杉磯時報》。她的作為從某種意義來看是偷走了屬於黑人的一些東西，而平權行動規定下的優惠待遇必然是其中一部分：多爾札爾曾以黑人的身分來應徵工作。不過這也並非原因。臉書上的一項評論也許說得最中肯：「這與某人宣稱自己是打過越戰的退伍老兵，然而實際上從來沒有當過一天兵是一樣的道理。」[68]這個國家多元性導向的知識分子正在做他們經常指責過去的知識分子所做的事情：他們在「監控」他們特權賴以依存的種族分類界限。

馬丁・路德・金恩形容在吉姆・克勞法下的黑人，「他們在長年的壓迫下，自尊與自動消磨殆盡，逐漸適應了種族隔離政策。」[69]他此一描述也可用在白人對一九六〇年代後的種族關係逐漸適應的情況。他們的自尊與自重也不知何故遭到剝奪，多爾札爾則是企圖藉由欺騙來重拾自尊與自重。

在當前主流文化中，白人是屬於精神層面較低的狀態，這與道德不合、恥辱有關，而且是遺傳的。科茨就曾寫道，白人是「血腥遺產」。[70]即使他們真心相信沒有所謂的遺傳種族，但是白人似乎都認為他們有遺傳種族主義的風險，因此急著不只是要把自己，同時還包括他們的家人、血統與任何汙點分隔開來。文學家馬克・埃德蒙森（Mark Edmundson）在其文筆優雅的回憶錄中談到他自美式足球中學到的東西，他記得一九六〇年代與父親在週日下午觀賞紐約巨人隊（New York Giants）的比賽，他的父親尤其欣賞克里夫蘭布朗隊（Cleveland Browns）的跑衛吉姆・布朗（Jim Brown）。「他口中從來沒有說過一句種族歧視的話，」[71]埃德蒙森寫道，「至少我與我的兄弟從來沒有聽過。他是唯一一個我可以這麼說的白人。我父親視吉姆・布朗是人類同胞。」

在哈佛教授亨利・路易斯・蓋茨的媒體事業中，有一項是公共廣播電視公司（PBS）的電視系列片《尋根》（*Finding Your Roots*），是為名流調查他們的祖先。（英國廣播公司有一個類似的節目，叫做《你以為你是誰？》（*Who Do You Think You Are?*）。影星班・艾佛列克（Ben Affleck）在二〇一四年參加了這個節目，結果發現是一位奴隸主人的後人，他於是要求蓋茨在討論中省略這一段。[72]他成功了。但是蓋茨把此一有關艾佛列克施壓的事情以電郵告訴在索尼的一位朋友。幾個月後，索尼的伺服器被駭客侵入，這件事情也被公諸於世。

追根究底，要以一套公正與相互尊重的制度來取代存有偏見的制度，是一件極為困難且勉強的事情。對人們來說也過於沉重。或許該看看弗里德里希・尼采（Friedrich Nietzsche）的想法，對於前壓迫者與與前受迫者而言，對偏見重新評估，可能遠較簡單：因此結論是乾脆顛覆整個舊世界。

男子氣概與犯罪

在一九九〇年代幫派饒舌取代搖滾樂占據十五歲白人耳機的整個期間，許多保守派的評論家欣慰地不再視黑人都市文化為犯罪或病態。這種居高臨下的優越感其實是誤解了其中本質。根據哈佛哲學家哈維．曼斯菲爾德（Harvey C. Mansfield）的解釋，在女性主義盛行的年代，白人文化中許多男子氣概的特質都遭到清洗，但是黑人文化並沒有這樣的情況。這是一個加分的效果。你可以認為幫派饒舌粗魯下流，但是你若忽略了其中貝奧武夫般的勇士氣魄（Beowulfian braggadocio），你就太短視了，這樣的氣質曾是歐洲文化的標誌，只是後來被美國人輕易拋棄了。美國上中產階級有許多「意志堅定」的電腦科學家，然而卻少有主修英文的人，使得他們忘記了只需花十分鐘就能自〈戴納斯法爾的戰歌〉（The War-Song of Dinas Vawr）學到的教訓：在某些情況下，對於那些打家劫舍的人，女人會比較鍾意，男人則會追隨。

一九九二年，洛杉磯四名警察因被拍到毆打黑人逃犯羅德尼．金（Rodney King）的影像而被起訴，在他們被無罪開釋後引發了一場暴動，年輕黑人與移民洗劫洛杉磯中南部，造成六十三人死亡與數千人受傷。這場暴動的高潮是交警直升機拍到一群年輕人將無助的白人卡車司機雷金納德．丹尼（Reginald Denny）拖下車來，用磚塊重擊他的腦袋，然後在鏡頭前跳舞慶祝。

這場暴動的野蠻與血腥是自民權時代以來首見，其中並且出現一些令人擔心的新特質。它由一批黑人無業遊民所發動，還受到一些其他非白人的支持。此一暴動發生的時間點，也凸顯在金恩大行軍世代之後的黑人，似乎是在逃離而不是加入美國的主流文化。傳統的黑人會與美國其他觀眾觀賞相同的電視節目，但是在羅德尼・金暴動之後的那個秋天，美國最熱門的十大電視節目（《羅斯安家庭生活》〔*Roseanne*〕、《六十分鐘》〔*60 Minutes*〕、《風雲女郎》〔*Murphy Brown*〕、《教練》〔*Coach*〕、《家居裝飾》〔*Home Improvement*〕等等）沒有一項是在黑人的十大名單中（《新鮮王子妙事多》〔*Fresh Prince of Bel Air*〕、*ROC*、《活色生香》〔*In Living Color*〕、《馬丁》〔*Martin*〕、《皆大歡喜》〔*Blossom*〕等等）。[73]黑人與白人在文化上開始分道揚鑣。

他們對於法律的看法也是互不相同。羅德尼・金暴動是一些具有影響力的觀察家首度將其定性為「叛亂」而不是「暴動」的國內流血衝突事件。然而一個人眼中的流氓，卻可能是另一個人眼中的自由鬥士。對大部分白人來說，除非黑人減少犯罪，否則沒有資格抱怨公平正義。但是對大多數黑人而言，除非平等普遍存在於美國日常生活之中，否則白人就沒有立場把黑人的不良行為稱作「犯罪」。

一九九五年辛普森（O.J. Simpson）的謀殺罪審判案使得白人與黑人間的紛歧更為嚴重。辛普森早年是美式足球最偉大的跑衛，中年時是美國受歡迎的電影明星與電視嘉賓。他被控將他的白人前妻妮可・布朗・辛普森（Nicole Brown Simpson）與她的朋友羅納德・高曼（Ronald

Goldman）刺殺致死，並且逃走被捕。所有的證據都對辛普森不利：現場的血跡、他車上的血跡、屋內的血跡、他昂貴的布魯諾・馬利牌（Bruno Magli）鞋子的鞋印，還有無可爭議的去氧核糖核酸（DNA）測試結果。在在都顯示這是一個很容易解決的案子。但是辛普森的律師團卻把此案轉變成大部分為少數族群的陪審團傳遞訊息的一種方式。辛普森的首度辯護律師強尼・科克倫（Johnnie Cochran）私下告訴他的合夥人：

我知道我們的任務是讓辛普森脫罪，但是我也認為我們應該讓國人知道警察幾乎無所不為。他們會說謊，因為他們相信到頭來可以證明這些法子是對的……如果高曼站出來高喊「辛普森殺了我兒子！」去他的。他又不是陪審員，我才不甩他。我同情他，但是他錯了。客戶應是無罪推定，這就是我們制度的精神堡壘。[74]

雖然科克倫經常抱怨「我們的制度」，但是這一回卻是讚譽有加。他的確有理由如此。在審判期後，他的權利——不論是法定的還是非正式的——都比他的檢察官對手多得多：例如若是發現該州有基於種族理由將黑人排除在陪審團之外的行為，就可以提出上訴（根據一九七八年人民訴惠勒案〔People v. Wheeler〕的判例）。檢方就沒有這樣的追索權來允許辯方將白人排除在陪審團之外。

辛普森最後無罪開釋。但是大約有四分之三的白人都認為他有罪，不過也有四分之三的黑人認為他是無辜的。「十年之後，」記者傑弗瑞．圖賓（Jeffrey Toobin）說道，「此案在種族關係上的重要性一定會讓所有人銘記在心。」[75]此一評論只有一部分說對了。到了二十一世紀，所有種族的犯罪率都出現下降，而且大部分的黑人也都接受了辛普森犯下謀殺罪的說法。[76]但是黑人與白人之間在刑事司法體系的合法性上仍是存有巨大歧異。

科技的進步也使得黑白對峙的情勢更加複雜。原本只是羅德尼．金被警察毆打時的一個巧合（恰巧一旁正好有攝影機）如今已成常態。在邁入本世紀後，有數十起警察與年輕黑人發生衝突的案件演變成指控警方過於粗暴的全國性醜聞，有些警察因此遭到定罪，也有一些是無罪開釋。

一位稱職的分析人員應會牢記在心，這個國家目前有三億人口，槍枝是合法的，而有三分之一的人口都擁有槍枝。多元化，不論有何影響，卻是把不同種族與文化傳統的人聚集在一起。美國現在有數以千萬的人對國家法律完全陌生。在這樣的環境下，這個國家的警察仍能維持社會秩序，而且也具有公平性。

有一個情況很難在公開場合啟齒，黑人持續犯下重罪案件的數目不成比例地偏高。[77]在二〇〇九年，美國有近一半因謀殺罪被捕的人（百分之四九點二）是黑人，而因搶劫罪被捕的人更有一半以上（百分之五十五點五）都是黑人，然而黑人僅占美國人口的百分之十三。傳統的認知是這些犯罪有一半以上都是黑人所為。但是若從種族差異的角度來看，傳統的認知就行不通了。

根據艾倫・大衛・弗利曼的說法，這是受害者的觀點取得勝利，而在此概念下，任何差異都代表了不公。就像將水倒入傾斜的製冰盒中一角，這一個概念逐漸滲入美國生活的方方面面，先是公共設施，然後是僱用與教育。

歐巴馬的第二任任期正好與這個受害者觀點成為美國對犯罪與暴動的半官方看法的歷史時刻重疊。如今，黑人被捕案件不成比例地偏高，就某些方面來看，就是白人種族主義的初步證據。

弗格森暴動

二〇一四年八月九日，在密蘇里州的弗格森（Ferguson），十八歲的麥可・布朗（Michael Brown）在公共住宅前的僵持中遭到警察達倫・威爾森（Darren Wilson）射殺。弗格森是聖路易郡一個快速變遷，族種融洽的小鎮。此一槍擊事件造成三波暴動，第一波持續了兩個星期，第二波是在三個月後大陪審團決定不起訴威爾森的時候。此外，在槍擊案的一週年也發生了暴動。

從事後諸葛的角度來看，此一爭議其實毫無道理可言。根據歐巴馬政府的司法部民權組對威爾森行為的調查，兩百八十九磅的布朗當時已和他的同伴多里安・強森（Dorian Johnson）吸了四氫大麻酚（THC），[78]他們自一名印度人的雜貨店偷了幾盒小雪茄，並且痛打試圖阻止他們的矮小店主。整個事件經過都被錄影機拍到。幾分鐘後，駕著警車巡邏的威爾森與這兩人遭遇，布朗來到警車的駕駛座旁，阻止威爾森下車，襲擊他的頭部，並且將手伸入車內搶奪威爾森的配槍。威爾森開槍擊中他的手部。布朗逃跑時他追出來，並在布朗回頭衝向他時再度開槍。

司法部有如長篇小說的報告，滿是實驗室檢驗結果、手機通話紀錄與幾十次的調查，都在在顯示威爾森沒有任何不當行為。化驗顯示威爾森的衣領、襯衫與褲子上都有布朗的DNA。[79]布朗的手上有火藥煙灰，並且根據熱量排放對皮膚造成的變化足以證明「布朗曾握住槍管。」[80]所有的細節與重複的訊問，都顯示威爾森的敘述與物證相符。

但是儘管如此，一則虛構的故事卻是不逕而走。這則故事是說布朗高舉雙手表示投降，並且說道：「我已舉手，不要開槍。」這些故事的大部分，或者是全部，都是由布朗的同夥強森（民權調查中的一〇一證人）在槍擊案後所說的。強森宣稱威爾森是從背後開槍，並在布朗停下腳步舉起雙手表示自己沒有武器時連開數槍將他射殺。[81]

事實上並沒有足可信任的目擊證人證明布朗曾經高喊「不要開槍。」[82]布朗的背部也沒有彈孔。但是在布朗的屍體仍躺在街上的同時，此一故事已開始傳播，很快就變得不容反駁。布朗是在中午死亡，十二時十四分就有群眾高喊有人該出來「幹掉那些混蛋。」十二時四十五分，然後是下午一時十七分，出現槍擊事件。一時五十五分與二時十一分，警方聽到自動武器射擊的聲音。「幹掉警察」的呼喊聲不絕於耳。[83]二時三十八分，當地警方獲得高速公路安小組的支援，二時四十四分，機動部隊也前來支援。除了指控警方冷血射殺布朗之外，群眾也指責警方任由布朗屍體躺在街上長達四小時，毫不尊重死者。不過根據歐巴馬政府民權小組的調查，這可能是顧及各種叫囂、威脅與槍擊下的安全考量。

弗格森事發當天晚上爆發的暴動與打砸搶持續了兩個星期，並且占據了媒體幾個月的時間。十一月，在大陪審團決定不起訴威爾森的幾天後，暴動再起，職業美式足球球隊聖路易斯公羊隊（St. Louis Rams）的黑人球員在週日晚間比賽時站在球場中間舉起雙手，做出不要射擊的姿勢。塔－尼西斯．科茨寫了一本書敘述他難以向他的兒子解釋為什麼「殺害麥可．布朗的人沒有受到懲罰。」[84]該書後來登上暢銷書排行榜的第一名。這個國家的官方文化現在已完全站在抗議的一方，儘管所有中立的證據都顯示威爾森不應受到懲罰。

黑人的命也是命

在弗格森傳奇廣為流傳之際，不是事件本身，而是由多里安．強森創造出來的傳奇，誕生了「黑人的命也是命」（Black Lives Matter，BLM）運動。該運動主張正義在許多案件中不得伸張或遭到誤用的論點有其漏洞，但是並不足以構成不予重視的理由。反之，它表明了這是一個孕育這類運動的時代，這些運動往往是由期望、機會以及不滿激發而出。

二〇一三年，在佛羅里達一個社區的警衛隊長喬治．齊默爾曼（George Zimmerman）辯稱由於自衛而射殺一位年輕黑人崔溫・馬丁（Trayvon Martin），被法院判決無罪開釋後，三名自稱是酷兒的黑人女性在社群網路上發起 #BlackLivesMatter 的話題。他們的貼文有些類似瑞克・桑特二〇〇九年的「咆哮」，在茶黨尚未成形之前介紹茶黨的概念。的確，主要為少數族群支持的BLM，是上了年紀的、主要為白人支持的茶黨的年輕對應版本。茶黨的宗旨，是反對歐巴馬與其所代表的一切，如今BLM則是站在茶黨的對立面。

由被激怒的中低收入社區居民、理想主義的大學生、嘻哈音樂人、身價上億的基金會經理人、罪犯與運動員所組成的BLM，將這些建制內與反建制的元素組合起來，形成一股力量。它擁有歐巴馬政府的支持，以及美國左派最激進人士的支持。BLM支持者利用保持「覺醒」的概念（來自艾莉卡・芭朵〔Erykah Badu〕的歌曲〈模範老師〉〔Master Teacher〕）[85]，來敘述他們如何踏入此一深奧的意識形態真理。他們這樣的做法類似美國新興的「另類右派」引用「紅色藥丸」的概念（來自一九九九年的反烏托邦電影《駭客任務》〔*The Matrix*〕）。[86]

歷史學家托德・吉特林（Todd Gitlin）在一九六〇年代是一位活躍的社運人士，曾寫了一部他那個時代的抗爭史。他視BLM為年輕人公民意識覺醒的運動，就和他當年經歷的一樣。他們有一套具有改革執法的建設性章程：結束警務工作的「破窗理論」，這套理論使得許多城市的青少年只因輕微的犯行就被監禁；改革保釋制度，以及使用行車紀錄器與其他科技來監督警務工作。吉特林堅稱，這並不表示BLM不必負責任。「與白人種族主義者和警方所說的恰恰相反，

『黑人的命也是命』的精神並不是『只有黑人的命才是命』」[87]他寫道，「……它是這樣的三段論：一、所有的生命都重要。二、黑人的命也是命。三、因此黑人的生命也重要。」

這是一位一九六〇年代的激進派人士對ＢＬＭ的期望，他的期盼之深甚至會把任何反對他觀點的人視作種族歧視分子。問題在於ＢＬＭ的領袖們儘管十分清楚吉特林的三段論，卻將其全盤否定。在接下來的一年，民主黨三位總統提名候選人都嘗試以所有的命都是命的三段論概念與這批衝動易怒的選民達成和解，然而最終全都被迫道歉。[88]其中一位是前馬里蘭州長馬丁．歐麥利（Martin O'Malley），[89]他出席公民組織 Netroot Nation 在亞利桑納州的大會，當他談到「所有的命都是命」時立刻招來一片噓聲。幾天之後，麻州薩摩維爾（Somerville）的市長約瑟夫．古塔通（Joseph Curtatone）在市內掛上ＢＬＭ的橫幅，結果引起他與警方間的爭議，警方要求他換上「所有的命都是命」的橫幅。[90]

「黑人的命也是命」一旦從網路上的主題標記變成政治運動，也就暗示美國社會有一批人不承認另外一大批人的生命權。這是一項極具煽動性的指控：ＢＬＭ認為是誰會在種族從未如此平等與融合的時代甘冒大不韙地漠視別人的生命權？如果他們是政府，ＢＬＭ就是一個革命黨，因為一個不顧人民死活的政府又怎麼可能具有合法性？如果他們是政府之外的人，ＢＬＭ就會變成一個更具威脅性的組織：一個進行種族戰爭的團體。

每當某人在事實真相難以拼湊的環境下遭到警方射殺（這類案件在幅員廣闊，人民擁有槍械的國家幾乎天天可見）就會造成緊張。在二〇一四年底，巴爾地摩一名精神狀態不穩定的男子伊斯梅爾・布林斯利（Ismaaiyl Brinsley）駕車到布魯克林殺害兩名警察。二〇一五年三月，兩名警察在密蘇里州弗格森的警局外遭到射殺。一個月後，巴爾地摩一位有一長串犯罪紀錄的年輕人弗雷迪・格雷（Freddie Gray）在警方拘留下因脊髓受傷而死，引發多個夜晚的暴動。

在接下來的夏天，正是總統大選打得如火如荼之際，警方連續兩天射殺了兩名武裝黑人。七月五日，在路易斯安納州的巴頓魯治（Baton Rouge），一名販賣雷射唱片的街頭小販奧爾頓・斯特林（Alton Sterling）因為拒捕而與兩名警察扭打，結果遭到射殺。一天後，費蘭多・卡斯蒂亞（Philando Castile）在明尼蘇達州法爾考高地（Falcon Heights）的一次交通攔截中遭到一名警察射殺。（根據一年後公布的錄影帶）[91]該名警察在卡斯蒂亞鎮靜地表示有攜帶武器時顯然慌張了。儘管當時的錄像模糊不清，但是已足以令ＢＬＭ全體動員。

ＢＬＭ在七月七日，也就是卡斯蒂亞被殺的第二天，發動示威遊行，然而最終卻以無政府的混亂狀態收場。趁著ＢＬＭ於達拉斯遊行之際，米卡・澤威爾・強森（Mican Xavier Johnson），一名受過精良訓練，高度武裝的阿富汗退伍老兵，槍擊十四名警員，其中五人喪命。不久之後，聖路易的一位政治激進分子加文・隆格（Gavin Long）七月十七日駕著偷來的汽車來到巴頓魯治，在航空高速公路（Airline Highway）B-Quik 便利商店與美髮美妝供給店（Hair Crown Beauty Supply）間的路段槍擊六名警察，導致其中三人死亡。

年輕黑人對警方的怒火已遠遠超過抗議的界限。「你們不能阻止這場革命，」他們在芝加哥高喊口號。儘管達拉斯爆發槍擊警察事件，但是BLM人士依然宣布繼續遊行。「這並非挫折，」他們其中一位說道，「這是在告訴國人，黑人的怒火已經沸騰。」[92]

可是怎麼會在現在這時候沸騰？現在城市的警局都已種族融合，其中有一些警局黑人警察的比例還過高（根據人口比例率計算），包括華盛頓特區在內，同時所有的警察，不分種族，都受到嚴格監視，在這樣的情況下，要把警局變成白人自衛隊的大本營實在說不過去。此外，達拉斯的警察局長是黑人。巴頓魯治有一位黑人市長。巴爾地摩有一位黑人市長、黑人檢察官與黑人警察局長，[93]而且在弗雷迪・格雷一案中被起訴的六名警員中有三名是黑人。

還有，總統也是黑人。「今天與過去有所不同的原因之一，」歐巴馬在弗格森爭議中表示，「是美國現任總統正努力要使現在不同於過去。」[94]埃里克・霍爾德（Eric Holder）曾去探望麥可・布朗（Mike Brown）在聖路易的家人。他說：「我不是以司法部長的身分，而是以一位父親的身分來探視他們。」[95]

BLM具有官方抗議行動的色彩。白宮在其中扮演各種社會團體間交換所的角色，這些團體包含前衛的、對抗性的以及身分認同的。BLM在各團體之間建立起串連的橋梁，但是它們的活動幾乎僅集中在以民主黨選民與募款基地為主的社區內。[96]民主黨人支持該運動的人數比例（百分之五十一）是共和黨（百分之十七）的三倍。黑人生命運動（The Movement for Black Lives）

呼籲「結束對黑人跨性別者、酷兒與非常規性別者的戰爭。」[97]康乃爾大學非洲研究教授，同時也是《混音變化：嘻哈與歐巴馬》（*Remixing Change: Hip Hop and Obama*）一書作者的特拉維斯・戈薩（Travis Gosa）將ＢＬＭ比作矽谷的「破壞性創新」理論，稱該運動是「數位的」（digital）。[98]ＢＬＭ有一個專屬民主黨金主的階層。你在美國富有與充斥學術氣息的社區常常會看到彩虹旗飛揚在ＢＬＭ的看板旁邊，然而也只有這些地方才會出現這樣的景象。「政權」與「街頭」之間的對立正逐漸消逝。

每一項激進的運動都是某種新生，因為政權是建立在教條之上，而改變這些教條，忘記所學與學習同等重要。激進人士相信現有政權為了居於上風，會採取拋棄與壓迫的手段。ＢＬＭ與一九六〇年代民權運動中若干現實發展重新結合，這些發展在政府大肆慶祝民權運動的非武力、和諧與合於基督教義之下遭到忽略。塔－尼西斯・科茨就堅持他的無神論，[99]特拉維斯・戈薩則是強調ＢＬＭ是「無神論，或者至少是非教派的。」[100]ＢＬＭ運動發生在黑人勢力（black power）復興，或在科茨看來，是「黑豹」（Black Panther）潮流興起的時刻*。

為羅莎・帕克斯作傳的珍妮・特奧哈理斯（Jean Theoharis）指出，這段歷史在一九六〇年代民權運動中所占的份量，遠超過二十一世紀任何一個種族的美國人所認知的水準。特奧哈理斯嚴詞批評亞特蘭大市長卡西姆・里德（Kasim Reed）對二〇一六年抗議的看法：「金恩博士絕不會占領高速公路。」里德市長以為塞爾瑪大遊行（Selma March）是什麼？「這些框架，」[101]特奧哈理斯寫道，「扭曲了BLM要在全國建立的宗旨與民權運動的歷史。」說的沒錯。《費城詢問報》（*Philadelphia Inquirer*）的編輯曾在頭版刊登了哈佛法學院教授蘭德爾・甘迺迪（Randall kennedy）的一篇文章，該篇文章指出，「黑人的命也命，是民權運動的下一個階段。」[102]

如果BLM就是民權，這個國家就會面臨一個問題。因為，我們知道，民權已是實質的憲法。美國黑人與白人進步人士在民權上取得的成果（尤其是在平權行動與政治正確方面）已不再是臨時的權宜之計。他們是在修補新憲法，彌補不足之處與修正自相矛盾的地方，就像首席大法官約翰・馬歇爾（John Marshall）在馬伯里訴麥迪遜（Marbury v. Madison，一八〇一年）一案中發明了司法審查權，彌補了第一部憲法的不足之處。

這些創新是必需的。若是沒有它們，民權體制就不合邏輯，而且也會陷入混亂。如果你不喜歡平權行動和政治正確，就意味你不喜歡民權。至於宣稱民權就是其執政理念的政治人物，看到BLM這種好鬥且強悍的運動，都難以接受。他們稱它為「身分政治」，彷彿這是一個反常現象。它不是的，它是民權運動的頂峰。

＊編按：塔－尼西斯・科茨曾於二〇一六年為漫威超級英雄漫畫《黑豹》撰寫劇本。

耶魯暴動

曾在本寧頓學院（Bennington College）與耶魯就讀的文化評論家羅傑・金博爾（Roger Kimball）注意到有許多大學生參與ＢＬＭ，他視該運動為一個只有消除平權行動就能解決的問題。「從今以後，」金博爾建議：

> 進入大學應以學生的優點來做依據，而不是膚色、種族背景或是性畸形。同時，學業的評分、榮譽與升遷應以不分膚色，一視同仁的考試來決定，而且是由獨立的第三方來監考。我可以保證，只要採行這些簡單的方式，『黑人的命也是命』的胡鬧就會在一個學期之內結束。[103]

這是一個相當合理的建議，但是這樣的美國文化早在一個世代之前就已被推翻。

金博爾和其他大部分人一樣，都誤解了一九六〇年代的改革。美國白人都相信改革後的新憲法就和舊憲法一樣，會帶領這個國家走向種族中立與自由。然而恰恰相反，改革人士十分清楚它是走向種族意識，並且成為政府的方向。但是不分膚色的理想太過強大，它與林肯、金恩的主張產生扣人心弦的共鳴，也是當初公眾接受民權的原因，而在不容拋棄之下，此一理想最終演變成官方虛構的東西。

在一九六〇年代改革如火如荼之際，所有反傳統的主張，所有對傳統的破壞，都讓改革者有一種是在合理化、證明，甚至強化傳統力量的感受。這樣的感受與紅衣主教在梵蒂岡第二屆大公大會（Vatican II）對神職人員的想法、讀者閱讀《女性的奧祕》對男性的看法，以及民權人士對白人菁英高等教育機構的看法，都是一致的。《紐約客》（*New Yorker*）雜誌的作家喬治・特羅（George W.S. Trow）透露了一則在那個時代有關大學教室內種族對立的故事，在談到一位荷蘭畫家的時候，白人學生聽到黑人同學表示這位畫家「屬於他們（白人）」，但並不屬於他（黑人），大為震驚：

> 他們自認與林布蘭（Rembrandt）是同一類人，他們也知道自己的支配地位。他們願意毫無保留地討論有關自己繼承了壓迫的權力的問題，這在當時被視為「白人內疚」或「白人自虐」的一種反應。這完全不對。這其實是「白人欣快感」。那個時代許多白人小孩都是透過拒絕接受才感受到他們所繼承的力量，他們一而再、再而三的拒絕，也許是想藉由這樣的行為來感受與此一力量的聯繫。然而當一位年輕黑人問道「這個人對你來說是什麼人？」時，他們的欣快感立刻消失，取而代之的是尷尬與怨恨。[104]

這則故事幾乎有如聖經，以不同的視角詮釋過去半個世紀所有的發展。所謂的改革者，在他們僕人的眼中並非英雄，也不是寬宏大度的紳士大開城堡大門，收容被遺留在外，感激不盡的人們。他們只是盲目又徒勞無功地拋棄他們先輩努力捍衛的傳統。

耶魯大學兩位指導教授，醫學社會學的尼古拉斯·克里斯塔基斯（Nicholas Christakis）與他的妻子，發展心理學的艾瑞卡（Erika）在二〇一五年的萬聖節惹出一場風波。他們夫妻倆都崇尚學術自由，之前在哈佛時，他們也曾捍衛黑人學生在該校專屬「最後俱樂部」的權益。後來尼古拉斯·克里斯塔基斯與艾瑞卡分別擔任耶魯大學西利曼學院（Silliman College）的院長與副院長，仍是不改初心，繼續保持同樣的精神。

耶魯在萬聖節前發布一份在當年經常會出現的通告，[105]告誡學生在萬聖節的裝扮務必得體，避免侮辱少數種族。艾瑞卡·克里斯塔基斯隨後發出一封「致親愛的西利曼人」的電子郵件，指出萬聖節傳統上就是一個顛覆的節日，也是成年人發揮掌控力的「場合」。[106]她鼓勵學生獨立思考與判斷。她寫道她以前在孟加拉時有一件紗麗裙。她並且補充，「如果有一位金髮孩子想讓自己做一天的花木蘭，」沒有什麼不對。她這封信引發了與大部分為黑人的少數種族間長達一週的衝突。他們指責克里斯塔基斯夫婦在鼓動文化挪用，同時並未為有色人種學生提供一個「家園」。

克里斯塔基斯夫婦有幾次分別被憤怒的學生包圍。有一次還被手機錄影送上網際網路廣為流傳，一位黑人女大學生從人群中竄出，告訴尼古拉斯·克里斯塔斯基，以他們夫婦倆身為院長與副院長的身分，他妻子的電子郵件極不恰當。克里斯塔斯基回答作為學校的行政人員，他們的職責是要創造一個讓觀念能夠蓬勃發展的空間。至於他妻子「致親愛的西利曼人」的信並不恰當的說法，他說道，「不，我不同意這樣的說法。」他的回答令那位女學生勃然大怒，破口大罵：

那麼你他媽的為什麼要接受這個職務？是誰他媽的僱你的？你應該下台！如果你認為院長是應該這樣當的，你就該下台！這裡並不是為了創造一個知識空間！不是的！你不懂嗎？這裡是要建立一個家園。你卻沒有這麼做！[107]

圍繞在他們四周的民眾鼓譟起來，有人捻著手指辱罵克里斯塔斯基，叫他「安靜！」並且警告他「還輪不到你講話。」他的態度溫和，甚至有些諂媚。克里斯塔斯基夫婦表示他們是民主黨，[108]以為這樣會緩和情勢。艾瑞卡想走進食堂，以免學生看到她。有一位學生顯然並不反對尼古拉斯主張言論自由的觀點，但是卻認為他玷汙了她的眼睛：

我真受不了看到你。我討厭與你爭論。你根本沒有在聽。你令人作嘔。我認為你根本不懂……現在我要你給我下台。我不要你坐這個職位。我不想在我就讀的耶魯大學看到你。我未來回顧在耶魯的歲月，就會想起曾與你爭論，光是這個念頭就令我作嘔。[109]

這位學生如願以償。耶魯與美國證書政治體制下其他的前哨站如今都屬於她和她這樣的活躍分子。沒過多久，克里斯塔基斯夫婦就取消了他們的春季課程，[110]並且辭去西利曼學院的職位。宣稱自己是「耶魯有色人種學生與我們盟友的聯盟」[111]的耶魯大學，在接下來的學期計畫採取諸多因應措施，包括要求克里斯塔基斯夫婦辭職；設立偏見通報系統；將耶魯三個學院重新以非白人心理學家命名；增加聘僱非白人心理學家；設置「強調種族能力與培養尊重」的機構，對種族研究項目增數以百萬美元計的經費。耶魯大學完成了大部分的計畫，並且還增加五千萬美元的人事費用來聘請「能夠豐富多元性」的教授。[112]布朗大學也遭遇了類似的衝突，因應之道是撥款一億美元來營造一個「更為公正與具有包容性」的校園。[113]

格蘭德森關於老一輩的人必須死去的說法雖然無禮，但是並沒有錯。物理學家馬克斯・普朗克（Max Planck）曾經寫道，「一項新的科學真理的建立，並非在於說服反對者，而是反對者最終都會死去，新一代的人都是在此一新環境下長大。」[114]即使是看似失敗的激進運動往往也能緩慢與安靜地促成制度的改變。一九六九年，武裝黑人學生占領康乃爾大學的司戴德大樓（Willard Straight Hall，該校學生會大樓），校長詹姆斯・柏金斯（James Perkins）試圖與學生進行談判，達成協議，以避免受到懲罰。然而該校保守的董事會、信託人與金主，還有學校人員群起反對，柏金斯因此被迫下台。但是在經過幾十年後，情勢轉變。在邁入新世紀之際，當初的占領學生之一，後來成為花旗身價上億的金融專家的湯姆・瓊斯（Tom Jones），反而進入了康乃爾的董事會。[115]

耶魯在舊憲法下或許還是一個「知識空間」，但是在新憲法下，怎麼可能？耶魯一旦根據法律規定，改採以平權行動來錄取少數種族學生的方式，則單純的功績式錄取標準（金博爾所建議的）就會與前者產生矛盾。同樣地，儘管有些迂迴，但若是繼續遵循傳統禮儀的原則（克里斯塔基斯夫婦所相信的）也會帶來失望。一所機構能表面上宣稱會堅持其原有標準（例如耶魯），然而實際上卻已無法堅持，它所承擔的政治責任已超過其教育責任。抗議者知道這一點，因此他們也是真的質疑克里斯塔基斯夫婦「不懂」在耶魯服務的本質。

僅僅因為這些學生不適應就責怪他們，可能是過於苛求。但是你只要看到他們在手機錄影中怒罵尖叫，就不難看出他們有許多人並不適應。這個問題不歸咎於這些學生，罪魁禍首另有他人。這是民權上不斷重複出現的一個悖論：種族主義與特權被拆解得越快，指向種族主義與特權的心理需求也就越大。

耶魯事件再次顯示民權時代下偉大的憲法創新（由民間機構代理執行政府權力）已變成一個強大的紀律工具。在美國與英國的校園內，所謂的拒絕提供平台（即是「拒絕法西斯主義者、有組織的種族歧視者以及其他仇恨者散播他們毒素的自由」的做法）[116]正在興起之中。在美國，七十歲以上民眾相信「政府應該能夠防止攻擊少數族群的言論」的人只有八分之一，但是年紀在三十五歲到七十歲之間的美國民眾，有四分之一相信，三十五歲以下成年人相信的比例則達到百分之四十。[117]

對於不及一半的美國年輕人而言，唯一可行的種族共存基礎就是「白板」（tabula rasa）了，恰好一些傳統的美式特質與此相符：美國人都喜歡說他們相信「新的開始」與「偉大夢想」。然而換句話說，他們就是性喜掠奪與逃避，而不是修補與培育。在美國人自己眼中，他們的夢想宏大而高貴，因此在實現上具有天意安排的使命感與急迫性，其他人最好避而遠之。在這種心理的驅使下，美國人十七、十八與十九世紀開疆闢土，消滅其他所有的文化，絲毫沒有良心不安，彷彿這片土地無人居住。在一九六〇年代中期之後的半個世紀，美國領袖依然懷抱他們偉大的夢想，以相同的精神消滅他們自己的文化機制。

作為美國人，我們是誰

美國人在那半個世紀後所展現的，與他們在初始時一樣：躍躍欲試與循規蹈矩，自豪與失望的混合體。這些東西都很難分解開來。美國人自然對他們在民權上的成就感到自豪。民權所承諾與實現的（在一個缺少民權的國家大致完成了種族平等）的確是成就非凡。除了讓許多黑人擁有更自由的生活之外，民權同時也帶來始料未及的好處：解除了白人的罪惡感、擴大了職業婦女的生活範圍，以及減輕了同性戀的生活痛苦。至於此一改革所嚮往但卻功虧一簣的（創造種族間的「和諧」與性別間的和平）恐怕已超出任何一個政府的改革能力之外。

民權的代價昂貴，新的不平等也繼之而起。以民主方式決定的事情越來越少，言論自由更遭到壓制。在二〇一六年總統大選年，針對即使是與民權不相干的話題，美國民眾也不敢說出真心話，導致根本無從理解他們的政治情緒。美國民眾都已隱藏他們對多元性的不滿，就像十九世紀末，法國人民一心想收復亞爾薩斯（Alsace）與洛林（Lorraine）的情況。（十九世紀的法國政治家萊昂・甘必大〔Leon Gambetta〕表示，這件事情「要放在心中，絕不說出。」）[118]

民調與選舉顯然都低估了人民對過去五十年來變化的不滿，不過儘管如此，仍有跡象顯示有許多美國民眾都認為他們的日子不如以前。根據皮尤研究中心（Pew Research Center）在二〇一一年所做的一項調查顯示，在嬰兒潮世代出生的民眾間，有百分之二十三相信美國的多元性是「改善未來的改變」；但是有百分之四十二則是認為「導致未來更糟的改變。」[119]

美國政治已根據此一問題重新排序，即是自一九六四年新憲法施行以來，有哪些人因為權利、優勢與特權的轉移而獲利，或是遭到損失。民主黨是獲利的一方：不僅是少數種族，還包括性少數族群、移民、婦女、政府員工、律師，凡是在設計、經營管理與分析新系統等領域占有一席之地的人都因此獲利。這些少數族群集合在一起就成為民主黨為數眾多的選民。不過嚴格說來，其實並沒有必要。政府組織、司法體系與企業界，其實都已站在民主黨這一邊。親善的議員、法官與檢察官都盡可能地將特權從原本大多數的一方移轉到少數族群的手中。

如我們之前所說的，共和黨則是屬於過去的政治光譜，是新政的支持者與反對者、是在一九六〇年會投票給尼克森或甘迺迪的人。對許多美國人而言，這是一個失落的世界，有如一首敘述民間傳說的田園詩。這兩黨代表的是兩個不同版本的憲法、兩個不同的歷史時期，甚至是兩個不同的技術平台，最終也就演變成代表兩個不同的種族團體。

隨著親民主黨的大學與非營利機構開始驅動經濟與文化，並且掌握僅剩的高薪工作機會，新版的少數派憲法的力量也就益趨強大，即使民主黨沒有當政也不受影響。由於與高等學府內創新、關係顯赫的菁英分子隔絕，共和黨即使在選舉中贏得大多數的支持，也喪失了對此一政治體系的影響力。他們最終只會失去了解此一政治體系運作邏輯的能力。

在這套以權利為本的新政體系中，損失最慘的就是白人了。一九六〇年代的法律變革或許本意並非針對白人，但是法律的施行最終卻是幫助除了白人之外的所有人，因此結果是一樣的。白人之所以受創慘重，主要是因為民權法案將他們置於極為不利的位置；他們原本在憲法體制下強大的優勢地位——身為社會主要的多數選民——持續在萎縮之中，因為他們經過選舉獲得的勝利會被法院或是監管委員會推翻；民權法案的道德敘事將他們貶抑成國家的惡人。他們一心認為他們就是建立國家的人，然而卻發現自己已淪落到這個國家政治階級中的最底層。

「建立這個國家？」別真的這麼以為。美國人並非民族的想法正逐漸消失。我們是由「信念」建立的國家，這個國家的統一不是靠著種族或是歷史，而是靠著某些信念。這樣的說法聽來是思想開放，然而必須審慎以對，否則就會出現相反的效果。這個國家，若你只需改變信念就能加入，也意味你若改變信念就能脫離。歐巴馬總統曾在多次場合提及高度特定性的政治觀點，那些屬於他政黨的觀點，然而他卻總是說成「我們美國人」。[120]自麥卡錫（McCarthy）時代以來，美國人民就不曾受到警告如果與政府當局的意見相左，就會喪失作為美國人的資格。歐巴馬是在玩火，然而卻似乎樂此不疲。

半個世紀以來，從美國文化制高點所發出的每一條訊息，都在在令他相信自己是打不倒的。美國的民主力量同時還有神權政治的加持，歐巴馬則是繼承了在羞恥心驅使下所帶來的巨大力量。可是，要以羞恥心來作為治理的工具有許多問題。首先，反對勢力並不會消失，只是不再發聲，使得公眾與統治者之間更為疏離。其次，羞恥心是一個只有在人們有羞恥心的時候才能發揮作用的治理工具。它消除了反對勢力中有羞恥心的高尚人士，結果反而造成毫無羞恥之心的人成為反對勢力的領袖，所採取的行動也毫無底限。

民權一直沒有出現美國人民一九六四年所希望的自我再生現象。民權相關法律的合法性是基於這些都是過渡性措施的信念，其目的是要引導社會成為更為穩定與種族融合的社會。宣稱反對南方的種族分離政策，同時以平權行動與其他相關計畫將此一問題暴露於全國人民眼前，若是置於永久性的基礎之上，就會顯得不合邏輯、虛偽與不公。少數種族所享有的額外保護權利與平反待遇，如果是權宜之策，還可以接受，但那絕不是憲法中具備永久性的一部分。

然而他們卻已成為永久性的措施。在一個人們不能說出真心話的世界裡，美國政治已成為荒誕滑稽的默契交易，就像隱藏於三億人之中不可告人的家庭祕密。白人作為公民的社會地位或許有所下降，但是他們原本還可自較高的經濟地位找到慰藉。然而，隨著經濟地位逐漸遭到侵蝕，安慰的聲音也益趨空洞，妥協的不穩定性則是與日俱增。

正如我們之前指出的，一九六四年的民權法案立法廢除了憲法第一修正案的結社自由權。受此影響，政黨幾十年來益趨兩極化，變成了類似祕密社團的性質，每一個只忠於他們對憲法的理解。民主黨，忠於一九六四年後的憲法，不承認（也不懂）他們所擁有的優勢是來自於限制美國人民最珍惜的基本憲法自由。共和黨，忠於一九六四年前的憲法，不承認（也不懂）要重回他們理想中的自由國度，就需要廢除民權法案。這樣的情勢發展，後果淒慘——一個無法正確討論與思考的社會，內部關係益趨緊張。

壓制公眾討論只能使得情勢平靜一段時間。此一體系所需要的不只是大多數的沉默，同時也需要大多數的資源。民權法案後的憲法有些類似紐約的地鐵。紐約的地鐵系統或許看來再「自然」不過，但是該套系統每天需要七百台抽水機全天候二十四小時的操作，來汲取數百萬加侖的地下水。只要稍有鬆懈，紐約地鐵就會被地下河流、泉水所淹沒。

同樣地，要融合美國的種族與性別，也需要隨時隨地保持最大的警覺。如果沒有平權行動，這個國家的社會結構六個月後會變成什麼樣子？五年呢？即使是對民權最微弱的不滿都會變成嚴重的威脅，而最為常規的政權輪替，也都會成為攻擊美國方式（The American way）的力量。

民權一直是威廉．詹姆斯（William James）口中的「道德戰爭」。在一九六〇年代初期，美國中產階級豐衣足食，生機勃發，對於他們的總統遇刺身亡都憤怒不已，他們絕對擁有發動此一戰爭的資源。可是他們錯了。

羅納德．雷根，儘管在他任內，美國繁榮興盛，但是他卻從來沒有找到類似一九六〇年代林登．詹森推動計畫的資源。他只是透過資助這些計畫來躲避在一九七〇年代衍生而出的社會對立。這就是我們今天國債高築的來源，二〇〇八年的金融風暴顯示政府已用盡還未出生的未來世代的資源，只好動用當代的資源。它這麼做能否成功，仍在未定之天。與此同時，這個國家的政治階層與其人民間的距離卻是漸行漸遠，遠較一個世紀之前疏離。對他們而言，美國人民已成無從理解的祕密。

二〇一五年六月，總統大選逐漸升溫，[121]脫口秀主持人比爾．馬厄（Bill Maher）邀請了一批記者來談美國政治前景。當時共和黨有十幾位在黨內頗受尊重的人物都在尋求獲得提名。馬厄問其中一位來賓，保守派記者安．庫爾特（Ann Coulter），在這些人中，誰最有機會贏得大選？

她語出驚人：她不認為他們之中有任何人會贏得提名。不過，在三天前，一位自我推銷的紐約房地產開發商，在他假裝是他擁有的曼哈頓辦公大樓內宣布要競選總統。他隨便發表了一些有關墨西哥移民與美國多麼偉大的談話，招來全體新聞界的嘲諷。庫爾特平淡地說出他的名字。其他來賓都以為她在開玩笑。他們故作困惑與無法置信的表情，現場觀眾則是一片笑聲。

Slater, Philip. *The Pursuit of Loneliness: American Culture at the Breaking Point.* Boston: Beacon Press, 1970.

Solove, Daniel. *The Future of Reputation: Gossip, Rumor, and Privacy on the Internet.* New Haven, CT: Yale University Press, 2007.

Stouffer, Samuel A. *Communism, Conformity and Civil Liberties: A Cross-Section of the Nation Speaks Its Mind.* New Brunswick, New Jersey: Transaction Publishers, 2009 [1955].

Strauss, Leo. *Jewish Philosophy and the Crisis of Modernity: Essays and Lectures in Modern Jewish Thought.* Albany: State University of New York Press, 1997.

Strauss, William, and Neil Howe. *Generations: The History of America's Future, 1584 to 2069.* New York: Quill, 1991.

Thaler, Richard, and Cass Sunstein. *Nudge: Improving Decisions About Health, Wealth, and Happiness.* New Haven, CT: Yale University Press, 2008.

Theoharis, Jeanne. *The Rebellious Life of Mrs. Rosa Parks.* Boston: Beacon Press, 2013.

Trilling, Lionel. *The Liberal Imagination: Essays on Literature and Society.* New York: NYRB Books, 2008 [1950].

Trow, George W. S. *Within the Context of No Context.* New York: Atlantic Monthly Press, 1997 [1981].

Wanniski, Jude. *The Way the World Works.* Washington: Regnery Gateway 1998 [1978].

Wilentz, Sean. *The Age of Reagan: A History, 1974–2008.* New York: Harper, 2008.

Wilson, James Q. *The Marriage Problem: How Our Culture Has Weakened Families.* New York: Harper, 2003.

Woodward, C. Vann. *The Strange Career of Jim Crow.* New York: Oxford University Press, 2002 [1955].

Zemmour, Eric. *Le suicide français.* Paris: Albin Michel, 2014.

Zunz, Olivier. *Philanthropy in America: A History.* Princeton: Princeton University Press, 2011.

Mill, John Stuart. *Considerations on Representative Government.* London: Parker, Son and Bourn, 1861.

Morgan, Robin, ed. *Sisterhood Is Powerful.* New York: Random House, 1970.

Novak, Michael, ed. *Capitalism and Socialism: A Theological Inquiry.* Washington, D.C.: American Enterprise Institute, 1979.

Obama, Barack. *Dreams from My Father: A Story of Race and Inheritance.* New York: Times Books, 1995.

Perlstein, Rick. *The Invisible Bridge: The Fall of Nixon and the Rise of Reagan.* New York: Simon & Schuster, 2014.

Pirsig, Robert. *Zen and the Art of Motorcycle Maintenance.* New York: Harper, 2005 [1974].

Putnam, Robert D., David E. Campbell, and Shaylyn Romney Garrett. *American Grace: How Religion Divides and Unites Us.* New York: Simon & Schuster, 2010.

Rajan, Raghuram. *Fault Lines: How Hidden Fractures Still Threaten the World Economy.* Princeton University Press, 2010.

Rand, Ayn. *Atlas Shrugged.* New York: Dutton, 1992 [1957].

—. *The Voice of Reason: Essays in Objectivist Thought.* New York: Meridian, 1990.

Reagan, Ronald. *Reagan: A Life in Letters*. Edited by Kiron K. Skinner, Annelise Anderson, and Martin Anderson. New York: Free Press, 2003.

Remnick, David. *The Bridge: The Life and Rise of Barack Obama.* New York: Alfred A. Knopf, 2010.

Rosenblatt, Roger. *Coming Apart: A Memoir of the Harvard Wars of 1969.* Boston: Little, Brown, 1997.

Roszak, Theodore. *The Making of a Counter Culture.* Berkeley: University of California Press, 1995 [1968].

—. *Where the Wasteland Ends: Politics and Transcendence in Post-Industrial Society.* Garden City, NY: Doubleday, 1972.

Russell, Bertrand. *The Impact of Science on Society.* London: George Allen & Unwin, 1952.

——. *Marriage and Morals.* New York: Horace Liveright, 1929.

Salis, J. R. von *Weltgeschichte der neuesten Zeit*, vol. 1. Zürich: Orell Fussli Verlag, 1955.

Jovanovich, 1990.

Inglehart, Ronald. *Culture Shift in Advanced Industrial Society.* Princeton: Princeton University Press, 1990.

Kahneman, Daniel, Paul Slovic, and Amos Tversky, eds. *Judgment Under Uncertainty: Heuristics and Biases.* Cambridge, England: Cambridge University Press, 1982.

Kalven, Harry, Jr. *The Negro and the First Amendment.* Columbus: Ohio State University Press, 1965.

Kaplan, Roberta, with Lisa Dickey. *Then Comes Marriage: How Two Women Fought for and Won Equal Dignity for All.* New York: Norton, 2015.

Kazin, Michael. *The Populist Persuasion: An American History.* Ithaca, New York: Cornell University Press, 1995.

Kelman, Steven. *Push Comes to Shove: The Escalation of Student Protest.* Boston: Houghton Mifflin, 1970.

Klarman, Michael J. *From the Closet to the Altar: Courts, Backlash, and the Struggle for Same-Sex Marriage.* New York: Oxford University Press, 2012.

Kuhn, Thomas. *The Structure of Scientific Revolutions*, 3rd ed. Chicago: University of Chicago Press, 1996 [1962].

Lessig, Lawrence. *Code and Other Laws of Cyberspace.* New York: Basic Books, 1999.

Levine, Robert S. *The Lives of Frederick Douglass.* Cambridge, Massachusetts: Harvard University Press, 2016.

Luxemburg, Rosa. *Gesammelte Werke.* Berlin: Dietz Verlag, 1974 [1922].

Malcolm X. *Malcolm X Speaks.* Edited by George Breitman. New York: Pathfinder, 1989 [1965].

Manchester, William. *The Death of a President.* New York: Harper & Row, 1967.

Marsden, George M. *The Twilight of the American Enlightenment: The 1950s and the Crisis of Liberal Belief.* New York: Basic Books, 2014.

Mayer-Schonberger, Viktor, and Kenneth Cukier. *Big Data: A Revolution That Will Transform How We Live, Work, and Think.* New York: Houghton Mifflin Harcourt, 2013.

McDougall, Walter A. *The Tragedy of U.S. Foreign Policy: How America's Civil Religion Betrayed the National Interest.* New Haven, CT: Yale University Press, 2016.

Simon & Schuster, 2015.
Francis, Samuel. *Beautiful Losers: Essays on the Future of American Conservatism.* Columbia: University of Missouri Press, 1993.
Frey, William H. *Diversity Explosion: How New Racial Demographics Are Remaking America.* Washington, D.C.: Brookings Institution Press, 2014.
Friedan, Betty. *The Feminine Mystique.* New York: Norton, 2001 [1963].Gardner, Lloyd C. *Pay Any Price: Lyndon Johnson and the Wars for Vietnam.* Chicago: Ivan R. Dee, 1995.
Giap, Vo Nguyen. *The Military Art of People's War.* New York: Monthly Review Press, 1970 [Hanoi: Foreign Languages Publishing House, 1961].
Gilder, George. *Wealth and Poverty.* New York: Basic Books, 1981.
Gitlin, Todd. *The Sixties: Years of Hope, Days of Rage.* New York: Bantam, 1989 [1987].
Glazer, Nathan. *Ethnic Dilemmas, 1964–1982.* Cambridge, Massachusetts: Harvard University Press, 1983.
Grewal, David Singh. *Network Power: The Social Dynamics of Globalization.* New Haven, CT: Yale University Press, 2008.
Halberstam, David. *The Best and the Brightest.* New York: Ballantine, 1992 [1972]. 428.
Hardt, Michael, and Antonio Negri. *Empire.* Cambridge, Massachusetts: Harvard University Press, 2000.
Hartman, Andrew. *A War for the Soul of America: A History of the Culture Wars.* Chicago: University of Chicago Press, 2015.
Hayward, Steven F. *The Age of Reagan: The Conservative Counterrevolution.* Roseville, CA: Forum, 2001.
Heimann, Jim, ed. *All-American Ads of the 40s.* New York: Taschen, 2001.
—. *All-American Ads of the 50s.* New York: Taschen, 2001.
—. *All-American Ads of the 60s.* Cologne, Germany: Taschen, 2002.
—. *All-American Ads of the 70s.* Cologne, Germany: Taschen, 2004.
—. *All-American Ads of the 80s.* Cologne, Germany: Taschen, 2005.
Hobsbawm, E. J. *The Age of Extremes: A History of the World, 1914–1991.* New York: Pantheon, 1994.
—. *Primitive Rebels.* Manchester: Manchester University Press, 1959.
Howe, Irving. *Selected Writings, 1950–1990.* San Diego: Harcourt Brace

Bouton, Jim. *Ball Four.* New York: Dell, 1970.

Brokaw, Tom. *The Greatest Generation.* New York: Random House, 1998.

Brooks, Tim, and Earle Marsh. *The Complete Directory to Prime Time Network TV Shows, 1946–Present.* New York: Ballantine, 1979.

Buckingham, Marcus, and Curt Coffman. *First, Break All the Rules: What the World's Greatest Managers Do Differently.* New York: Simon and Schuster, 1999.

Bulger, William M. *While the Music Lasts: My Life in Politics.* Boston: Houghton Mifflin, 1996.

Calomiris, Charles W., and Stephen H. Haber. *Fragile by Design: The Political Origins of Banking Crises and Scarce Credit.* Princeton: Princeton University Press, 2014.

Carr, Stephen, Mark Francis, Leanne G. Rivlin, and Andrew M. Stone. *Public Space.* Cambridge, England: Cambridge University Press, 1992.

Coates, Ta-Nehisi. *Between the World and Me.* New York: Random House, 2015.

Comfort, Alex. *The Joy of Sex: A Gourmet Guide to Lovemaking.* New York: Simon & Schuster, 1972.

Cox, Harvey. *The Secular City: Secularization and Urbanization in Theological Perspective.* New York: Macmillan, 1965.

Crenshaw, Kimberle, Neil T. Gotanda, Gary Peller, and Kendall Thomas, eds. *Critical Race Theory: The Key Writings That Formed the Movement.* New York: New Press, 1995.

Diggins, John Patrick. *Ronald Reagan: Fate, Freedom, and the Making of History.* New York: W. W. Norton, 2007.

Douglass, Frederick. *Narrative of the Life of Frederick Douglass, an American Slave, Written by Himself.* Edited by Benjamin Quarles. Cambridge, Massachusetts: Belknap Press, 1960.

Drucker, Peter F. *The Age of Discontinuity: Guidelines to Our Changing Society.* New York: Harper & Row, 1968.

Duncan, Richard. *The New Depression: The Breakdown of the Paper Money Economy.* Singapore: John Wiley & Sons, 2012.

Edmundson, Mark. *Why Football Matters: My Education in the Game.* New York: Penguin Press, 2014.

Faderman, Lillian. *The Gay Revolution: The Story of the Struggle.* New York:

參考書目

若參考的文獻非初版，初版日期將標註在中括號內。

Acharya, Viral, Matthew Richardson, Stijn van Nieuwerburgh, and Lawrence J. White. *Guaranteed to Fail: Fannie Mae, Freddie Mac, and the Debacle of Mortgage Finance.* Princeton: Princeton University Press, 2014.

Aldridge, John W. *In the Country of the Young.* New York: Harper & Row, 1970.

Amis, Martin. *Yellow Dog.* New York: Vintage, 2005 [2003].

Appy, Christian G. *American Reckoning: The Vietnam War and Our National Identity.* New York: Viking, 2016.

Arendt, Hannah. *The Origins of Totalitarianism.* New York: Harcourt, Brace Jovanovich,1973 [1951].

Baldwin, Richard. *The Great Convergence: Information Technology and the New Globalization.* Cambridge, Massachusetts: Belknap Press, 2016.

Baritz, Loren. *Backfire: A History of How American Culture Led Us into Vietnam and Made Us Fight the Way We Did.* Baltimore: Johns Hopkins University Press, 1998 [1983].

Beard, Charles. *Contemporary American History, 1877–1913.* New York: Macmillan, 1914.

Berman, Paul. *A Tale of Two Utopias: The Political Journey of the Generation of 1968.* New York: Norton, 1996.

Bloom, Allan. *The Closing of the American Mind: How Higher Education Has Failed Democracy and Impoverished the Souls of Today's Students.* New York: Simon & Schuster, 1987.

Boorstin, Daniel. *The Image: A Guide to Pseudo-events in America.* New York: Vintage, 1992 [1962].

Boston Women's Health Book Collective, *Our Bodies, Ourselves.* New York: Simon & Schuster, 1973 [1971].

York Times, February 3, 2016.

113. Jonathan Haidt and Lee Jussim, "Hard Truths About Race on Campus," *Wall Street Journal*, May 6, 2016.

114. Max Planck, *Scientific Autobiography and Other Papers* (New York: Philosophical Library, 1949), 33–34. Quoted in Thomas Kuhn, *The Structure of Scientific Revolutions*, 3rd ed. (Chicago: University of Chicago Press, 1996 [1962]), 151n.

115. Emily Cohn, "Tom Jones Reflects on a 'Selfless Revolution,' " *Cornell Daily Sun*, April 16, 2009.

116. From the group Hope Not Hate (UK). Quoted in William Voegeli, "Unsafe Spaces," *Claremont Review of Books*, Winter 2015–2016, 8–14.

117. Jacob Poushter, "40% of Millennials OK with Limiting Speech Offensive to Minorities," Pew Research Center, November 20, 2015. Quoted in Voegeli, "Unsafe Spaces."

118. J. R. von Salis, *Weltgeschichte der neuesten Zeit*, vol. 1, (Zurich: Orell Fussli Verlag, 1955), 13. (Author's translation), 9–14

119. Frey, *Diversity Explosion*, 32.

120. David Rutz, "46 Times Obama Told Americans 'That's Not Who We Are,' " *Washington Free Beacon*, November 30, 2015.

121. *Real Time with Bill Maher*, HBO, June 19, 2015.

96. David Weigel, "Three Words Republicans Wrestle With: 'Black Lives Matter,' " *Washington Post*, July 13, 2016.
97. "End the War on Black People," Movement for Black Lives, Online at policy.m4bl.org.
98. Jessica Guynn, "Meet the Woman Who Coined #BlackLivesMatter," *USA Today*, March 4, 2015.
99. Coates, *Between the World and Me*, 28, 71.
100. Guynn, "Meet the Woman Who Coined #BlackLivesMatter."
101. Jeanne Theoharis, "MLK Would Never Shut Down a Freeway, and 6 Other Myths About the Civil Rights Movement and Black Lives Matter," The Root, July 15, 2016.
102. Randall Kennedy, "Black Lives Matter, the Next Stage of the Civil Rights Movement," *Philadelphia Inquirer*, December 4, 2016.
103. Roger Kimball, "More Mush from the Wimp," RealClearPolitics, December 7, 2015.
104. George W. S. Trow, *Within the Context of No Context* (New York: Atlantic Monthly Press, 1997 [1981]), 50.
105. Eugene Volokh, "Administrator's defending student free speech is apparently reason to remove the administrator, according to some Yale students," The Volokh Conspiracy (blog), *Washington Post*, November 7, 2015.
106. "Email from Erika Christakis," Foundation for Individual Rights in Education, October 30, 2015. Online at www.thefire.org.
107. Haley Hudler, "Yale Students Demand Resignations from Faculty Members over Halloween Email," Foundation for Individual Rights in Education, November 6, 2015. Online at www.thefire.org (Video 3).
108. Erika Christakis, "My Halloween Email Led to a Campus Firestorm," *Washington Post*, October 28, 2016.
109. "Yale University—Full Version—New Videos of The Halloween Email Protest." YouTube.
110. David Shimer and Victor Wang, "Months After Controversy, Christakises Resign Silliman Posts," *Yale Daily News*, May 25, 2016.
111. "Next Yale Demands for the Administration," Foundation for Individual Rights in Education, November 18, 2015. Online at www.thefire.org.
112. Kate Sinclair, "Student Demands: Who's Resigned, What's Renamed," *New*

above which motorists are booked for driving under the influence.

79. Ibid., 6, 21.
80. Ibid., 18.
81. Ibid., 44–46.
82. Ibid., 83n.
83. Ibid., 8–9.
84. Ta-Nehisi Coates, *Between the World and Me* (New York: Random House, 2015), 130.
85. Amanda Hess, "Earning the 'Woke' Badge," *The New York Times Magazine*, April 24, 2016.
86. Serge Kovaleski, Julie Turkewitz, Joseph Goldstein, and Dan Barry, "An Alt-Right Makeover Shrouds the Swastikas," *New York Times*, December 11, 2016.
87. Todd Gitlin, "What Will It Take for Black Lives to Matter?," *American Prospect* 28, no. 4 (Fall 2017): 23.
88. See the discussion about the three—Hillary Clinton, Vermont senator Bernie Sanders, and former Maryland governor Martin O'Malley—in Wesley Lowery and David Weigel, "Democrats Struggling to Connect with Black Activists," *Washington Post*, July 23, 2015.
89. Chris Moody, "O'Malley Apologizes for Saying 'All Lives Matter' at Liberal Conference," CNN, July 19, 2015. Online at cnn.com.
90. Katherine Q. Seelye, "Police Protest a City Hall's 'Black Lives Matter' Sign," *New York Times*, July 29, 2016.
91. CBS News aired it on June 20, 2017, days after the policeman, Jeronimo Yanez, was acquitted of manslaughter. (He was removed from the police department and disqualified from government work.)
92. Michael Barbaro and Yamiche Alcindor, "Black Lives Matter Was Gaining Ground. Then a Sniper Opened Fire," *New York Times*, July 10. 2016.
93. "State Seeks Delay in 3 Freddie Gray Trials, Pending Appeals," *Chicago Tribune*, February 8, 2016.
94. Mark Landler, "Obama Offers New Standards on Police Gear in Wake of Ferguson Protests," *New York Times*, December 2, 2014.
95. U.S. Department of Justice, "Attorney General Holder Visits Ferguson, Missouri," August 22, 2014. Online at justice.gov.

Lying About Being Black," *Vanity Fair*, February 28, 2017.

63. Interview with Savannah Guthrie, *Today*, April 12, 2016.
64. Gabrielle Fonrouge, "Dolezal Tells of Her Journey," *New York Post*, March 24, 2017.
65. Charles M. Blow, "The Delusions of Rachel Dolezal," *New York Times*, June 18, 2015.
66. William Saletan, "Rachel Dolezal's Truth," *Slate*, June 16, 2015.
67. Sandy Banks, "Getting a Clearer View of a White Woman's Black Deception," *Los Angeles Times*, June 16, 2015.
68. Ibid.
69. Martin Luther King, Jr., "Letter from a Birmingham Jail" (typescript of letter to Bishop C. C. J. Carpenter, et al., April 16, 1963), 11-B. Collection of the Martin Luther King, Jr. Research and Education Institute, Stanford University. Online at kinginstitute.stanford.edu.
70. Ta-Nehisi Coates, "The First White President," *The Atlantic*, October 2017.
71. Mark Edmundson, *Why Football Matters: My Education in the Game* (New York: Penguin, 2014), 6.
72. John Koblin, "A PBS Show, a Frustrated Ben Affleck, and a Loss of Face," *New York Times*, June 25, 2015.
73. Elizabeth Kolbert, "TV Viewing and Selling, by Race," *New York Times*, April 5, 1993.
74. Lawrence Schiller and James Willwerth, *American Tragedy: The Uncensored Story of the Simpson Defense* (New York: Random House, 1996). Quoted in Christopher Caldwell, "Johnnie Cochran's Secret," *Commentary*, March 1997, 39–43.
75. Christopher Caldwell, "Why the Simpson Case Endures," *The Weekly Standard*, July 28, 1996.
76. Carl Bialik, "Most Black People Now Think O.J. Was Guilty," FiveThirtyEight, June 9, 2016. Online at fivethirtyeight.com.
77. U.S. Census Bureau, *Statistical Abstract, 2012*, table 325, "Arrests by Race."
78. U.S. Department of Justice, *Report Regarding the Criminal Investigation into the Shooting Death of Michael Brown*, March 4, 2015, 25. Toxicologists found 12 nanograms per milliliter of delta-9-THC in Brown's blood. Under Washington state's I-502 marijuana legalization law, 5 nanograms is the level

Gallup News Service, June 4, 2001. Poll taken March 26–28, 2001.

47. Frank Newport, "Americans Greatly Overestimate Percent Gay, Lesbian in US," Gallup News Service, May 21, 2015. A poll taken May 6–10, 2015, showed 23 percent; a 2011 poll had shown 25 percent.
48. Patti Smith, televised interview with Lennart Wretlind, Stockholm Konserthuset, Stockholm, Sweden, October 3, 1976. See "Patti Smith—Interview, Stockholm October 1976," YouTube, January 29, 2017.
49. Joanne Ostrow, "Media Outrage Misdirected in Case of Obama Comments on Racism," *Denver Post*, June 24, 2015.
50. Nadine Strossen, "Thoughts on the Controversy over Politically Correct Speech," *SMU Law Review* 46, no. 1 (1993): 119–144.
51. Shelby Steele, *Shame: How America's Past Sins Have Polarized Our Country* (New York: Basic Books, 2015), 74.
52. Amanda Kemp, "Blacks Feel Unwanted," *Stanford Daily*, April 28, 1987.
53. Ta-Nehisi Coates, "The First White President," *The Atlantic*, October 2017.
54. YG [Keenon Daequan Ray Jackson], "Twist My Fingaz,"2016.
55. Future, "Real Sisters," 2015.
56. Hit Boy, "Stay Up," 2015.
57. Google Ngram Viewer.
58. Douglas Ernst, "DNC Chair Candidate Says Her Job Is to 'Shut Other White People Down,' " *Washington Times*, January 24, 2017.
59. K. B. Clark, "Effect of Prejudice and Discrimination on Personality Development," Midcentury White House Conference on Children and Youth, 1950. Quoted in U.S. Supreme Court, *Brown et al. v. Board of Education of Topeka et al.*, 347 US 483, 494n., May 17, 1954.
60. The following paragraphs draw on Christopher Caldwell, "Tall Tales of the Would-Be Victim," *Financial Times*, March 7, 2008, an essay about the scandal surrounding Margaret Jones, *Love and Consequences: A Memoir of Hope and Survival* (New York: Riverhead, 2008).
61. Jamelle Bouie, "Is Rachel Dolezal Black Just Because She Says She Is?," *Slate*, June 12, 2015.
62. Leah Sottile, "Broad Questions About Race," *Washington Post*, June 16, 2015. Buzz Bissinger, " Caitlyn Jenner: The Full Story," *Vanity Fair*, July 2015. Hilary Weaver, "Rachel Dolezal Is Back, Refusing to Apologize for

Dame University Press, 2018), 291.
31. See Ronald Brownstein, "Disenchanted with Obama for Different Reasons," *National Journal,* September 10, 2010.
32. See Frey, *Diversity Explosion*, 133.
33. *@This Hour with Berman and Michaela*, CNN, October 31, 2014.
34. Gary Younge, "It's the Racism, Stupid," *The Nation*, February 11, 2016.
35. Fareed Zakaria, "America's Self-Destructive Whites," *Washington Post*, December 31, 2015.
36. Katharine Q. Seelye, "Gov. Paul LePage of Maine Says Racial Remark Was a 'Slip-up,'" *New York Times*, January 8, 2016.
37. "Diversity and Inclusion: The Power of People," Prudential, 2018. https://www.prudential.com.
38. Bob Marley, "Redemption Song," 1980. The Garvey speech was reprinted in *Black Man* 3, no. 10 (July 1938) and is referenced in Elizabeth Patterson, "Iconic Song Had Basis in Whitney Pier," *Cape Breton Post*, February 16, 2017.
39. Meg Robbins and Harry Rube, "Students Debate Articles of Impeachment at BSG Meeting," *Bowdoin Orient*, March 4, 2016.
40. Catherine Rampell, "Why Write About Tiny Sombreros?," *Washington Post*, March 4, 2016.
41. Jonathan Jones, "BBC Looks Beyond the West to Retell the Story of Civilisation," *The Guardian*, February 24, 2018.
42. Carlos Lozada, "The Radical Chic of Ta-Nehisi Coates," *Washington Post*, July 16, 2015.
43. P. J. Henry and David O. Sears, "The Symbolic Racism 2000 Scale," *Political Psychology*, 23, no. 2 (June 2002): 253–83. Quoted in Andrew Hacker, "2014: Another Democratic Debacle?," *The New York Review of Books*, January 9, 2014.
44. Farai Chideya, "Because #BlackLivesMatter, Black Healthcare Must Matter," *The Guardian*, July 23, 2015.
45. Nathan Glazer, "Liberty, Equality, Fraternity—and Ethnicity," in Glazer, *Ethnic Dilemmas, 1964–1982* (Cambridge, Massachusetts: Harvard University Press, 1983), 214.
46. Joseph Carroll, "Public Overestimates U.S. Black and Hispanic Populations,"

Remaking America (Washington, D.C.: Brookings Institution Press, 2014), 15.

16. Ibid., 25.
17. Ibid., 137.
18. Anne Case and Angus Deaton, "Rising Morbidity and Mortality in Midlife Among White Non-Hispanic Americans in the 21st Century," *Proceedings of the National Academy of Sciences* 112, no. 49 (December 8, 2015): 15078-83.
19. Holly Hedegaard, Margaret Warner, and Arialdi M. Minino, "Drug Overdose Deaths in the United States, 1999–2016," NCHS Data Brief no. 294, December 2017.
20. Centers for Disease Control and Prevention, "Unintentional Drug Poisoning in the United States," Fact Sheet, ca. 2007.
21. Ibid.
22. Hedegaard et al., "Drug Overdose Deaths in the United States, 1999–2016."
23. Case and Deaton, "Rising Morbidity and Mortality in Midlife Among White Non-Hispanic Americans in the 21st Century."
24. Adam Shatz, "Out of Sight, Out of Mind," *London Review of Books*, May 4, 2017.
25. Kevin D. Williamson, "Chaos in the Family, Chaos in the State: The White Working Class's Dysfunction," *National Review*, March 28, 2016.
26. Charles Murray, *Coming Apart: The State of White America, 1960–2010* (New York: Crown Forum, 2013).
27. Lyndon B. Johnson, "To Fulfill These Rights," commencement address at Howard University, June 4, 1965, in *Public Papers of the Presidents of the United States: Lyndon B. Johnson, 1965* (Washington, D.C.: U.S. Government Printing Office, 1966), vol. 2, entry 301, 639..
28. Lakshman Achuthan, "Only Retirement-Age Whites Gain Job Share: For Whom the Bell Tolls," Economic Cycle Research Institute December 16, 2016. Online at www.businesscycle.com. Cited in Eduardo Porter, "Where Were Trump's Votes? Where the Jobs Weren't," *New York Times*, December 13, 2006.
29. Porter, "Where Were Trump's Votes?"
30. Aleksandr Solzhenitsyn, *Between Two Millstones* (Notre Dame, IN: Notre

turning into a Russian-style democracy.

7. Susan Davis, "Rand Paul Taking Heat for Civil Rights Act Comments," *Wall Street Journal*, May 20, 2010.
8. Department of Justice, "Attorney General Eric Holder at the Department of Justice African-American History Month Program," Speech, Washington, D.C., February 18, 2009, Online at justice.gov.
9. Quinnipiac University poll, November 2016. Cited in "Contemporary Attitudes about Political Correctness," *AEI Political Report* 13, no. 6 (June 2017): 2.
10. Hannah Arendt, *The Origins of Totalitarianism* (New York: Harcourt Brace Jovanovich, 1973 [1951]), 275–90.
11. Ibid., 286.
12. United States Census Bureau, "FrequentlyOccurring Surnames from the 2010 Census: Top 1,000 Surnames" (Excel table), online at www.census.gov. Nguyen is 38, Baker 44, Turner 54, Cook 65, Cooper 70, Patel 95, Powell 101, Wong 274, Wang 282, Yang 290, Davidson 301, Pearson 308, Benson 365.
13. Arthur Meier Schlesinger, "The Significance of Immigration in American History," *American Journal of Sociology* 27, no. 1 (July 1921): 71–85.
14. U.S. Department of Commerce, *Historical Statistics of the United States, Colonial Times to 1970*, Part 1, "Series A 172-194. Population of Regions, by Sex, Race, Residence, Age and Nativity," September 1975, 22. Ninety-eight percent is a statistical measure, not a narrative hyperbole, for the European-descended population of both the Northeast and North Central regions, which received virtually all the immigrants. The census at the time classified all residents as "white," "Negro," or "other." In the census of 1880, which may be taken as the onset of the first wave of mass immigration, the Northeast had 14,507,000 people, of whom 14,274,000 (98.4 percent) were white; the North Central region had 17,364,000 people, of whom 16,691,000 (or 97.7 percent) were white. Those figures were essentially unchanged by the end of the migration. In the 1920 census, the Northeast had 29,662,000 people, of whom 28,958,000 (97.6 percent) were white. The North Central region had 34,020,000 people, of whom 33,164,000 (or 97.5 percent) were white.
15. William H. Frey, *Diversity Explosion: How New Racial Demographics Are*

156. *Obergefell v. Hodges*, Scalia's dissent, 5.
157. *Obergefell v. Hodges*, Scalia's dissent, 6. (Italics in original.)
158. *Obergefell v. Hodges*, Kennedy's decision, 24.
159. You got up there: Jann S. Wenner, "The Day After: Obama on His Legacy, Trump's Win and the Path Forward," *Rolling Stone*, December 15–29, 2016.
160. Faderman, *The Gay Revolution*, 610.
161. " 'God Was Testing My Faith,' Says Miss California After Perez Hilton Calls Her a 'Dumb Bitch' in Gay Marriage Row," *Daily Mail*, April 21,2009.
162. Alan Blinder, "North Carolina Lawmakers Met with Protests over Bias Law," *New York Times*, April 25, 2016.
163. Richard B. Morris, *The Forging of the Union, 1781–1789* (New York: Harper & Row, 1987), 193. Quoted in Opinion of the Court (Ruth Bader Ginsberg), *United States v. Virginia*, 518 U.S. 515, 557(1996). Quoted in turn in *Goodridge*, 339.

第八章

1. CNBC, February 19, 2009. Online at YouTube: "CNBC's Rick Santelli's Chicago Tea Party."
2. Sarah Arnquist, "Obama on Health Care for Seniors," *New York Times*, July 29, 2009. Online at newoldage.blogs.nytimes.com.
3. Jeff Cox, "5 Years Later, Rick Santelli 'Tea Party' Rant Revisited," CNBC, February 24, 2014. Online at cnbc.com.
4. Samuel Francis, "Beautiful Losers," in Francis, *Beautiful Losers: Essays on the Future of American Conservatism* (Columbia,: University of Missouri Press, 1993), 225. The first writer to claim that modern American conservatism had misread a historical fact as a future threat was Garet Garrett in his 1938 essay "The Revolution Was," in Garrett, *The People's Pottage: The Revolution Was, Ex-America, The Rise of Empire* (Caldwell, Idaho: Caxton Printers, 1953).
5. Viktor Orban, "Prime Minister Viktor Orban's Speech at the 25th Balvanyos Summer Free University and Student Camp," July 26, 2014, official government translation. Online at kormany.hu.
6. Ivan Krastev, in "Why Are American Liberals So Afraid of Russia?," *New York Times*, August 16, 2017, argues that Americans fear the United States is

134. Kaplan, *Then Comes Marriage*, 111.
135. Ibid., 115.
136. Urban Institute and Brookings Institution Tax Policy Center, *The Tax Policy Center Briefing Book: A Citizens' Guide to the Tax System and Tax Policy* (Washington: Urban-Brookings Tax Policy Center, 2018), 322-23. Online at taxpolicycenter.org/briefing-book.
137. Kaplan, *Then Comes Marriage*, 95.
138. From the "HRC Story" page of the Human Rights Campaign, https://www.hrc.org/hrc-story/corporate-partners. Accessed January 4, 2018.
139. Nate Silver, "How Rare Are Anti-Gay-Marriage Donations in Silicon Valley?," FiveThirtyEight, April 4, 2014. Online at fivethirtyeight.com.
140. Darel E. Paul, "Culture War as Class War," *First Things* 285 (August–September 2018): 42.
141. Kaplan, *Then Comes Marriage*, 56.
142. Ibid., 148–49.
143. Ibid., 243–44.
144. Ibid., 318.
145. Ibid., 125.
146. Rosa Luxemburg, *Die russische Revolution: Eine kritische Wurdigung*, in Luxemburg, *Gesammelte Werke*, vol. 4 (August 1915 bis Januar 1919) (Berlin: Dietz Verlag, 1974 [1922]), 341. (Author's translation.)
147. Justin McCarthy, "U.S. Support for Gay Marriage Stable After High Court Ruling," Gallup, July 17, 2015.
148. Maureen Dowd, "Not Feeling Groovy," *New York Times*, July 4, 2004.
149. Christopher Caldwell, "American Oligarchy," *The Weekly Standard*, May 10, 2010.
150. Kenneth P. Vogel, "Big Money Breaks Out," Politico, December 29, 2014.
151. Jack Shafer and Tucker Doherty, "The Media Bubble Is Real—and Worse than You Think," Politico, April 25, 2017.
152. Kaplan, *Then Comes Marriage*, 39.
153. Klarman, *From the Closet to the Altar*, 207.
154. *Hillary Goodridge and Others v. Department of Public Health*, 362.
155. Supreme Court of the United States, Opinion of the Court, *Obergefell v. Hodges*, Nos. 14-556, 14-562, 14-571, and 14-574. Scalia's dissent, 3.

object number U2092058-34, Getty Images, October 4, 1982. Online at gettyimages.com.
117. Jim Heimann, ed., *All-American Ads of the 80s* (Cologne, Germany: Taschen, 2005), 241.
118. Randy Shilts, *Conduct Unbecoming: Gays and Lesbians in the U.S. Military* (New York: St. Martin's Press, 1993), 34, 135.
119. Lillian Faderman, *The Gay Revolution: The Story of the Struggle* (New York: Simon & Schuster, 2015), 115–17.
120. Michael J. Klarman, *From the Closet to the Altar: Courts, Backlash, and the Struggle for Same-Sex Marriage* (New York: Oxford University Press, 2012), 22. Cited in Christopher Caldwell, "Gay Rites," *Claremont Review*, Winter 2012–2013, 22–26.
121. Ibid., 22.
122. Ibid.
123. Paula Ettelbrick, "Since When Is Marriage the Path to Liberation?," *Out/Look*, Fall 1989. Quoted in Faderman, *The Gay Revolution*, 584.
124. This section draws on Christopher Caldwell, "How Aids Gave Gays Marriage," *Financial Times*, May 22–23, 2004.
125. "Poll Indicates Majority Favor Quarantine for AIDS Victims," *New York Times*, December 20, 1985. Cited in Caldwell, "How Aids Gave Gays Marriage."
126. The chronology that follows is drawn from Klarman, *From the Closet to the Altar*, 3–77.
127. *Hillary Goodridge & Others v. Department of Public Health*, 440 Mass. 309, Suffolk County, March 4, 2003–November 18, 2003, 336.
128. David Cole, "Gay Marriage: Unthinkable or Inevitable?," *The New York Review of Books*, April 29, 2015.
129. Faderman, *The Gay Revolution*, 587.
130. Klarman, *From the Closet to the Altar*, 175.
131. Roberta Kaplan with Lisa Dickey, *Then Comes Marriage: How Two Women Fought for and Won Equal Dignity for All* (New York: Norton, 2015), 122.
132. Ibid., jacket copy.
133. Harry Kalven, Jr., *The Negro and the First Amendment* (Columbus: Ohio State University Press, 1965), 66.

archives.gov/the-press-office/2014/02/27/fact-sheet-opportunity-all-president-obama-launches-my-brother-s-keeper-.

103. "Logo and Usage," White House, https://obamawhitehouse.archives.gov/my-brothers-keeper#section-logo..
104. Luigi Zingales, "Does Finance Benefit Society?," Address to the American Finance Association, January 2015, cited in Martin Wolf, "Why Finance Is Too Much of a Good Thing," *Financial Times*, May 27, 2015.
105. *Historical Tables: Budget of the United States Government, Fiscal Year 1994* (Washington, D.C.: Office of Management and Budget, 1993), table 1.1.
106. Bruce Ackerman, "Like the Emancipation Proclamation, Obama's Order Forces Democracy," *Los Angeles Times*, November 21, 2014.
107. Joe Nocera, "Tea Party's War on America," *New York Times*, August 2, 2011.
108. Amos Tversky and Daniel Kahneman, "Judgment Under Uncertainty: Heuristics and Biases," in *Judgment Under Uncertainty: Heuristics and Biases*, edited by Daniel Kahneman, Paul Slovic, and Amos Tversky (Cambridge, England: Cambridge University Press, 1982), 15.
109. The discussion of *Nudge* draws on the following sources: Christopher Caldwell, "The Perils of Shaping Choice," *Financial Times*, April 4, 2008. Christopher Caldwell, "Coaxers and Coercers on Common Ground," *Financial Times*, March 1, 2013.
110. Cass Sunstein, "It's for Your Own Good!," review of Sarah Conly, *Against Autonomy: Justifying Coercive Paternalism. The New York Review of Books*, March 7, 2013.
111. Plato, *The Apology* 21, in *The Dialogues of Plato*, Jowett translation (New York: Macmillan, 1892), 113–14.
112. Richard Thaler and Cass Sunstein, *Nudge: Improving Decisions About Health, Wealth, and Happiness* (New Haven, Connecticut: Yale University Press, 2008), 238.
113. Andrew Sullivan, "Here Comes the Groom," *The New Republic*, August 28, 1989: 20–22.
114. Henry Weinstein, "Chippendale Club Owner Kills Himself," *Los Angeles Times*, October 25, 1994.
115. "Men Sue Chippendales," *Los Angeles Times*, July 1, 1988.
116. "Calvin Klein Underwear Advertisement on Billboard," Bettmann Archive

Weekly Standard, August 20–27, 2007.

88. Alex Kotlowitz, "Getting Schooled," *The New York Times Book Review*, August 23, 2015.
89. Valerie Strauss, "The Secret E-mails About Mark Zuckerberg's $100 Million Donation to Newark Schools," *Washington Post*, January 6, 2013.
90. Rob Reich, "What Are Foundations For?," Boston Review, March1, 2013, http://bostonreview.net/forum/foundations-philanthropy-democracy. Quoted in Gara LaMarche, "Democracy and the Donor Class,"*Democracy: A Journal of Ideas*, 34 (Fall 2014).
91. *Edmund Jackson v. Wendell Phillips and others*, 14 Allen 539, 96 Mass. 539, Suffolk County, Massachusetts, January 1867.
92. Zunz, *Philanthropy in America*, 129.
93. Martin Shefter, "New York City and American National Politics," in *Capital of the American Century: The National and International History of New York City*, edited by Martin Shefter (New York: Russell Sage Foundation, 1993), 103. Quoted in Zunz, *Philanthropy in America*, 211.
94. Matt Miller, "How Billionaires Could Save the Country," *Washington Post*, August 31, 2011.
95. Paul Harris, "They're Called the Good Club—and They Want to Save the World," *The Observer*, May 31, 2009.
96. Google Ngram Viewer.
97. "Foundation Fact Sheet," Bill & Melinda Gates Foundation. Online at gatesfoundation.org.
98. Diane Ravitch, "When Public Goes Private, as Trump Wants: What Happens?," *The New York Review of Books*, December 8, 2016.
99. Ibid.
100. Marcus Buckingham and Curt Coffman, *First, Break All the Rules: What the World's Greatest Managers Do Differently* (New York: Simon and Schuster, 1999).
101. Eden Stiffman, "Grants Roundup: Funds Pour into My Brother's Keeper Alliance," *The Chronicle of Philanthropy*, May 6, 2015.
102. "Fact Sheet: Opportunity for All: President Obama Launches My Brother's Keeper Initiative to Build Ladders of Opportunity for Boys and Young Men of Color," White House, February 27, 2014, https://obamawhitehouse.

73. Navneet Alang, "Turns Out Algorithms Are Racist," *The New Republic*, August 31, 2017. Online at newrepublic.com.
74. "State-by-State Overview: Changing Gender Markers on Birth Certificates," Transgender Law Center, December 2016. Online at transgenderlawcenter.org.
75. Earle, "Vatican 2.0."
76. Jodi Kantor, "Dave Goldberg Was Lifelong Women's Advocate," *New York Times*, May 4, 2015.
77. Jalin P. Cunningham, Melissa C. Rodman, and Ignacio Sabate, "Harvard House Masters Now Called 'Faculty Deans,' " *Harvard Crimson*, February 25, 2016.
78. Ron Unz, "The Myth of American Meritocracy," *The American Conservative*, December 2012, 14–51. The article did not rely on Harvard's tallies, which are not made available to the public, but made estimates of ethnic composition through the use of surnames.
79. "Luxury Fashion Line Empowers Women" was the banner to a video accompanying "OITNB Inspired Alysia Reiner to Empower Women," *Cheddar*, December 11, 2017. Online at cheddar.com.
80. April Joyner, "Jackie Robinson, Business Pioneer," *Ozy*, April 19, 2016. Online at ozy.com.
81. Emmanuel Saez and Gabriel Zucman, "Wealth Inequality in the United States Since 1913: Evidence from Capitalized Income Tax Data," *The Quarterly Journal of Economics* 131, no. 2 (May 2016): 519–78.
82. Arthur Laffer, "Class Warfare and the Buffett Rule," *Wall Street Journal*, January 11, 2012.
83. Andrew Carnegie, "The Gospel of Wealth," in Carnegie, *The Gospel of Wealth and Other Timely Essays* (New York: Century, 1901), 4.
84. Rosalind S. Helderman, "For Clintons, Speech Income Shows How Their Wealth Is Intertwined with Charity," *Washington Post*, April 22, 2015.
85. Marguerite Griffin and Tim Bresnahan, "Income Tax Charitable Deduction Summary," *Insights on Wealth Planning*, Northern Trust, November 2013.
86. Olivier Zunz, *Philanthropy in America: A History* (Princeton: Princeton University Press, 2011), 3.
87. Fred Siegel and Michael Goodwin, "Troopergate, New York–Style," *The*

55. $550 billion as of December 2017.
56. Wolf Richter, "A Key Advantage Amazon Has over Walmart Is Doomed," *Business Insider*, October 10, 2017.
57. Samuel Earle, "Vatican 2.0," *The Times Literary Supplement*, November 17, 2017.
58. Jodi Kantor and David Streitfeld, "Inside Amazon: Wrestling Big Ideas in a Bruising Workplace," *New York Times*, August 16, 2015.
59. Christopher Caldwell, "OkCupid's Venal Experiment Was a Poisoned Arrow," *Financial Times*, August 2–3, 2014.
60. James Bridle, "The Science of Seduction," *The Observer*, February 9, 2014.
61. Lawrence Lessig, *Code and Other Laws of Cyberspace* (New York: Basic Books, 1999).
62. David Singh Grewal, *Network Power: The Social Dynamics of Globalization* (New Haven, CT: Yale University Press, 2008), 34. Quoted in Christopher Caldwell, "Network Power That Works Too Well," *Financial Times*, May 23, 2008.
63. Christopher Caldwell, "Is Google Now a Monopoly?," *Financial Times*, February 26, 2010.
64. Earle, "Vatican 2.0."
65. Harold Meyerson, "The First Post-Middle-Class Election," *American Prospect*, June 29, 2016.
66. Daniel Solove, *The Future of Reputation: Gossip, Rumor, and Privacy on the Internet* (New Haven, Connecticut: Yale University Press, 2007).
67. "Star Wars Kid Is Top Viral Video," BBC News, November 27, 2006.
68. Peter F. Drucker, *The Age of Discontinuity: Guidelines to Our Changing Society* (New York: Harper & Row, 1968), 35.
69. Claire Cain Miller, "When Algorithms Discriminate," *New York Times*, July 13, 2015.
70. Jesse Emspak, "How a Machine Learns Prejudice," *Scientific American*, December 29, 2016.
71. Stephen Buranyi, "Rise of the Racist Robots—How AI Is Learning All Our Worst Impulses," *The Guardian*, August 8, 2017.
72. Julia Angwin, Jeff Larson, Surya Mattu, and Lauren Kirchner, "Machine Bias," ProPublica, May 23, 2016. Online at propublica.org.

35. Jeffrey Weiss, "Lunch Rush," *Dallas Morning News*, October 12, 1993.
36. Viktor Mayer-Schonberger and Kenneth Cukier, *Big Data: A Revolution That Will Transform How We Live, Work, and Think* (New York: Houghton Mifflin Harcourt, 2013), 54.
37. Ibid., 58.
38. Mayer-Schonberger and Cukier, *Big Data*, 7.
39. Ibid., 15.
40. Ibid.
41. Fareed Zakaria, "Sanctions Russia Will Respect," *Washington Post*, February 13, 2015.
42. John Cassidy, "How Eliot Spitzer Humbled Wall Street," *The New Yorker*, April 7, 2003, 54–73.
43. Nancy H. Tilghman, "Dillon and Spitzer Clash over Abortion," *New York Times*, February 24, 2002.
44. Cassidy, "How Eliot Spitzer Humbled Wall Street."
45. Ibid.
46. David Johnston and Stephen Labaton, "The Reports That Drew Federal Eyes to Spitzer," *New York Times*, March 12, 2008.
47. Christopher Caldwell, "Snowden's Stand for a Globalised Generation," *Financial Times*, October 11, 2013.
48. Chandra Steele, "The 10 Most Disturbing Snowden Revelations," *PC Magazine*, February 11, 2014. Online at pcmag.com.
49. James Bamford, "The Most Wanted Man in the World," *Wired*, August 2014.
50. Ibid.
51. FISA court order, Docket BR 13-80, April 25, 2013. Cited in Lorenzo Franceschi-Bicchierai, "The 10 Biggest Revelations from Edward Snowden's Leaks," Mashable, June 5, 2014. Online at mashable.com.
52. Katie Rogers, "Mark Zuckerberg Covers His Laptop Camera. You Should Consider It, Too," *New York Times*, June 22, 2016.
53. Robin Blackburn, "The Corbyn Project," *New Left Review* 111 (May,aiJune 2018): 5–32.
54. Christopher Caldwell, "Amazon's Tax-Free Landscape Needs Bulldozing," *Financial Times*, July 16,ai17, 2011. The Supreme Court decision discussed there, *Quill Corp. v. North Dakota*, would be overturned in 2017.

19. Barack Obama, *Dreams from My Father: A Story of Race and Inheritance* (New York: Times Books, 1995).
20. David Remnick, *The Bridge: The Life and Rise of Barack Obama* (New York: Alfred A. Knopf, 2010).
21. Richard L. Berke, "New Hampshire Poll Finds Powell with an Edge," *New York Times*, October 19, 1995.
22. "911 Transcript on Harvard Scholar Arrest," *Billings* [Montana] *Gazette*, July 27, 2009.
23. Cambridge Police Department, Incident Report no. 9005127, July 16, 2009.
24. "Obama: Police Acted 'Stupidly' in Scholar Arrest," YouTube. Uploaded July 22, 2009.
25. Michael A. Fletcher and Michael D. Shear, "Obama Voices Regret to Policeman," *Washington Post*, July 25, 2009.
26. "Obama Apologizes for Criticism of Police During Henry Gates 'Alleged' Break-in," YouTube. Uploaded November 26, 2011.
27. Jonathan Saltzman, "Sergeant at Eye of Storm Says He Won't Apologize," *Boston Globe*, July 23, 2009.
28. Nicholas Jofre, "Gates Donates His Handcuffs to the Smithsonian," *Harvard Crimson*, February 17, 2010.
29. "Trust in Government by Race and Ethnicity" (table), Pew Research Center, "Public Trust in Government: 1958–2017," December 14, 2017. Online at people-press.org.
30. *Grutter v. Bollinger*, U.S. Supreme Court, 539 U.S. 306 (2003), June 23, 2003, 5. Court's paraphrase.
31. *Grutter v. Bollinger*, 31.
32. *Meet the Press*, NBC, November 8, 2009. Quoted in Peter Baehr and Daniel Gordon, "Paradoxes of Diversity," in *Sage Handbook of Political Sociology*, edited by William Outhwaite and Stephen Turner (London: SAGE Publications, 2018), 977.
33. Toby Harnden, "NASA's New Mission: Reach Out to Mars and Muslims," *Daily Telegraph*, July 7, 2010. Original interview at "new NASA goal = Muslim outreach ,ai Bolden," YouTube, July 6, 2010.
34. Bertrand Russell, *The Impact of Science on Society* (London: George Allen & Unwin, 1952), 95.

Fragile by Design: The Political Origins of Banking Crises and Scarce Credit (Princeton: Princeton University Press, 2014), *Longitude* 45 (January 2015), 104–05.

4. It was $19,976,827,000,000.00, to be exact. See U.S. Department of the Treasury, "Fiscal Service, Federal Debt: Total Public Debt," Federal Reserve Bank of St. Louis. Online at fred.stlouisfed.org.
5. Antony Davies and James R. Harrigan, "Debt Myths, Debunked," *U.S. News & World Report*, December 1, 2016.
6. Viral Acharya, Matthew Richardson, Stijn van Nieuwerburgh, and Lawrence J. White, *Guaranteed to Fail: How Hidden Fractures Still Threaten the World Economy* (Princeton University Press, 2011), 31.
7. Housing and Community Development Act of 1992, Title XIII, "Government Sponsored Enterprises," sec. 1354, "Review of Underwriting Guidelines." Cited in ibid., 35.
8. Peter Passell, "Redlining Under Attack," *New York Times*, August 30, 1994.
9. Charles W. Calomiris and Stephen H. Haber, *Fragile by Design: The Political Origins of Banking Crises and Scarce Credit* (Princeton: Princeton University Press, 2014), 19, 208.
10. Ibid., 223.
11. Vice presidential debate, St. Petersburg, Florida, October 10, 1996.
12. Acharya et al., *Guaranteed to Fail*, 81.
13. Atif Mian and Amir Sufi, "The Consequences of Mortgage Credit Expansion: Evidence from the U.S. Mortgage Default Crisis," *The Quarterly Journal of Economics* 124, no. 4 (November 1, 2009): 1449–96.
14. Rajan, *Fault Lines*, 38, quoted Fannie Mae's former chief credit officer Edward Pinto, who noted that, by 2008, "the FHA, and various other government programs were exposed to about $2.7 trillion in subprime and Alt-A loans, approximately 59 percent of total loans to these categories. It is very difficult to reach any other conclusion than that this was a market driven largely by government, or government-influenced, money."
15. Simon Johnson, "The Quiet Coup," *The Atlantic*, May 2009, 46–56.
16. Rajan, *Fault Lines*, 14.
17. Ibid., 31.
18. Ibid., 129.

on Political Correctness," *AEI Political Report* 13, no. 6 (June 2017): 5–7.
91. William Bunch et al., "Beginning of the Rainbow," *Newsday*, December 17, 1992.
92. Steven Lee Myers, "How a 'Rainbow Curriculum' Turned into Fighting Words," *New York Times*, December 13, 1992.
93. Ibid.
94. William Tucker, "Revolt in Queens," *The American Spectator*, February 1993, 26–31.
95. Bunch et al., "Beginning of the Rainbow."
96. John Diamond, "Gingrich: 'Active Homosexuals Shouldn't Teach Sex in School,' " Associated Press, March 7, 1995.
97. Carey Goldberg, "For These Trailblazers, Wheelchairs Matter," *New York Times,* August 17, 2000.
98. Google Ngram Viewer.
99. Bunch et al., "Beginning of the Rainbow."
100. James Crawford, *Educating English Learners*, 5th ed. (Los Angeles, Bilingual Education Services, 2004). See also Melnick, "The Odd Evolution of the Civil Rights State."

第七章

1. Richard Baldwin, *The Great Convergence: Information Technology and the New Globalization* (Cambridge,Massachusetts: Belknap Press, 2016), 167.
2. Thomas L. Friedman, "It's a Flat World, After All," *New York Times Magazine*, April 3, 2005.
3. This section draws on the following sources: Christopher Caldwell, "Easy Credit, Hard Landing" [review of/essay on Raghuram Rajan, *Fault Lines: How Hidden Fractures Still Threaten the World Economy* (Princeton: Princeton University Press, 2010)], *The Weekly Standard*, July 26, 2010. Christopher Caldwell, "Fannie and Freddie: A Fool's Errand" [review of Viral Acharya, Matthew Richardson, Stijn van Nieuwerburgh, and Lawrence J. White, *Guaranteed to Fail: Fannie Mae, Freddie Mac, and the Debacle of Mortgage Finance* (Princeton: Princeton University Press, 2014)], *Financial Times*, March 21, 2011. Christopher Caldwell, "Another Shock in the Making" [review of/essay on Charles W. Calomiris and Stephen H. Haber,

75. Taylor, "Are You Politically Correct?"
76. Ibid.
77. "The Storm over the University."
78. Jeff Colpitts, "Trendy Movement Is on Its Last Legs," *Ottawa Citizen*, July 16, 1993.
79. Paul Berman, *A Tale of Two Utopias: The Political Journey of the Generation of 1968* (New York: Norton, 1996), 221.
80. The expression comes from a Harvard Law professor's book of that name; see Mary Ann Glendon, *Rights Talk* (New York: Free Press, 1991).
81. Samuel Francis, "From Household to Nation," *Chronicles*, March 1996.
82. Ibid.
83. "Jesse Jackson and students protest Western Culture program on Palm Drive, photo, 1987," Stanford Library exhibit, Online at exhibits.stanford.edu.
84. William Safire, "A Foreign Affair," *New York Times*, April 7, 1991.
85. Max Weber, "The Social Psychology of the World Religions," in Weber, *From Max Weber: Essays in Sociology*, translated and edited by Hans Gerth and C. Wright Mills (New York: Oxford University Press, 1946), 297.
86. William G. Bowen and Julie Ann Sosa, *Prospects for Faculty in the Arts and Sciences* (Princeton: Princeton University Press, 2012 [1989]), 16. They cite the 1987 Survey of Doctoral Recipients carried out biennially by the National Research Council, which showed that 22 percent of faculty that year were under age 40, i.e., born after 1947, the second year of the Baby Boom.
87. Troy Duster, "They're Taking Over and Other Myths About Race on Campus," *Mother Jones*, September–October 1991, 30, 63. Cited in Nadine Strossen, "Thoughts on the Controversy over Politically Correct Speech," *SMU Law Review* 46 (1992): 119–44. The poll was carried out by the Higher Education Research Institute at UCLA. It showed: 4.9% far left, 36.8 % liberal, 40.2% moderate, 17.8% conservative.
88. Author's recollection.
89. John Markoff, "Innovators of Intelligence Look to Past," *New York Times*, December 16, 2014.
90. Samuel A. Stouffer, *Communism, Conformity and Civil Liberties: A Cross-Section of the Nation Speaks Its Mind* (New Brunswick, New Jersey: Transaction Publishers, 2009 [New York: Doubleday, 1955]). Cited in "Polls

Bouton, although the two were friends who had both just been traded from the Seattle Pilots to the Houston Astros.

57. Jack McCallum, "For Better or for Worse," *Sports Illustrated*, May 2, 1983, 70–84.
58. Don Carleton, "Interview with Ted Koppel," Television Academy Interviews, June 14, 2005. Online at interview.television-academy.com.
59. "Jimmy the Greek Comments That Got Him Fired," YouTube.
60. Jay Sharbutt, "Jimmy 'The Greek' Is Fired by CBS," *Los Angeles Times*, January 17, 1988.
61. Richard Goldstein, "Al Campanis Is Dead at 81; Ignited Baseball over Race," *New York Times*, June 22, 1998.
62. Richard L. Harris, "For Campanis, a Night That Lived in Infamy," *Los Angeles Times*, August 5, 2008.
63. Jason Vest, "The School That's Put Sex to the Test," *Washington Post*, December 3, 1993.
64. Eve Kosofsky Sedgwick, "Jane Austen and the Masturbating Girl," *Critical Inquiry* 17 (Summer 1991): 818–837.
65. All quotes are from Leonard Jeffries, "Our Sacred Mission," speech at the Empire State Black Arts and Cultural Festival, Albany, New York, July 20, 1991.
66. Charles Krauthammer, "On Campus, Flying the Flag Is a Provocation," *Washington Post*, February 8, 1991.
67. Jerry Adler, Peter Prescott, and Patrick Houston, "Taking Offense," *Newsweek*, December 24, 1990.
68. John Taylor, "Are You Politically Correct?, "New *York*, January21, 1991.
69. *Beauharnais v. Illinois* (343 U.S. 250), U.S. Supreme Court, April 28, 1952. Quoted in Harry Kalven, Jr., *The Negro and the First Amendment* (Columbus: Ohio State University Press, 1965), 36–37.
70. Ibid., 37–38.
71. Adler et al., "Taking Offense."
72. " 'The Storm over the University': An Exchange," *The New York Review of Books*, February 14, 1991.
73. John Taylor, "Are You Politically Correct?," *New York*, January 21, 1991.
74. CBS/*New York Times* poll, November 1993.

35. Melnick, "The Odd Evolution of the Civil Rights State," 113, 120–21.
36. Nathan Glazer, "Who's Available?," in Glazer, *Ethnic Dilemmas, 1964–1982* (Cambridge, Massachusetts: Harvard University Press, 1983), 183, 187.
37. Paul F. Eckstein, "Instant Replay," *Los Angeles Times*, November 25, 1990.
38. Robert Anthony Watts, "Young Blacks Looking Up to Malcolm X," *Los Angeles Times*, January 17, 1993.
39. Ralph Jimenez, "N.H. Plan Eyes Swap of Holiday for King," *Boston Globe*, March 3, 1991.
40. Michael Rezendes, "Arizona Has Its King Day," *Boston Globe*, January 18, 1993.
41. Ibid.
42. John Christian Hoyle, "Long-Standing Misnomer," *Christian Science Monitor*, February 13, 1998.
43. Eckstein, "Instant Replay."
44. Rezendes, "Arizona Has Its King Day."
45. Ibid.
46. Ibid.
47. Google Ngram Viewer.
48. Robert Hilburn, "U2 Shows Grace Under Pressure at Tour Opener," *Los Angeles Times*, April 4, 1987.
49. Eckstein, "Instant Replay."
50. Kenneth B. Clark, ed., *The Negro Protest* (Boston: Beacon Press, 1963), 41.
51. "Black History Month Is Supported by Ford," *New York Times*, February 11, 1976.
52. Kathleen O'Brien, "Part of the Mainstream?," *Star-Ledger* [Newark], February 26, 2009.
53. "Al Campanis Racist Remarks on Nightline (April 6, 1987)" Online at YouTube.
54. William Weinbaum, "The Legacy of Al Campanis," ESPN, March 29, 2012. Online at ESPN.com.
55. Grahame L. Jones, "Dodgers Fire Campanis over Racial Remarks," *Los Angeles Times*, April 9, 1987.
56. Jim Bouton, *Ball Four* (New York: Dell, 1970), 346, 350, described outfielder Tommy Davis's reluctance to room with the white liberal knuckleballer

Harper, 2005 [1974]), 246.

21. Google Ngram Viewer.
22. Banana Republic, Winter 1979 catalog (San Francisco, 1978). Quoted in Robyn Adams, "A Rare Look," *Abandoned Republic*, June 2, 2011, Online at www.secretfanbase.com/banana.
23. Robert Klara, "Before Banana Republic Was Mainstream Fashion, It Was a Weirdly Wonderful Safari Brand," *Adweek*, March 16, 2016.
24. *Häagen-Dazs, Inc., v. Frusen Glädjé Ltd.*, United States District Court, S.D, New York, June 9, 1980. [493 F.Supp. 73 (1980)].
25. Calvin Trillin, "Competitors," *The New Yorker*, July 8, 1985, 36.
26. Teresa Tribolet, "A Brief History of Self-Storage," SpareFoot blog, January 18, 2013. Online at sparefoot.com/self-storage/blog.
27. Suzy Strutner, "America Has More Self-Storage Facilities than McDonald's, Because Apparently We're All Hoarders," *Huffington Post*, April 21, 2015. Online at www.huffpost.com.
28. Leo Strauss, "Why We Remain Jews," lecture at Hillel House, University of Chicago, February 4, 1962, in Strauss, *Jewish Philos-ophy and the Crisis of Modernity: Essays and Lectures in Modern Jewish Thought* (Albany: State University of New York Press, 1997), 311.
29. *Regents of the University of California v. Bakke*, U.S. Supreme Court, 438 U.S. 265 (1978), no. 7811, June 28, 1978, 277n. (footnote 7).
30. Ibid., 438: "Although disadvantaged whites applied to the special program in large numbers, *see* n 5, *supra*, none received an offer of admission through that process."
31. "The Bakke Decision: Did It Decide Anything?," *The New York Review of Books*, August 17, 1978.
32. John Stuart Mill, *Considerations on Representative Government* (London: Parker, Son and Bourn, 1861), 296.
33. The word comes from R. Shep Melnick, "The Odd Evolution of the Civil Rights State," Remarks at 2013 Federalist Society Annual Student Sympo-sium, Austin, Texas, March 2, 2013. Printed in *Harvard Journal of Law & Public Policy* 37, no. 1 (2014): 118.
34. *Alexander v. Sandoval*, 532 U.S. 275, 306-07 (2001). Cited in Melnick, "The Odd Evolution of the Civil Rights State," 131.

York: Vintage, 1992 [1962]), 3.

3. John F. Kennedy, "Remarks at U.S. Air Force Academy, Colorado Springs, Colorado, 5 June 1963," Papers of John F. Kennedy, Presi-dent's Office Files, Speech Files.
4. Jim Heimann, ed., *All-American Ads of the 60s* (Cologne, Germany: Taschen, 2002), 350.
5. 2016 times are from airport timetables. Nixon administration times are from a 1969 Boeing ad announcing that its new 747, traveling at 625 mph, could make it from New York to London in 6 hours, 3 minutes. See Heimann, *All-American Ads of the 60s*, 910.
6. Michael Tomasky, "The Next Amtrak Catastrophe," Daily Beast, May 13, 2015.
7. Edmund Phelps, "Europe Is a Continent That Has Run Out of Ideas," *Financial Times*, March 3, 2015.
8. Heimann, *All-American Ads of the 60s*, 362.
9. Jim Heimann, ed., *All-American Ads of the 70s* (Cologne, Germany: Taschen, 2004), 236, 239, 249.
10. Heimann, *All-American Ads of the 60s*, 513.
11. Jim Heimann, ed., *All-American Ads of the 80s* (Cologne, Germany: Taschen, 2005), 317, 178.
12. Heimann, Ibid., 178.
13. Philip Slater, *The Pursuit of Loneliness: American Culture at the Breaking Point* (Boston: Beacon Press, 1970), 93.
14. Ronald Inglehart, *Culture Shift in Advanced Industrial Society* (Princeton: Princeton University Press, 1990), passim.
15. William Wordsworth, preface to *Lyrical Ballads*, 1802 edition.
16. Andrew McAfee and Erik Brynjolfsson, "Human Work in the Robotic Future," *Foreign Affairs*, July–August 2016, 139–150.
17. Eric Zemmour, *Le suicide français* (Paris: Albin Michel, 2014), 218–19. (Author's translation.)
18. Kevin Kelly, "Interview with the Luddite" (interview with Kirkpatrick Sale), *Wired*, June 1, 1995.
19. Ibid.
20. Robert Pirsig, *Zen and the Art of Motorcycle Maintenance* (New York:

1963, 21–24.

81. *Congressional Record—Senate*, July 1, 1987, 18518–19.
82. Ibid., 18519.
83. George J. Borjas, "The Economic Benefits of Immigration," *Journal of Economic Perspectives* 9:2 (Spring 1995), 3–22. Cited in Borjas, *We Wanted Workers: Unraveling the Immigration Narrative* (New York: Norton, 2016), 157–58.
84. Rand, "The Sanction of the Victims," in Rand, *The Voice of Reason*, 156.
85. The median household income in 1969 (this was what is measured in the 1970 census) was $9,590; see U.S. Bureau of the Census, *Statistical Abstract of the United States, 1972* (Washington, D.C.: U.S. Government Printing Office, 1972), table 532. The median home price in the fourth quarter of 1969 was $24,900; see U.S. Bureau of the Census and U.S. Department of Housingand Urban Development, "Median Sales Price of Houses Sold for the United States." Online at fred.stlouisfed.org. The ratio of median home price to median income was 2.5965 or 2 years, 217 days. The median household income in 2010 was $51,144; see Amanda Noss, "Household Income for States: 2010 and 2011. American Community Survey Briefs," U.S. Bureau of the Census, September 2012, table 1. The median home price in the fourth quarter of 2010 was $224,300 (U.S. Bureau of the Census and U.S. Department of Housing and Urban Development, "Median Sales Price of Houses Sold for the United States,"). The ratio of the median home price to median income was 4.3857, or 4 years, 140 days.
86. Jim Heimann, ed., *All-American Ads of the 80s* (Cologne, Germany: Taschen, 2005), 218.
87. Lewis B. Cullman, "Stop the Misuse of Philanthropy!," *The New York Review of Books*, September 25, 2014.
88. Heimann, *All-American Ads of the 80s*: 173.
89. The Doll Dreams Are Made of ": Ibid., 263.
90. "Northwest Airlines 'No Smoking' Commercial—1988," YouTube.

第六章

1. "Fonts in Use," fontsinuse.com.
2. Daniel Boorstin, *The Image: A Guide to Pseudo-events in America* (New

Diplomatique (English), May 1, 2015.
69. Gregory Korte, "Mexican Slur Has Long History in Politics," *USA Today*, March 29, 2013.
70. Marvine Howe, "Employers Warned on Alien Hiring," *New York Times*, August 9, 1987.
71. Carla Rivera, "Kemp May Ask Congress to Ease Immigration Act," *Los Angeles Times*, June 13, 1990.
72. See, e.g., Cooper and O'Neil, "Lessons from the Immigration Reform and Control Act of 1986."
73. Wendell Rawls, Jr., "Mexican Food Trips Asian Refugee in Spelling Bee," *New York Times*, April 30, 1983.
74. Nathan Glazer, "The Peoples of America" (1965), in Glazer, *Ethnic Dilemmas*, 27.
75. Martin Luther King, Jr., "Letter from a Birmingham Jail" (typescript of letter to Bishop C. C. J. Carpenter, et al., April 16,1963), 12. Collection of the Martin Luther King, Jr. Research and Educa-tion Institute, Stanford University. Online at kinginstitute.stanford.edu. (The typographical error "promise land" is in the original.)
76. Jean-Paul Sartre, "L'Orphée noir," in *Anthologie de la nouvelle poésie nègre et malgache de langue française*, edited by Léopold Sédar Senghor (Paris: Presses Universitaires de France, 1948), xiii-xiv. In English, "Black Orpheus," in Sartre, *"What Is Literature?" and Other Essays* (Cambridge, Massachusetts: Harvard University Press, 1988), 296. Quoted (and translated) in Michael Hardt and Antonio Negri, *Empire* (Cambridge, Massachusetts: Harvard University Press, 2000), 130.
77. Christophe Guilluy, "L'antifascisme cache des intérêts de classe" (interview with Daoud Boughezala, Élisabeth Lévy, and Gil Mihaely), *Causeur*, February 2016. Quoted in Christopher Caldwell, "The French, Coming Apart," *City Journal*, Spring 2017, 46–55 (Author's translation.)
78. "Jackson and Others Say 'Blacks' Is Passé," *New York Times*, December 21, 1988.
79. Ibid. See also David Bradley, "The Omni-Amer-ican Blues," *First Things*, March 2017, 45–50.
80. Robert Bork, "Civil Rights: A Challenge," *The New Republic*, August 31,

Proposal" (remarks), 89th Congress, First Session, April 28, 1965.

54. *Public Papers of the Presidents of the United States: Lyndon B. Johnson, 1965* (Washington, D.C.: U.S. Government Printing Office, 1966), vol. 2, entry 546, 1038.
55. Ibid., 1039.
56. Nicholas deB. Katzenbach, Statement before the Immigration and Nationality Subcommittee of the House Judiciary Committee, March 3, 1965.
57. Edward Kennedy, Hearing of the Subcommittee on Immigration and Naturalization of the Committee on the Judiciary, U.S. Senate, February 10, 1965.
58. Migration Policy Institute, "Largest U.S. Immigrant Groups over Time, 1960–Present," pie chart at its online "Migration Data Hub."
59. Kennedy, Hearing of the Subcommittee on Immigration and Naturalization of the Committee on the Judiciary.
60. American Committee on Immigration Policies, "Our Immigration Laws Protect You, Your Job and Your Freedom" (pamphlet), Washington, D.C., 1965.
61. "Voyages," Trans-Atlantic Slave Trade Database, online at www.slavevoyages.org/assessment/estimates.
62. Pew Research Center, "Modern Immigra-tion Wave Brings 59 Million to U.S., Driving Population Growth and Change Through 2065," September 28, 2015, 6.
63. Edward M. Kennedy, *Selected Readings on U.S. Immigration Policy and Law: A Compendium*, 96th Congress, 2nd Session (Washington, D.C.: U.S. Government Printing Office, October 1980).
64. Betsy Cooper and Kevin O'Neil, "Lessons from the Immigration Reform and Control Act of 1986," *MPI Policy Brief* 3 (August 2005): 4.
65. Ibid. Cooper and Kevin O'Neil called it "the largest expansion of federal regulatory authority since the enactment of the Occupational Safety and Health Act in 1980"—but their date is a typo.
66. Gallup poll, June 19–23, 1986.
67. Brad Plumer, "Congress Tried to Fix Immigration Back in 1986. Why Did It Fail?," *Washington Post*, January 30, 2013.
68. Rodney Benson, "Fraying Asylum Policies, Great Migrations," *Le Monde*

36. Robert D. Novak, Introduction in Wanniski, *The Way the World Works*, ix.
37. Reagan, "Address to the Nation on the Program for Economic Recovery."
38. Ibid.
39. William A. Niskanen, "Reaganomics," *The Concise Encyclopedia of Economics*, Library of Economics and Liberty. Online at econlib.org.
40. George Gilder, *Wealth and Poverty* (New York: Basic Books, 1981), 225.
41. Niskanen, "Reaganomics."
42. Ibid.
43. Richard Duncan, *The New Depression: The Breakdown of the Paper Money Economy* (Singapore: John Wiley & Sons, 2012), 59.
44. "Figure 20 B: Total Pell Grant Expenditures and Number of Recipients, 1977–78 to 2017–2018." In Sandy Baum, Jennifer Ma, Matea Pender, and C.J. Libassi (New York: CollegeBoard, 2018), 27.
45. Christopher Jencks, "Did We Lose the War on Poverty?—II," *The New York Review of Books*, April 23, 2015. Jencks cites a chapter by Bridget Terry Long in *Legacies of the War on Poverty*, edited by Martha J. Bailey and Sheldon Danziger (New York: Russell Sage Foundation, 2013).
46. Tamar Lewin, "Report Finds Low Graduation Rates at For-Profit Colleges," *New York Times*, November 24, 2010.
47. Roy H. Webb, "The Stealth Budget: Unfunded Liabilities of the Federal Government," *FRB Richmond Economic Review* 77,no. 3 (May–June 1991): 23–33.
48. Antony Davies and James R. Harrigan, "Debt Myths, Debunked," *U.S. News & World Report*, December 1, 2016.
49. See Jim Heimann, ed., *All-American Ads of the 60s* (Cologne, Germany: Taschen, 2002), 286.
50. James Meek, "The Club and the Mob," *London Review of Books*, December 6, 2018, 13.
51. Christopher Caldwell, *Reflections on the Revolution in Europe: Immigration, Islam, and the West* (New York: Doubleday, 2009), 37–44.
52. U.S. Bureau of the Census, *Statistical Abstract of the United States, 1965* (Washington, D.C.: U.S. Government Printing Office, 1965), table 116. Figures are from 1964.
53. Emanuel Celler, "Many Misinformed on Pending Immigration Revision

19. Ronald Reagan, *Reagan: A Life in Letters*, edited by Kiron K. Skinner, Annelise Anderson, and Martin Anderson, (New York: Free Press, 2003), 282.
20. Ayn Rand, "The Sanction of the Victims," speech to the National Committee for Monetary Reform, New Orleans, November 23, 1981, in Ayn Rand, *The Voice of Reason: Essays in Objectivist Thought* (New York: Meridian, 1990), 156.
21. Rick Perlstein, *The Invisible Bridge: The Fall of Nixon and the Rise of Reagan* (New York: Simon & Schuster, 2014), 103.
22. Google Ngram Viewer.
23. Christopher Caldwell, "Fantasy Politics," *The New York Times Magazine*, November 5, 2010.
24. Google Ngram Viewer.
25. Jason Furman and Jim Stock, "New Report: The All-of-the-Above Energy Strategy as a Path to Sustainable Economic Growth," White House press release, May 29, 2014.
26. William Strauss and Neil Howe, *Generations: The History of America's Future, 1584 to 2069* (New York: Quill, 1991), 14.
27. John Patrick Diggins, *Ronald Reagan: Fate, Freedom, and the Making of History* (New York: Norton, 2007), 178.
28. Ronald Reagan, "Address Before a Joint Session of the Congress on the Program for Economic Recovery," April 28, 1981. Online at www.reaganlibrary.gov.
29. "Laffer Curve Napkin," National Museum of American History. Online at americanhistory.si.edu.
30. Quoted in Bruce Bartlett, "Taxes and a Two-Santa Theory," *National Observer*, March 6, 1976. Online at wallstreetpit. com.
31. Ibid.
32. Jude Wanniski, *The Way the World Works* (Washington, D.C.: Regnery Gateway 1998 [1978]), 31.
33. Ibid., 130.
34. Ibid., 204–06.
35. Jude Wanniski, "Taxes, Revenues and the 'Laffer Curve,' " *National Affairs*, Winter 1978, 12.

Decade of Political Writing, edited by Christopher Hitchens and Christopher Caldwell (New York: Nation Books, 2002), 267.
2. Kurt Andersen, "The Downside of Liberty." *New York Times*, July 4, 2012.
3. Steven F. Hayward, *The Age of Reagan: The Conservative Counterrevolution* (Roseville, California: Forum, 2001).
4. Spiro T. Agnew, Speech to the First Annual Vince Lombardi Award Dinner, Houston, Texas, January 21, 1971. Quoted in John R. Coyne, Jr., *The Impudent Snobs: Agnew vs. the Intellectual Establishment* (New Rochelle, New York: Arlington House, 1972), 445.
5. Sean Wilentz, *The Age of Reagan: A History, 1974–2008* (New York: Harper, 2008).
6. Philip Slater, *The Pursuit of Loneliness: Amer-ican Culture at the Breaking Point* (Boston: Beacon Press, 1970), 143.
7. Ronald Reagan, "Address to the Nation on the Program for Economic Recovery," September 24, 1981. Transcript online at,www.reaganli-brary.gov.
8. Lionel Trilling, *The Liberal Imagination: Essays on Liter-ature and Society* (New York: NYRB Books, 2008 [1950]), xv.
9. Irving Howe, "This Age of Conformity" (1950), in Howe, *Selected Writings, 1950–1990* (San Diego: Harcourt Brace Jovanovich, 1990), 34–35.
10. David Harris, "The Truckers Go to Washington: Democracy in Action on the Interstate," *Rolling Stone*, April 25, 1974.
11. Cledus Maggard [Jay Huguely], "The White Knight," 1975.
12. 94th Congress, Public Law 94-168 [H.R. 8674], December 23, 1975.
13. Kirsten A. Conover, "Drop-A-Dime Project Pays Off," *Chris-tian Science Monitor*, August 18, 1989.
14. The phrase "exorbitant privilege" was used by French finance minister Valéry Giscard d'Estaing in the 1960s to describe America's relationship to its reserve currency.
15. Ayn Rand, *Atlas Shrugged* (New York: Dutton, 1992 [1957]), 684.
16. Ibid., 107.
17. Buckley on *Charlie Rose*, PBS, June 17, 2003.
18. Katherine Mangu-Ward, "Young, Wonky, and Proud of It," *The Weekly Standard*, March 17, 2003.

50. Dirk Van Susteren, "In This State: A Thing or Two You Might Not Know About John McClaughry," *VTDigger*, November 24, 2013, Online at vtdigger.org.
51. U.S. Bureau of the Census, *Current Population Reports*, ser. P-25, nos. 311, 917, 1095.
52. Sandra L. Colby and Jennifer M. Ortman, *The Baby Boom Cohort in the United States: 2012 to 2060*, Current Population Reports, May 2014, (Figure 3).
53. Ibid., (Figure 1).
54. Ibid., (Figure 3).
55. "The Generation Gap and the 2012 Election," Pew Research Center, November 3, 2011.
56. Jim Heimann, ed., *All-American Ads of the 70s* (Cologne: Taschen, 2004), 173.
57. Ibid., 180.
58. Eric Hobsbawm, *The Age of Extremes: A History of the World, 1914–1991* (New York: Pantheon, 1994), 296.
59. Bureau of the Census, *Statistical Abstract of the United States, 1972* (Washington, D.C.: U.S. Department of Commerce, 1972), tables 200, 128. (The exact figure in 1970 was 7,484,000.)
60. Elizabeth M. Grieco et al., "The Size, Place of Birth, and Geographic Distribution of the Foreign-Born Population in the United States: 1960 to 2010" (Population Division Working Paper No. 96) (Wash-ington, D.C.: U.S. Census Bureau, October 2012), 33.
61. Online at www.littlemexicorestaurant.com.
62. Paul Cook, "Nothing Sacrilegious About This British Library Punk Show, Says Paul Cook of the Sex Pistols," *The Spectator* (London), May 28, 2016.
63. Heimann, *All-American Ads of the 70s*, 129.
64. Jim Brennan, "Hooniverse Wagon Wednesday—The Worst Wagons Ever Produced," Hooniverse, May 18, 2011. Online at hooniverse.com.
65. Heimann, *All-American Ads of the 70s*: Pinto 114, Cadillac 125.

第五章

1. Mark Lilla, "A Tale of Two Reactions." In *Left Hooks, Right Crosses: A*

36. James Fallows, "What Did You Do in the Class War, Daddy?," *Washington Monthly*, October 1975.
37. Roger Rosenblatt, *Coming Apart: A Memoir of the Harvard Wars of 1969* (New York: Little, Brown, 1997), 48.
38. Todd Gitlin, *The Sixties: Years of Hope, Days of Rage* (New York: Bantam, 1989 [1987]), 308.
39. Arthur Flemming et al., *School Desegregation in Boston*, Staff Report Prepared for U.S. Commission on Civil Rights, June 1975 (typescript), 20 [in University of Maryland Law School library]. The figure for 1971–72 is 61 percent.
40. William M. Bulger, *While the Music Lasts: My Life in Politics* (Boston: Houghton Mifflin, 1996), 165.
41. James Webb, "The Draft: Why the Army Needs It," *The Atlantic*, April 1980, 44. Quoted in Baritz, 341.
42. Irving Kristol, "The Disaffection from Capitalism," in *Capitalism and Socialism: A Theological Inquiry*, edited by Michael Novak (Washington, D.C.: American Enterprise Institute, 1979), 28. Quoted in Matthew Continetti, "The Theological Politics of Irving Kristol," *National Affairs* 20 (Summer 2014), 145–62.
43. Kelman, *Push Comes to Shove*, 138–39.
44. Harvey Cox, *The Secular City: Secularization and Urbanization in Theological Perspective* (New York: Macmillan, 1965).
45. Robert D. Putnam, David E. Campbell, and Shaylyn Romney Garrett, *American Grace: How Religion Divides and Unites Us* (New York: Simon & Schuster, 2010).
46. Arthur Rimbaud, letter to Georges Izambard, May 13, 1871. In *Œuvres complètes* (Paris: Gallimard, 1972), 249: "Il s'agit d'arriver à l'inconnu par le dérèglement de *tous les sens*."
47. Robert Pirsig, *Zen and the Art of Motorcycle Maintenance* (New York: Harper, 2005 [1974]), 13.
48. In Bob Smeaton, dir., *Classic Albums: The Band* (London: Eagle Rock Entertainment, 1997).
49. Douglas Martin, "Guy Waterman Dies at 67; Wrote Books About Hiking," *New York Times*, February 20, 2000.

13. A Harris poll in October 1971 showed that 62 percent of Americans would favor leaving Vietnam even if it meant that the Communists might take over.
14. Harris poll for the *Washington Post*, March 1965.
15. Harris poll for the *Washington Post*, August 1967.
16. Gallup poll, February 10–15, 1966.
17. Gallup poll, March 3–8, 1966.
18. Gallup poll, December 12–15, 1969.
19. Harris poll, May 9–10, 1972.
20. Gallup poll, January 12–15, 1973.
21. Gallup poll, September 1–6, 1968.
22. Opinion Research Corporation poll, October 7–10, 1968.
23. A Harris poll done in October 1969 found that 6 percent thought Americans were withdrawing "too fast." A Roper poll two years later (October 18–27, 1971) found 3 percent said "too fast" versus 48 percent who said "too slow"—a ratio of 1 to 16. That is roughly equivalent to Nixon's own internal polling from April 5–6 the same year: 5 percent too fast, 46 percent too slow.
24. 61 percent. CBS News poll, October 14–16, 1969.
25. Will hold its own: 38 percent; will not: 51 percent. CBS News poll, November 23–25, 1969.
26. Opinion Research Corporation poll for Richard Nixon, December 4-5, 1972.
27. Appy, *American Reckoning*, 214.
28. Barry Romo in *Vietnam: Lost Films*, The History Channel, November 2011.
29. *Billboard* Top 100, 1966. Available at billboard-top100of.com.
30. Appy, *American Reckoning*, 124.
31. Dan O'Connor, "McNamara Surrounded, Angered by Protestors," *The Heights* (Boston College), November 18, 1966.
32. Steven Kelman, *Push Comes to Shove: The Escalation of Student Protest* (Boston: Houghton Mifflin, 1970), 61. I calculate an undergrad-uate population of 4,780 based on four times the targeted class size in Efrem Sigel, "College Admits 1,362, Fewest Since 1930's," *Harvard Crimson*, April 15, 1963.
33. Baritz, *Backfire*, 181.
34. "The Axe Falls" (editorial), *Harvard Crimson*, February 17, 1968.
35. Kelman, *Push Comes to Shove*, 82.

83. Dade County Ordinance 77-4.
84. George Fine Research poll for the *Washington Post*, January 1978.
85. Opinion Research Corporation poll for Richard Nixon, May 7–25, 1971.
86. Louis Harris & Associates poll, March 26–April 2, 1977.

第四章

1. Christopher Caldwell, "Letting Bygones Be Bygones," *Claremont Review of Books*, 15, no. 2 (Spring 2015): 42–46.
2. Phil Rosenzweig, "Robert McNamara and the Evolution of Modern Management," *Harvard Business Review*, December 2010.
3. Samuel P. Huntington, "The Bases of Accommodation," *Foreign Affairs*, July 1968.
4. Theodore Roszak, *The Making of a Counter Culture* (Berkeley: University of California Press, 1995 [1968]), 78. Roszak attributes the phrase to Lewis Mumford.
5. Theodore Roszak, *Where the Wasteland Ends: Politics and Transcendence in Post-Industrial Society* (Garden City, New York: Doubleday, 1972), xxix.
6. Loren Baritz, *Backfire: A History of How American Culture Led Us into Vietnam and Made Us Fight the Way We Did* (Baltimore: Johns Hopkins University Press, 1998 [1983]), 349.
7. Lloyd C. Gardner, *Pay Any Price: Lyndon Johnson and the Wars for Vietnam* (Chicago: Ivan R. Dee, 1995), 197.
8. Walter A. McDougall, *The Tragedy of U.S. Foreign Policy: How America's Civil Religion Betrayed the National Interest* (New Haven: Yale University Press, 2016), 288–89.
9. Daniel Patrick Moynihan, "Who Gets in the Military?," *New Republic*, November 5, 1966. Cited in Christian G. Appy, *American Reckoning: The Vietnam War and Our National Identity* (New York: Viking, 2016), 132.
10. David Halberstam, *The Best and the Brightest* (New York: Ballantine (1992 [1972]), 610.
11. Vo Nguyen Giap, *The Military Art of People's War* (New York: Monthly Review Press, 1970 [Hanoi: Foreign Languages Publishing House, 1961]), 160.
12. Baritz, *Backfire*, 181.

60. Quoted in Andrew Hartman, *A War for the Soul of America: A History of the Culture Wars* (Chicago: University of Chicago Press, 2015), 94.

61. Wilma Diskin and Wendy Coppedge Sanford, "Preface," and Joan Sheingold Ditzion, "Our Changing Sense of Self," in Boston Women's Health Book Collective, *Our Bodies, Ourselves* (New York: Simon and Schuster, 1973 [1971]), 1–10.

62. Ibid., 99.

63. Ibid.

64. Ibid., 143–49.

65. Ibid., 148.

66. Ibid., 97.

67. Bertrand Russell, *Marriage and Morals* (New York: Horace Liveright, 1929), 187–88.

68. Ibid., 203.

69. Gallup poll for the *Saturday Evening Post*, June 1962.

70. Ray Davies, "The Good Life," unreleased, 1970, YouTube.

71. Rick Perlstein, *The Invisible Bridge: The Fall of Nixon and the Rise of Reagan* (New York: Simon & Schuster, 2014), 614.

72. Jim Heimann, ed., *All-American Ads of the 70s* (Cologne: Taschen, 2004), 209.

73. Martin Amis, *Yellow Dog* (New York: Vintage, 2005 [2003]), 74.

74. Elizabeth S. Auritt, et al., "The Class of 2015 by the Numbers," *Harvard Crimson*, June 2015, https://features.thecrimson. com/2015/senior-survey/.

75. Heimann, *All-American Ads of the 70s*, 210.

76. Ibid., 436.

77. Ibid., 526.

78. Margalit Fox, "Sheila Michaels, Who Brought 'Ms.' to Prominence, Dies at 78," *New York Times*, July 7, 2017.

79. Roper Organization poll for Virginia Slims, April 1974 and October 6–20, 1979.

80. Roper Organization poll, June 14–21, 1975.

81. Harris poll for National Federation of Business and Professional Women. November 30–December 2, 1979.

82. Roper Organization poll, January 7-21, 1978.

Books, April 21, 2016.

43. Ibid.
44. Ibid.
45. Roper poll for Virginia Slims, April 1974.
46. New York: Simon & Schuster, 1972.
47. Douglas Martin, "Alex Comfort, 80, Dies; a Multi-faceted Man Best Known for Writing 'The Joy of Sex,' " *New York Times*, March 29, 2000.
48. Billy Joel, "Scenes from an Italian Restaurant," 1977.
49. Jim Heimann, ed., *All-American Ads of the 80s* (Cologne: Taschen, 2005), 236.
50. Gloria Steinem, "A Bunny's Tale," parts I and II, *Show*, May 1963 and June 1963.
51. Gloria Steinem, "After Black Power, Women's Liberation," *New York*, April 7, 1969.
52. Ibid.
53. Gallup poll for the *Saturday Evening Post*, June 1962.
54. Nancy Fraser, "Feminism, Capitalism and the Cunning of History," *New Left Review* 56 (March–April 2009), 97–117.
55. Susan Watkins, "Which Feminisms?," *New Left Review* 109 (January–February 2018), 5–76, which cites Bureau of Labor Statistics data cited in Michael Kimmel, "Boys and School: A Background Paper on the 'Boy Crisis,' " Swedish Government Official Reports, SOU 2010:53, Stockholm, 2010, 15. Online at www.government.se.
56. Richard Perez-Pena, "'70 Abortion Law: New York Said Yes, Stunning the Nation," *New York Times*, April 9, 2000.
57. Pew Charitable Trusts, "States Probe Limits of Abortion Policy." *Stateline*, June 22, 2006. Online at www.pewtrusts.org. According to Pew, the "trendsetting" states of Mississippi, Alabama, Colorado, New Mexico, and Massachusetts were followed by Alaska, Arkansas, California, Delaware, Florida, Georgia, Hawaii, Kansas, Maryland, New York, North Carolina, Oregon, South Carolina, Virginia, and Washington.
58. Gallup poll, December 8–11, 1972
59. National Opinion Research Center, University of Chicago, poll, February 1973.

Renewal," at www.christianjames.us.

19. John W. Aldridge, *In the Country of the Young* (New York: Harper & Row, 1970), 4.
20. Tom Brokaw, *The Greatest Generation* (New York: Random House, 1998), xxviii. Quoted in George M. Marsden, *The Twilight of the American Enlightenment: The 1950s and the Crisis of Liberal Belief* (New York: Basic Books, 2014), xxi.
21. Marsden, *The Twilight of the American Enlightenment*, xii.
22. Gallup poll, January 6–11, 1960.
23. Betty Friedan, *The Feminine Mystique* (New York: Norton, 2001 [1963]).
24. Ibid., 20.
25. Ibid., 117, 142.
26. Louis Harris & Associates poll for Virginia Slims, October 1971.
27. Ibid.
28. Ibid.
29. Ibid.
30. Gallup poll for the *Saturday Evening Post*, June 1962.
31. Ibid.
32. *Oxford English Dictionary*, 2nd ed., XV:112 (Oxford: Clarendon Press, 1989), credited to *Vital Speeches*, November 15, 1968, p. 90.
33. David Halberstam, *The Best and the Brightest* (New York: Ballantine (1992 [1972]), 206.
34. Roper poll for Virginia Slims, April 1974.
35. Mike Mashon, "If This Isn't the Most Sexist TV Commercial Ever, It's Close," Library of Congress, February 24, 2015. Available at loc.gov.
36. Heimann, *All-American Ads of the 60s*, 657.
37. Ibid., 80.
38. John K. Setear, "Pro House Offers Copopular T-shirts to Commemorate Women's Presence," *Williams Record*, May 1, 1979.
39. Barry Mann and Cynthia Weil, "It's Getting Better," 1969.
40. James Q. Wilson, *The Marriage Problem: How Our Culture Has Weakened Families* (New York: Harper, 2003), 55.
41. Ibid., 48.
42. Christopher Turner, "If You Don't Swing, Don't Ring," *London Review of*

4. Gillian Tett, "Trump, the Generals and the Political Front Line," *Financial Times*, October 27, 2017.
5. Robert G. Kaiser, "The Great Days of Joe Alsop" (review of Gregg Herken, *The Georgetown Set: Friends and Rivals in Cold War Washington*), *The New York Review of Books*, March 5, 2015.
6. Jim Heimann, ed., *All-American Ads of the 40s* (New York: Taschen, 2001) and *All-American Ads of the 50s* (New York: Taschen, 2001). Cited in Christopher Caldwell, "Selling Patriotism (and Tang) in Midcentury America," *Wall Street Journal*, February 22, 2002.
7. Fred Bierman and Benjamin Hoffman, "A History with Hair as Old as Baseball Itself," *New York Times*, August 9, 2008.
8. "Salinger's JFK-Cuban Cigar Stories," YouTube.
9. William Manchester, *The Death of a President* (New York: Harper & Row, 1967), 6.
10. U.S. Social Security Administration. Available under "Top 5 Names in Each of the Last 100 Years," www.ssa.gov. Mary had lagged the name Linda in the years 1947 to 1951.
11. Programming information from Tim Brooks and Earle Marsh, *The Complete Directory to Prime Time Network TV Shows, 1946–Present* (New York: Ballantine, 1979), 738–39.
12. *TV Guide*, January 25–31, 1964, 14, 16.
13. Thomas R. Tibbetts, "Expanding Ownership of Household Equipment," *Monthly Labor Review*, 87, no. 10 (October 1964). In 1961, 60 percent of urban households had sewing machines.
14. See, e.g., the ads for Motorola and RCA TVs in Jim Heimann, ed., *All-American Ads of the 60s* (Cologne, Germany: Taschen, 2002), 385.
15. Peter F. Drucker, *The Age of Discontinuity: Guide-lines to Our Changing Society* (New York: Harper & Row, 1968), 3–9.
16. Theodore Roszak, *Where the Wasteland Ends: Politics and Transcendence in Post-Industrial Society* (Garden City, New York: Doubleday, 1972), xxvii.
17. Stephen Carr, Mark Francis, Leanne G. Rivlin, and Andrew M. Stone, *Public Space* (Cambridge, England: Cambridge University Press, 1992), 88–90.
18. Chalmers M. Roberts, "President Approves D.C. Redevelop-ment," *Washington Post,* March 6, 1952. Cited in Christian James, "Southwest

46. Allan Bloom, *The Closing of the American Mind: How Higher Education Has Failed Democracy and Impoverished the Souls of Today's Students* (New York: Simon & Schuster, 1987), 91.
47. Ibid., 94.
48. Lyndon B. Johnson, "To Fulfill These Rights," commencement address at Howard University, June 4, 1965, in *Public Papers of thePresidents of the United States: Lyndon B. Johnson, 1965* (Washington, D.C.: U.S. Government Printing Office, 1966), vol. 2, entry 301, 636.
49. Ibid.
50. The classic account of how legislation, executive orders, bureaucratic rulemaking, and judicial interpretation combined to produce affirmative action is Nathan Glazer, "Affirmative Discrimination" (1979), in Glazer, *Ethnic Dilemmas*, 159–181.
51. Ibid., 164–67.
52. Freeman, "Legitimizing Racial Discrimination Through Antidiscrimination Law," 1093–97.
53. James Q. Wilson, "A Guide to Reagan Country: The Political Culture of Southern California," *Commentary*, May 1967.
54. Nathan Glazer, "Blacks and Ethnic Groups" (1971), in Glazer, *Ethnic Dilemmas*, 71.
55. Crenshaw et al., *Critical Race Theory*, xv.
56. Orlando Patterson, "Towards a Future That Has No Past—Reflections on the Fate of Blacks in the Americas," *The Public Interest* 27 (Spring 1972), 60–61.

第三章

1. Robin Morgan, ed., *Sisterhood Is Powerful* (New York: Random House, 1970), xv.
2. William H. Branson, Herbert Giersch, and Peter G. Peterson, "Trends in United States International Trade and Investment since World War II," in *The American Economy in Transition*, edited by Martin Feld-stein (Chicago: University of Chicago Press, 1980), 183.
3. Michael Kazin, *The Populist Persuasion: An American History* (Ithaca, New York: Cornell University Press, 1995), 188.

Ethnic Dilemmas, 1964–1982 (Cambridge: Harvard University Press, 1983), 269.

31. Nathan Glazer, "The Peoples of America"(1965), in Glazer, *Ethnic Dilemmas*, 27.
32. Nathan Glazer, "Negroes and Jews" (1964), in Glazer, *Ethnic Dilemmas*, 41. (Italics Glazer's.)
33. Gallup poll for *Newsweek* Negro Survey, May 1969.
34. Ibid.
35. Ibid.
36. Hubert Humphrey, Speech to the Democratic National Convention, Philadelphia, July 14, 1948.
37. Malcolm X, "The Black Revolution," in *Malcolm X Speaks*, edited by George Breitman (New York: Pathfinder (1989 [1965]), 50.
38. Ibid., 53.
39. Martin Luther King, "Beyond Vietnam," Address to Clergy and Laymen Concerned About Vietnam, Riverside Church, April 4, 1967. Transcript online under "Beyond Vietnam" at kinginstitute.stanford.edu.
40. David Halberstam, *The Best and the Brightest* (New York: Ballantine Books (1992 [1972]), 428.
41. E. J. Hobsbawm, *Primitive Rebels: Studies in Archaic Forms of Social Movement in the 19th and 20th Centuries* (Manchester: Manchester University Press, 1959).
42. Ben A. Franklin, "Wiretaps Reveal Dr. King Feared Rebuff on Nonviolence," *New York Times*, September 15, 1985.
43. Federal Bureau of Investigation, "Arrests by Race, 2011," Table 43a, Crime in the United States 2011, https://ucr.fbi.gov/crime-in-the-u.s/2011/crime-in-the-u.s.-2011/tables/table-43.
44. B'nai B'rith/Opinion Research Center (University of Chicago)/Survey Research Center (University of California, Berkeley) poll, October 1964. The category of unsympathetic is a composite of two poll responses: much less sympathetic (13%) and somewhat less sympathetic (24%). So is the category of sympathetic: somewhat more sympathetic (11%) and much more sympathetic (4%).
45. Beard, *Contemporary American History*, 24.

University of New York Press, 1997), 314–15.

11. Harry J. Kalven, Jr., *The Negro and the First Amendment* (Columbus: Ohio State University Press, 1965), 66.
12. According to the *Oxford English Dictionary*, 2nd ed., barratry is"the offence of habitually exciting quarrels, or moving or maintaining law-suits."It is mentioned in Blackstone's *Commentaries*, vol. 4 (1768), 133.
13. Kalven, *The Negro and the First Amendment*, 80.
14. Discussions of Mrs. Murphy began while Kennedy was still alive, continued till the bill's final passage and can be found *passim* in *Congressional Record—Senate*, including April 13, 1964, 7785, 7792, 7795.
15. WGBH (89.7FM) Boston, Transcript:"March on Washington for Jobs and Freedom." Educational Radio Network coverage, Aug 28 1963, hour 6. Also read into the Congressional Record, Senate, September 3 1963, 16228.
16. *Congressional Record—Senate*, April 13, 1964, 7751.
17. Gallup poll, June 21–26, 1963.
18. Lyndon B. Johnson, "Address Before a Joint Session of the Congress, November 27, 1963," www.lbjlibrary.net.
19. Too fast: 50%; not fast enough: 10%: Gallup poll, August 15–20, 1963. Too fast: 30%; not fast enough: 15%: Gallup poll, January 30–February 5, 1964. Too fast: 57%; not fast enough: 18%: Gallup poll, October 1964.
20. Gallup poll, October 8–13, 1964.
21. Opinion Research Corporation poll, November 4–8, 1964.
22. Gallup poll, May 28–June 2, 1961.
23. Gallup poll, May 22–27, 1964.
24. Gallup poll, August 15–20, 1963.
25. Alan David Freeman, "Legitimizing Racial Discrimination Through Antidiscrimination Law,"*Minnesota Law Review* 62, no. 1049 (1977–78): 1055n.
26. Gallup poll, August 23–28, 1962.
27. Gallup poll, May 2–7, 1968. Gallup had got almost exactly the same results polling the year before.
28. Crenshaw et al., eds., *Critical Race Theory*, xvi.
29. *Congressional Record—Senate*, April 13, 1964, 7787.
30. Nathan Glazer, "Individual Rights Against Group Rights" (1978), in Glazer,

註釋

第二章

1. Frederick Douglass, *Narrative of the Life of Frederick Douglass, an American Slave, Written by Himself*, edited by Benjamin Quarles(Cambridge, Massachusetts: Belknap Press, 1960). Reviewed by W.R. Brock in *Race & Class* 2 (January 1960): 76–77.
2. Robert S. Levine, *The Lives of Frederick Douglass* (Cambridge, Massachusetts: Harvard University Press, 2016), 11–13.
3. Derrick A. Bell, Jr.,"*Brown v. Board of Education* and the Interest Convergence Dilemma," in *Critical Race Theory: The Key Writings That Formed the Movement*, edited by KimberleCrenshaw, Neil T. Gotanda, Gary Peller, and Kendall Thomas (New York: New Press, 1995), 21.
4. Douglass, *Narrative*, xxi.
5. See Charles Beard, *Contemporary American History, 1877–1913* (New York: Macmillan, 1914), 3. Over the past fivedecades, the history of Reconstruction has itself been reconstructed to accordwith contemporary politics. See Ta-Nehisi Coates, "Hillary Clinton Goes Backto the Dunning School," *The Atlantic* (online), January 25, 2016; Gregory P.Downs, Eric Foner, and Kate Masur, "Why We Need a National Monument toReconstruction," *New York Times*, December 14, 2016.
6. C. Vann Woodward, *The Strange Career of Jim Crow* (New York: Oxford University Press, 2002 [1955]), 3–10.
7. Civil Rights Movement Veterans, www.crmvet.org.
8. Herbert Wechsler, "Toward Neutral Principles of Constitutional Law." *Harvard Law Review* 73, 1 (November 1959): 32.
9. Ibid., 34.
10. Leo Strauss, "Why We Remain Jews," Lecture at Hillel House, University of Chicago, February 4, 1962, in Strauss, *Jewish Philosophy and the Crisis of Modernity: Essays and Lectures in Modern Jewish Thought* (Albany: State

next 312

爽拿的時代：一九六〇年代美國民權改革的貽害

The Age of Entitlement: America Since the Sixties

作者　克里斯多弗・考德威爾（Christopher Caldwell）
譯者　王曉伯
主編　王育涵
責任編輯　邱奕凱
責任企畫　郭靜羽
封面設計　謝捲子
內頁排版　張靜怡
總編輯　胡金倫
董事長　趙政岷
出版者　時報文化出版企業股份有限公司
108019 臺北市和平西路三段 240 號 7 樓
發行專線｜ 02-2306-6842
讀者服務專線｜ 0800-231-705 ｜ 02-2304-7103
讀者服務傳真｜ 02-2302-7844
郵撥｜ 1934-4724 時報文化出版公司
信箱｜ 10899 臺北華江橋郵局第 99 號信箱
時報悅讀網　www.readingtimes.com.tw
人文科學線臉書　http://www.facebook.com/humanities.science
法律顧問　理律法律事務所｜陳長文律師、李念祖律師
印刷　勁達印刷有限公司
初版一刷　2022 年 9 月 16 日
定價　新臺幣 500 元

時報文化出版公司成立於一九七五年，並於一九九九年股票上櫃公開發行，於二〇〇八年脫離中時集團非屬旺中，以「尊重智慧與創意的文化事業」為信念。

ISBN 978-626-335-865-2 ｜ Printed in Taiwan

爽拿的時代：一九六〇年代美國民權改革的貽害／克里斯多弗・考德威爾（Christopher Caldwell）著；王曉伯譯 . -- 初版 . -- 臺北市：時報文化出版企業股份有限公司，2022.09 ｜ 400 面；14.8×21 公分 .
譯自：The Age of Entitlement: America Since the Sixties ｜ ISBN 978-626-335-865-2（平裝）
1. CST：美國政府 2. CST：民權運動 3. CST：社會問題 4. CST：美國史｜ 574.52 ｜ 111013410